"十四五"职业教育国家规划教材

高等职业技术教育电子电工类系列教材

数字电子技术

（第 五 版）

主编　孙津平

主审　江晓安

西安电子科技大学出版社

内 容 简 介

本书是以教育部颁发的《国务院关于大力推进职业教育改革与发展的决定》为依据,结合近几年的教学实践经验再次修订编写的。在内容的安排上,全书以学生的"技术应用能力培养"为主线,以应用为目的,以"必需"和"够用"为度,以讲清概念、强化应用为重点,深入浅出地阐述了数字集成电路的基本工作原理和逻辑功能,突出中规模集成电路的应用。

全书共分 10 章:绪论,数字电路基础,集成门电路,组合逻辑电路,触发器,时序逻辑电路,存储器和可编程逻辑器件,脉冲产生与变换电路,数/模转换和模/数转换,数字电子技术实验以及数字电子技术综合应用。除绪论外,每章有练习题,每节有思考题,可供读者练习和思考。书末附有各章习题参考答案。

本书突出了数字电子技术的应用性、实践性,强化了实际应用能力的培养。

本书内容可作为高等职业教育电子技术、通信技术、计算机应用、自动控制、工业电气化等专业的教材,也可作为自学考试或电子技术工程人员的学习用书。

图书在版编目(CIP)数据

数字电子技术/孙津平主编. —5 版. —西安:西安电子科技大学出版社,2022.2(2025.8 重印)

ISBN 978-7-5606-6120-9

I. ①数… Ⅱ. ①孙… Ⅲ. ①数字电路—电子技术—高等职业教育—教材 Ⅳ. ①TN79

中国版本图书馆 CIP 数据核字(2022)第 029157 号

责任编辑 马乐惠 明政珠

出版发行 西安电子科技大学出版社(西安市太白南路 2 号)

电 话 (029)88202421 88201467 邮 编 710071

网 址 www.xduph.com 电子邮箱 xdupfxb001@163.com

经 销 新华书店

印 刷 陕西博文印务有限责任公司

版 次 2022 年 2 月第 5 版 2025 年 8 月第 5 次印刷

开 本 787 毫米×1092 毫米 1/16 印张 14.5

字 数 341 千字

定 价 33.00 元

ISBN 978-7-5606-6120-9

XDUP 6422005-5

前　言

党的二十大报告强调：教育、科技、人才是全面建设社会主义现代化国家的基础性、战略性支撑。统筹职业教育、高等教育、继续教育协同创新，推进职普融通、产教融合、科教融汇，优化职业教育类型定位，培养造就大批德才兼备的高素质人才，是国家和民族长远发展大计。

《数字电子技术》（第五版）是在前四版的基础上，按照我国职业教育改革的新理念和新举措，以教育部颁发的《国务院关于大力推进职业教育改革与发展的决定》为依据，结合电子信息类及相关电类专业人才培养方案和课程标准的教学要求，以及高等职业教育突出高素质技术技能型人才的培养目标，经过多年教学实践，在广泛征求相关企业用人单位的意见和建议的基础上，充分参考借鉴国内外数字逻辑以及计算机应用方面的教材进行编写和多次修订，并在陕西省职业技术教育委员会领导下，经陕西省职业技术教育委员会按国家教育部批准的高职高专规划教材要求审定后出版的。本书既可作为高等职业技术电子信息类、通信技术类、计算机应用、自动控制以及电气化等电类专业的教材，也可作为自学考试人员或电子技术工程人员的学习用书。

随着数字电子技术的发展，新器件、新知识、新工艺在数字电子技术方面得到广泛的应用。本书结合职业教育的特点，编写修订力求面向时代发展，及时更新教学观念和内容，在保证基本概念、重要原理和基本分析及设计方法的前提下，简化集成电路的内容、结构和工作原理的讲述，减少小规模集成电路的内容，尽可能多地介绍新型中大规模集成电路及其应用。此次修订特别增加了各个章节的学习目标，包括能力目标、知识目标、素质目标，明确了学习数字电子技术的重点和难点知识以及应该达到的学习要求，尤其是强化了素质培养的目标，使学习更加系统化、科学化。

本书坚持以能力培养为主线，以应用为目的，突出思路与方法的阐述，尽力做到文字简洁流畅，通俗易懂，便于读者阅读理解。本书每一章都配有一定数量的典型实用例题，以使读者易于理解和掌握有关理论及分析、设计方法；同时章节后提供的习题类型多样，题量适当，用于帮助读者加深理解并巩固相关章节所讨论的理论和方法；书末附有常用数字集成电路一览表，便于读者根据教学需要选择学习和查阅，更好地了解逻辑器件的功能。

由于编者水平有限，虽然经过多次修订，书中难免有错漏和欠妥之处，恳请读者在使用中提出批评和指正。

编　者
2023 年 11 月

目 录

绪　　论

数字电子技术已经广泛应用于各个领域，无论是现代高精尖的电子设备，还是大家熟悉的计算机、手机、VCD(视频光盘)、数字电视、数码相机等现代电子装置，其核心构成都是数字电子系统。如图 0.1 所示是数字钟电路，其中既有时序逻辑电路(计数器)，又有组合逻辑电路(译码器)和数码显示电路。

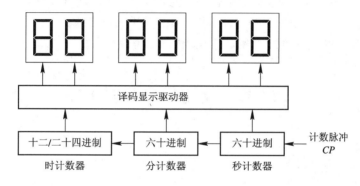

图 0.1　数字钟电路

计数器是数字钟的核心部分，共由三个计数器组成，分别记录数字钟的小时、分钟和秒。它由脉冲电路产生一个秒计数脉冲(CP)，提供给数字钟的秒计数器，秒计数器计数满 60 s 后自动回零，并向分钟计数器输出一个进位信号；分计数器开始计数，并计数满 60 min 后自动回零，同时向时计数器输出一个进位信号；时计数器按二十四进制(或按十二进制)进行计数，依此类推，完成每天的时间计数(或报时)过程。

0.1　数字信号与数字电路

电子电路所处理的电信号可以分为两大类：一类是在时间和数值上都是连续变化的电信号，称为模拟信号，如图 0.2(a)所示，例如电流、电压等。用于传递、加工和处理模拟信号的电子电路，称作模拟电路，如放大器、滤波器、信号发生器等。另一类是在时间和数值上都是离散的电信号，称为数字信号，如图 0.2(b)所示。用于传递、加工和处理数字信号的电子电路，称作数字电路，如数字钟、数字万用表、数字频率计、数字温度计等都是由数字电路组成的。

数字电路主要完成数字信号的产生、放大、整形、传送、控制、存储、计数、运算等。数字电路分析及设计的基本工具是逻辑代数，组成数字电路的基本单元电路是逻辑门电路。

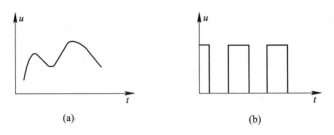

图 0.2　模拟信号和数字信号

(a) 模拟信号；(b) 数字信号

与模拟电路相比，数字电路具有显著的优点：

(1) 结构简单，便于集成化、系列化生产，成本低廉，使用方便。

(2) 抗干扰性强，可靠性高，精确度高，稳定性好。

(3) 处理功能强，不仅能实现数值运算，还可以实现逻辑运算和判断。

(4) 可编程数字电路便于实现各种运算，具有很大的灵活性。

(5) 数字信号更易于存储、加密、压缩、传输和再现。

0.2　数字电路的特点与分类

0.2.1　数字电路的特点

由图 0.2(b)可见，数字信号是不连续的，反映在电路上只有高电位和低电位两种状态，因此数字电路采用二进制数来传输和处理数字信号。在数字电路中，通常用开关的接通与断开来实现电路的高、低电位两种状态。将高电位称为高电平，用"1"来表示；低电位称为低电平，用"0"来表示；反之亦然。

数字电路的开关状态是由二极管、三极管的导通和截止来实现的。

数字电路主要研究的是输出信号的状态(0 或 1)与输入信号的状态(0 或 1)之间的对应关系。这是一种因果关系，即所谓的逻辑关系，反映的是电路的逻辑功能，所以数字电路又称为逻辑电路。对数字电路中的逻辑功能采用逻辑代数来分析，利用真值表、逻辑表达式、逻辑符号(逻辑图)、卡诺图、波形图(时序图)来表示电路的逻辑功能。

0.2.2　数字电路的分类

用二极管、三极管、场效应管、电阻等元件构成的数字电路是基本的单元电路，称逻辑门；如果将若干个逻辑门制作在一个硅片上就构成了现在广泛应用的数字集成电路。数字集成电路按不同划分方法有各种不同的类型。

1) 按集成度分

按集成度分，数字集成电路可分为小规模(SSI，每个硅片上有数十个逻辑门)、中规模(MSI，每片有数百个逻辑门)、大规模(LSI，每片有数千个逻辑门)和超大规模(VLSI，每片逻辑门的数目大于 1 万个)等各种集成电路。

2）按应用范围分

按应用范围分，集成电路有通用型和专用型两类。通用型是指已被定型的标准化、系列化的产品，适用于各种各样功能的数字电路。专用型是指为某种特殊用途专门设计、具有特定的复杂而完整功能的数字集成电路，如：计算机中的存储器芯片（RAM、ROM），微处理器芯片（CPU）和语音芯片等。

3）按所用器件分

按所用器件分，数字电路有双极型（TTL型）电路和单极型（MOS型）电路。双极型电路是用三极管作为开关实现逻辑功能的，其开关速度快，频率高，信号传输延迟时间短，但制造工艺较复杂。单极型电路是用场效应管作为开关实现逻辑功能的，其输入阻抗高，功耗小，工艺简单，集成度高，易于大规模集成生产。目前被广泛应用的是由P型和N型场效应管构成的CMOS集成芯片。

4）按逻辑功能分

按逻辑功能分，数字电路有组合逻辑电路和时序逻辑电路。组合逻辑电路没有记忆功能，其输出信号的状态只与当时输入信号状态的组合有关，而与电路前一时刻的输出信号状态无关，如编码器、译码器、数据选择器等都是典型的组合逻辑电路。时序逻辑电路具有记忆功能，其输出信号的状态不仅与当时的输入信号状态的组合有关，而且与电路前一时刻输出信号的状态有关，如触发器、计数器、寄存器等都是典型的时序逻辑电路。

0.3　数字集成电路的发展趋势

当前，数字集成电路正向着大规模、低功耗、高速度、可编程、可测试和多值化方向发展。

1. 大规模

随着集成电路制造技术的发展，一块半导体硅片上所能集成的逻辑门个数可达上百万。纳米技术（Nanotechnology）的出现，进一步提高了集成电路的集成规模，使集成电路的体积大大缩小，降低了系统的功耗与成本，而且提高了数字电路系统的可靠性。

2. 低功耗

功率损耗是许多电子产品研制、生产、推广、使用的一个重要的制约因素，而系统功耗很大程度上又取决于所使用的集成芯片或模块。现在，由于集成技术更新和构成集成芯片的材料不同，使得超大规模的数字集成电路的功耗可低至毫瓦级。低功耗大大拓展了数字集成电路的应用领域。

3. 高速度

在现代信息时代，人们对信息处理速度的要求越来越高。集成电路芯片本身已经是以纳秒（ns）速度进行工作的，而且现在全世界都在积极研制超高速运算的计算机，目前中国首台"天河一号"已经研制成功，其运算速度高达千万亿（10^{15}）次每秒。显然数字集成电路信息处理速度的不断提高是不容置疑的发展趋势。

4. 可编程

传统的标准MSI/LSI数字集成电路是一种通用型集成电路。对于复杂的数字系统的设计，往往需要使用的集成芯片的数量和种类比较多，而且会增加系统的体积和功耗，降低系统的可靠性，也为器件的保存、电路和设备的调试、知识产权的保护等带来了困难。所以，在实际生产现场逐步采用可编程逻辑器件 PLDE(Programmable Logic Device)来解决综合性问题，不仅提高了产品的可靠性和保密性，而且还具有"可编程"特性，可以实现专用 LSI/VLSI 集成电路 ASIC(Application Specific Integrated Circuit)。

5. 可测试

数字集成电路的规模越来越大，功能也越来越复杂。为了使数字系统的使用和维护更加方便，所使用的逻辑模块应该具有"可测试性"(Testability)，即可方便地对其进行功能测试和故障诊断，可测试性是未来数字集成电路的一个重要的发展趋势。

6. 多值化

传统的数字集成电路是一种二值电路，在信号的产生、存储、传送、识别、处理等方面具有很多优点。为了进一步提高集成电路的信息处理能力，除了在速度上下功夫外，还可采用多值逻辑(Multivalued Logic)电路。从 20 世纪 70 年代起，多值信号和多值逻辑电路（三值和四值数字集成电路）的研究就一直受到世界各国的广泛关注。尽管在目前的技术条件下多值逻辑器件的制作成本太高，还不能像二值集成电路那样得到广泛应用，但它将是提高集成电路信息处理能力的又一个发展方向。

《数字电子技术(第五版)》学时分配

分类 学时分配 章节	理论课时	实践课时	小计
绪论	2	0	2
第1章	14	0	14
第2章	4	2	6
第3章	10	8	18
第4章	6	2	8
第5章	10	6	16
第6章	2	0	2
第7章	6	2	8
第8章	4	2	6
总计	58学时	22学时	80学时
第9章	本章为实践内容，总学时分布在各章节中（如上），建议每个实验2学时(实验十三是仿真电路测试，其中包含多个仿真电路，建议根据内容来安排)		
第10章	本章属于课程综合实训内容，建议集中安排一周		

第 1 章　数字电路基础

知识目标：

  1. 了解常用数制和代码；

  2. 熟悉基本逻辑函数的相关知识；

  3. 熟悉逻辑函数的表示方法；

  4. 熟悉逻辑函数的基本公式和基本定律。

能力目标：

  1. 掌握常用数制之间转换的方法；

  2. 掌握逻辑函数的代数化简法；

  3. 掌握逻辑函数的卡诺图化简法。

素质目标：

  1. 具有严谨细致的工匠精神；

  2. 具备团队协作精神。

知识重点：

  1. 基本逻辑函数的表示符号和逻辑关系；

  2. 逻辑函数的表示方法；

  3. 逻辑函数的基本公式和基本定律。

知识难点：

  1. 复合逻辑函数的表示符号和逻辑关系；

  2. 代数法化简逻辑函数；

  3. 卡诺图法化简逻辑函数。

建议学时：

  理论 14 学时，共 14 学时。

数字电路基础主要是研究输出数字信号和输入数字信号之间的对应逻辑关系，其分析的主要工具是逻辑代数。为了便于研究数字电路的逻辑关系，现在来分析图 1.1 所示的电路。

图 1.1 是一个楼房照明灯的控制电路。图中 A、B 是控制照明灯 F 的两个上、下楼层开关。其逻辑控制关系是在楼上闭合开关 A，可将灯打开；在楼下闭合开关 B，又可以将灯关掉。反之，也可以在楼下开灯，楼上关灯。JA 和 JB 是继电器的两个线圈，JA_1、JB_1 代表继电器的常开触点，JA_2、JB_2 代表继电器的常闭触点。那么，如何实现和设计灯与开关的控制逻辑关系就是数字电路所要研究的内容。各种数字设备只能对二进制数或二进制代码（如灯亮、灭，开关断、合）进行运算和处理，十进制人们最熟悉，但机器实现起来很困难。

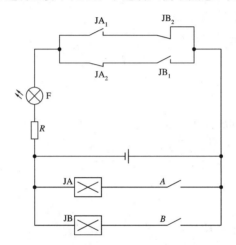

图 1.1　楼房照明灯的逻辑控制电路

1.1　数　制　与　代　码

1.1.1　常用数制

1. 二进制数

二进制数的基数是 2，采用两个数码 0 和 1。计数规律是"逢二进一"。二进制数各位的位权为 2^0，2^1，2^2，…。任何一个二进制数都可以表示成以基数 2 为底的幂的求和式，即位权展开式。

例 1　　　$(11010)_2 = 1 \times 2^4 + 1 \times 2^3 + 0 \times 2^2 + 1 \times 2^1 + 0 \times 2^0$

如果是小数同样可以表示为以基数 2 为底的幂的求和式。但小数部分应是负的次幂。

例 2　　　$(1011.1)_2 = 1 \times 2^3 + 0 \times 2^2 + 1 \times 2^1 + 1 \times 2^0 + 1 \times 2^{-1}$

2. 八进制数

八进制数的基数是 8，采用 8 个数码 0，1，2，3，4，5，6，7。计数规律是"逢八进一"。八进制数各位的位权为 8^0，8^1，8^2，…。

例 3　　　$(325.24)_8 = 3 \times 8^2 + 2 \times 8^1 + 5 \times 8^0 + 2 \times 8^{-1} + 4 \times 8^{-2}$

3. 十六进制数

十六进制数的基数是 16。采用 16 个数码 0，1，2，3，4，5，6，7，8，9，A，B，C，D，E，F。其中，A 到 F 表示 10 到 15。计数规律是"逢十六进一"。十六进制数各位的位权为 16^0，16^1，16^2，…。十六进制数也可以表示成以基数 16 为底的幂的求和式。

例 4　　　　　　　　$(70.3)_{16} = 7 \times 16^1 + 0 \times 16^0 + 3 \times 16^{-1}$

在计算机应用系统中，二进制主要用于机器内部数据的处理，八进制和十六进制主要用于书写程序，十进制主要用于运算最终结果的输出。

1.1.2　不同进制数的相互转换

1. 二进制、八进制、十六进制数转换为十进制数

方法：按权展开并相加。

例 5　$(11011.11)_2 = (?)_{10}$

解　按权展开：

$$(11011.11)_2 = 1 \times 2^4 + 1 \times 2^3 + 0 \times 2^2 + 1 \times 2^1 + 1 \times 2^0 + 1 \times 2^{-1} + 1 \times 2^{-2}$$
$$= 16 + 8 + 2 + 1 + 0.5 + 0.25$$
$$= (27.75)_{10}$$

例 6　$(25.4)_8 = (?)_{10}$

解　按权展开：

$$(25.4)_8 = 2 \times 8^1 + 5 \times 8^0 + 4 \times 8^{-1}$$
$$= 16 + 5 + 0.5$$
$$= (21.5)_{10}$$

例 7　$(AC.8)_{16} = (?)_{10}$

解　按权展开：

$$(AC.8)_{16} = A \times 16^1 + C \times 16^0 + 8 \times 16^{-1}$$
$$= 160 + 12 + 0.5$$
$$= (172.5)_{10}$$

2. 十进制数转换为二进制、八进制、十六进制数

方法：分整数和小数两部分。

① 整数为除以基数取余数倒读（直到商为 0）。

② 小数为乘以基数取整数顺读（直到小数为 0 或按要求保留位数）。

例 8　$(14.625)_{10} = (?)_2$

解　（1）整数：

```
2 | 14  …… 余数为 0
2 | 7   …… 余数为 1        倒读整数部分为
2 | 3   …… 余数为 1        1110
2 | 1   …… 余数为 1
    0     最后商为 0
```

（2）小数：

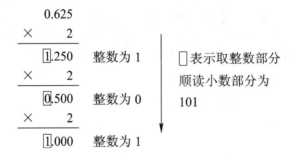

　　即：$(14.625)_{10} = (1110.101)_2$

例9　$(28.75)_{10} = (?)_8$

解　（1）整数：

$$
\begin{array}{rl}
8\,\underline{|\,28} & \text{余数为4} \\
8\,\underline{|\,\;3} & \text{余数为3} \\
0 & \text{最后商为0}
\end{array}
$$

（2）小数：

$$
\begin{array}{r}
0.75 \\
\times \quad 8 \\
\hline
\boxed{6}.00 \quad \text{整数为6}
\end{array}
$$

即

$$(28.75)_{10} = (34.6)_8$$

例10　$(0.39)_{10} = (?)_2$

解

$$
\begin{array}{ll}
0.39 \times 2 = 0.78 & \text{整数为0} \\
0.78 \times 2 = 1.56 & \text{整数为1} \\
0.56 \times 2 = 1.12 & \text{整数为1} \\
0.12 \times 2 = 0.24 & \text{整数为0} \\
0.24 \times 2 = 0.48 & \text{整数为0} \\
0.48 \times 2 = 0.96 & \text{整数为0} \\
0.96 \times 2 = 1.92 & \text{整数为1} \\
\quad\quad \cdots &
\end{array}
$$

即

$$(0.39)_{10} = (0.0110001\cdots)_2$$

3. 二进制数转换为八进制、十六进制数

由于二进制和八进制、十六进制之间正好满足 2^3、2^4 关系，因此转换时将二进制数由小数点开始，分别向两侧每三位或每四位一组，若整数最高位不足一组，在左边加 0 补足一组，小数最低位不足一组，在右边加 0 补足一组，然后按每组二进制数转换为八进制数或十六进制数。

例 11　$(1101101010.0110101)_2 = (?)_8 = (?)_{16}$

解　　　　　　$(001/101/101/010.011/010/100)_2 = (1552.324)_8$

　　　　　　　　$(0011/0110/1010.0110/1010)_2 = (36A.6A)_{16}$

4. 八进制、十六进制数转换为二进制数

方法：将每位八进制或十六进制数分别转换为三位或四位二进制数码。

例 12　　　　$(236.74)_8 = (10011110.1111)_2$

　　　　　　　$(A6C.63)_{16} = (101001101100.01100011)_2$

【思考题】

1. 在二进制数中，其位权的规律如何？
2. 8 位二进制数的最大值对应的十进制数是多少？

1.1.3　代码

1. BCD 码

二-十进制码(简称 BCD 码)，指的是用四位二进制数来表示一位十进制数 0～9。由于四位二进制数码可以表示 16 种不同的组合状态，若用来表示一位十进制数时，只需选用其中 10 种组合(有效组合)，其他 6 种组合是无效的。按选取方式的不同，可以得到如表 1.1 所示常用的几种 BCD 编码，奇偶数校验码等请查阅相关资料。

表 1.1　常用的几种 BCD 码

十进制	有权码			无权码	负权码
	8421 码	5421 码	2421 码	余三码	631−1 码
0	0000	0000	0000	0011	0000
1	0001	0001	0001	0100	0010
2	0010	0010	0010	0101	0101
3	0011	0011	0011	0110	0100
4	0100	0100	0100	0111	0110
5	0101	1000	1011	1000	1001
6	0110	1001	1100	1001	1000
7	0111	1010	1101	1010	1010
8	1000	1011	1110	1011	1101
9	1001	1100	1111	1100	1100

在二-十进制码中一般分为有权码和无权码两大类。8421BCD 码是常用的 BCD 码，它是一种有权码，8421 就是指这种码中各位的权分别为 8、4、2、1。余 3 码是无权码，余三码是由 8421 码加 3 后得到的。BCD 码的表示方法也很简单，就是将十进制数的各位数字分别用四位二进制数码表示出来。例如：

　　　　　　$(56.32)_{10} = (01010110.00110010)_{8421BCD}$

　　　　　　$(10000111.0110)_{8421BCD} = (87.6)_{10}$

2. 格雷码

格雷码是一种无权码,即各位表示的0到1已经没有固定的权值。这种代码任意两个相邻的码只有一位不同,其余的各位数码均相同,故又称反射循环码。

一位格雷码与一位二进制数码相同,是0和1。由一位格雷码得到两位格雷码的方法是将第一位的0、1以虚线为轴折叠,反射出1、0,然后在虚线上方的数字前面加0,虚线下方数字前面加1,便得到了两位格雷码00、01、11、10,分别表示十进制数0~3。同样的方法可以得到三位、四位格雷码,如图1.2所示。

	二位			三位			四位	
加	0	0		0 0 0			十进制	格雷码
0	0	1		0 0 1			0	0000
轴线	-------			0 1 1			1	0001
加	1	1		0 1 0			2	0011
1	1	0		----------			3	0010
				1 1 0			4	0110
	(a)			1 1 1			5	0111
				1 0 1			6	0101
				1 0 0			7	0100
							-----	--------
				(b)			8	1100
							9	1101
							10	1111
							11	1110
							12	1010
							13	1011
							14	1001
							15	1000
							(c)	

图 1.2 格雷码

3. 数的原码、反码和补码表示

前面提到的二进制数,并没有涉及符号问题,故是一种无符号数。但在实际中,数显然会有正有负,那么在数字设备中"+""−"符号是如何表示的呢?

1) 机器数与真值

按我们习惯表示方法正5用+5表示,二进制数为+101;负5用−5表示,二进制数为−101。在数字设备中"+""−"也要数值化,一般将数的最高位设为符号位,"0"表示"+","1"表示"−"。例如:

$$+101 \quad\rightarrow\quad 0101$$
$$-101 \quad\rightarrow\quad 1101$$

(真值) (机器数)

为了区分"＋""－"号数值化后的两个对应数，引入真值和机器数两个术语。连同符号位在一起的数称为机器数；而它的数值称为真值。

为了运算方便，将减法运算变为加法运算，常用的机器数有原码、反码和补码三种形式。

2）原码、反码及补码

（1）原码。将数的真值形式中正数符号用符号位 0 表示，负数符号用符号位 1 表示时，叫作数的原码形式，简称原码。如绝对值为 9 的数，它的真值形式和原码形式如下所示（用四位数码表示，最高位为符号位）：

$$数　　真值　　原码$$
$$+9 = +1001 = 01001$$
$$-9 = -1001 = 11001$$

（2）反码。对于正数，反码与原码相同；对于负数，符号位不变，反码数位由原码数位逐位求反而得。例如：

＋9 用四位二进制数表示为

$$数　　原码　　反码$$
$$+9 = 01001 = 01001$$

－9 用四位二进制数表示为

$$数　　原码　　反码$$
$$-9 = 11001 = 10110$$

（3）补码。对于正数，原码、反码和补码的表示是相同的。对于负数表示则不相同，符号位不变，其余各位取反，并在最低位加 1，即在反码最低位加 1。例如：

$$求反　　+1$$
$$-6 = -110 \rightarrow 1110 \rightarrow 1001 \rightarrow 1010$$
$$真值　　原码　　反码　　补码$$

3）原码、反码和补码的算术运算

机器数有三种表示方法，它们的形成规则不同，算术运算的方法也不相同。

例 13　已知 $X = +1101$，$Y = +0110$，用原码、反码及补码计算 $Z = X - Y$。

解　（1）原码运算。采用原码运算时，需将真值表示为原码：

$$[X]_原 = 01101 \qquad\qquad [Y]_原 = 00110$$

首先，判别相减的两数是同号还是异号。若为同号，则进行减法；若为异号，则进行加法。本例 X、Y 同号，故进行减法。其次，判别 X、Y 的大小，以便确定被减数。本例 $|X| > |Y|$，故 X 为被减数，结果的符号应与 $[X]_原$ 相同。

$$
\begin{array}{r}
0\,1\,1\,0\,1 \\
-\ 0\,0\,1\,1\,0 \\
\hline
0\,0\,1\,1\,1
\end{array}
$$

所以有：$[Z]_原 = 00111$，其真值 $Z = +0111$。

（2）反码运算。采用反码运算时，需将真值表示为反码。进行反码减法时可按 $[X]_反 + [-Y]_反$ 进行，将减法变为加法运算。其运算结果仍为反码。

$$[X]_反 = 01101 \qquad [-Y]_反 = 11001$$

则$[Z]_反 = [X]_反 + [-Y]_反$，其算式如下：

$$
\begin{array}{r}
0\,1\,1\,0\,1 \\
+\ 1\,1\,0\,0\,1 \\
\hline
1\,0\,0\,1\,1\,0 \\
+\qquad\quad 1 \\
\hline
0\,0\,1\,1\,1
\end{array}
$$

对反码运算是按下列规则进行的：

$$[Z]_反 = [X+Y]_反 = [X]_反 + [Y]_反 + 符号位进位$$

所以有：$[Z]_反 = 00111$，其真值为 $Z = +0111$。

（3）补码运算。采用补码运算时，需将真值表示为补码，其运算过程与反码运算相似，按$[X]_补 + [-Y]_补$进行，将减法运算变为加法运算。其运算结果仍为补码。

$$[X]_补 = 01101 \qquad [-Y]_补 = 11010$$

$$
\begin{array}{r}
0\,1\,1\,0\,1 \\
+\ 1\,1\,0\,1\,0 \\
\hline
1\,0\,0\,1\,1\,1
\end{array}
$$

其符号进位自然丢失，即$[Z]_补 = 00111$，其真值 $Z = +0111$，其计算结果为正数。

由原码、反码和补码的算术运算举例可见，虽然三种运算方法不同，但运算的结果是相同的。

【思考题】

1. 格雷码的特点是什么？为什么说它是可靠性代码？
2. 试述在原码、反码和补码中正数和负数的区别。

1.2 逻辑代数的基本运算

1.2.1 基本概念

在数字电路中，输入信号是"条件"，输出信号是"结果"，因此输入、输出之间存在一定的因果关系，称其为逻辑关系。它可以用逻辑表达式、图形和真值表来描述。

逻辑代数中的逻辑变量与普通代数的变量有一个共同的特点：都是用字母 A，B，C，$\cdots$，X，Y，Z 等来表示；但也有明显的不同点：逻辑代数中的变量取值只有 0 和 1，而这里的 0 和 1 并不表示具体的数值大小，而是表示两种相互对立的逻辑状态。例如，电灯的亮和灭、电动机的旋转与停止，把这种描述相互对立的逻辑关系且仅有两个取值的变量称为逻辑变量。

1.2.2 三种基本运算

逻辑代数有三种基本运算："与"运算、"或"运算和"非"运算。

1. 与运算

只有当决定事物结果的所有条件全部具备时，结果才会发生，这种逻辑关系称为与逻辑关系（又称与运算）。最简单的与逻辑模型电路如图 1.3 所示，A、B 是两个串联开关，Y 是灯，用开关控制灯亮和灭的关系如表 1.2 所示。从表中可知，只有当两个开关全都接通时，灯才会亮。因此它们满足与逻辑关系。

如果用二值量中的 1 来表示灯亮和开关闭合导通，用 0 表示灯灭和开关断开，则可得到如表 1.3 所示的与逻辑真值表。

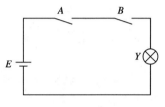

图 1.3　与逻辑电路图

表 1.2　与逻辑关系表

A	B	Y
断	断	灭
断	通	灭
通	断	灭
通	通	亮

表 1.3　与逻辑真值表

A	B	Y
0	0	0
0	1	0
1	0	0
1	1	1

表 1.3 是将输入逻辑变量各种取值的组合和相应的函数值排列而成的真值表。它的输入部分有 $N=2^n$ 项组合。其中，n 是输入变量的个数。两个开关有 2^2 项组合；若是三个开关，则有 2^3 项组合。

与运算也称"逻辑乘"。与运算的逻辑表达式为：

$$Y = A \cdot B$$

或
$$Y = A B \quad (\text{"} \cdot \text{" 号可省略})$$

与逻辑的运算规律为：输入有 0 得 0，全 1 得 1。

与逻辑的逻辑符号如图 1.4 所示。

与逻辑的波形图如图 1.5 所示。该图直观地描述了任意时刻输入与输出之间的对应关系及变化的情况。

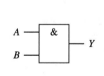

图 1.4　与逻辑符号

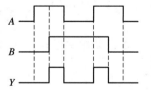

图 1.5　与逻辑波形图

2. 或运算

当决定事物结果的几个条件中，只要有一个或一个以上条件得到满足，结果就会发生，这种逻辑关系称为或逻辑（又称或运算）。最简单的或逻辑模型电路如图 1.6 所示。图中，A、B 是两个并联开关，Y 是灯。用开关控制灯亮和灭的关系如表 1.4 所示。从表中可知，只要两个开关有一个接通，灯就会亮，因此满足或逻辑关系。

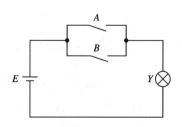

图 1.6　或逻辑电路图

如果用 1 来表示灯亮和开关闭合导通，用 0 表示灯灭和开关断开，则可得到或逻辑真值表如表 1.5 所示。

或运算也称"逻辑加"。或运算的逻辑表达式为

$$Y = A + B$$

或逻辑运算的规律为：有 1 得 1，全 0 得 0。

或逻辑的逻辑符号如图 1.7 所示。

表 1.4　或逻辑关系表

A	B	Y
断	断	灭
断	通	亮
通	断	亮
通	通	亮

表 1.5　或逻辑真值表

A	B	Y
0	0	0
0	1	1
1	0	1
1	1	1

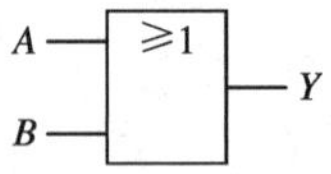

图 1.7　或逻辑符号

3. 非运算

在事件中，结果总是和条件呈相反状态，这种逻辑关系称为非逻辑（又称非运算）。非逻辑的模型电路如图 1.8 所示，A 是开关，Y 是灯，开关控制灯亮和灭的关系如表 1.6 所示。从表中可知，如果开关 A 闭合导通，灯就灭；开关 A 断开，灯就亮；因此其电路满足非逻辑关系。

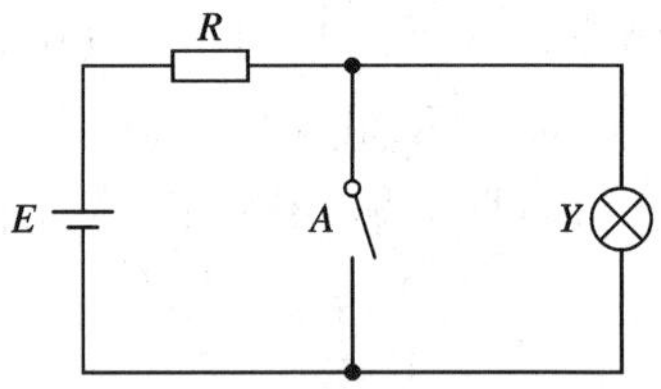

如果用 1 来表示灯亮和开关闭合导通，用 0 表示灯灭和开关断开，则可得到非逻辑真值表如表 1.7 所示。

非运算也称"反运算"。非运算的逻辑表达式为

$$Y = \overline{A}$$

非逻辑运算的规律为：0 变 1，1 变 0，即"始终相反"。

非逻辑的逻辑符号如图 1.9 所示。

图 1.8　非逻辑电路图

表 1.6　非逻辑的关系表

A	Y
断	亮
通	灭

表 1.7　非逻辑的真值表

A	Y
0	1
1	0

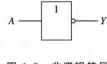

图 1.9　非逻辑符号

1.2.3　常见的几种复合逻辑关系

与、或、非运算是逻辑代数中最基本的三种运算，任何复杂的逻辑关系都可以通过与、或、非组合而成。几种常见的复合逻辑关系的逻辑表达式、逻辑符号及逻辑真值表如表 1.8 所示。

表 1.8　常见的几种逻辑关系

逻辑名称	与非	或非	与或非	异或	同或
逻辑表达式	$Y=\overline{AB}$	$Y=\overline{A+B}$	$Y=\overline{AB+CD}$	$Y=A\oplus B$	$Y=A\odot B$
逻辑符号					
真值表	$A\ B\quad Y$ 0　0　　1 0　1　　1 1　0　　1 1　1　　0	$A\ B\quad Y$ 0　0　　1 0　1　　0 1　0　　0 1　1　　0	$A\ B\ C\ D\quad Y$ 0　0　0　0　　1 0　0　0　1　　1 …　…　…　… 1　1　1　1　　0	$A\ B\quad Y$ 0　0　　0 0　1　　1 1　0　　1 1　1　　0	$A\ B\quad Y$ 0　0　　1 0　1　　0 1　0　　0 1　1　　1
逻辑运算规律	有 0 得 1 全 1 得 0	有 1 得 0 全 0 得 1	与项为 1 结果为 0 其余输出全为 1	不同为 1 相同为 0	不同为 0 相同为 1

1.2.4　逻辑函数及其表示方法

1. 逻辑函数

一般函数,当 A,B,C,… 的取值确定之后,Y 的值也就唯一确定了。Y 称为 A,B,C,… 的函数。逻辑函数也是如此,但其变量取值只有 0 和 1。逻辑函数的一般表达式可以写为

$$Y = F(A, B, C, \cdots)$$

与、或、非是三种基本的逻辑运算,即三种基本的逻辑函数。但在实际的逻辑问题中,往往是由三种基本逻辑运算组合起来,构成一种复杂的运算形式。

2. 逻辑函数的表示方法及转换

逻辑函数可以用逻辑真值表、逻辑表达式、逻辑图、波形图、卡诺图等方法来表示。其中,真值表是描述逻辑函数各个输入变量的取值组合和输出逻辑函数取值之间对应关系的表格。每一个输入变量有 0,1 两个取值,n 个变量就有 2^n 个不同的取值组合。如果将输入变量的全部取值组合和对应的输出函数值一一对应地列举出来,即可得到真值表。逻辑表达式是用与、或、非等逻辑运算表示逻辑变量之间关系的代数式。逻辑图是用逻辑符号连接构成的图形。在基本的与、或、非运算中已经介绍过逻辑函数的几种表示方法。下面说明它们之间的转换。

例 14　已知函数的逻辑表达式 $Y=B+\overline{A}C$。要求:列出相应的真值表;已知输入波形,画出输出波形;画出逻辑图。

解 （1）根据逻辑表达式，画出逻辑图如图 1.10 所示。

（2）将 A、B、C 的所有组合代入逻辑表达式中进行计算，得到真值表如表 1.9 所示。

（3）根据真值表，画出例 14 的输出波形，如图 1.11 所示。

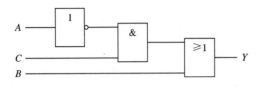

图 1.10　例 14 的逻辑图

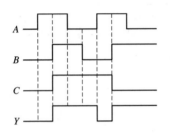

图 1.11　例 14 的波形图

表 1.9　例 14 的真值表

A	B	C	Y
0	0	0	0
0	0	1	1
0	1	0	1
0	1	1	1
1	0	0	0
1	0	1	0
1	1	0	1
1	1	1	1

例 15　已知函数 Y 的逻辑图如图 1.12 所示，写出函数 Y 的逻辑表达式。

解　据逻辑图逐级写出输出端函数表达式如下：

$$Y_1 = A\bar{B}C$$

$$Y_2 = AB\bar{C}$$

$$Y_3 = \bar{A}BC$$

最后得到函数 Y 的表达式为

$$Y = A\bar{B}C + AB\bar{C} + \bar{A}BC$$

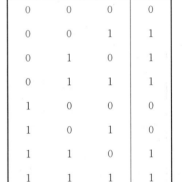

图 1.12　例 15 的逻辑图

通过真值表也可以直接写出逻辑表达式。方法是将真值表中 Y 为 1 的输入变量相与，取值为 1 用原变量表示，0 用反变量表示，将这些与项相加，就得到逻辑表达式。例如，异或逻辑关系，根据真值表可以直接写出 $Y = \bar{A}B + A\bar{B}$。

例 16　已知真值表如表 1.10 所示，根据真值表写出逻辑表达式。

表 1.10　例 16 的真值表

A	B	C	Y
0	0	0	0
0	0	1	0
0	1	0	1
0	1	1	1
1	0	0	0
1	0	1	0
1	1	0	1
1	1	1	1

解　根据真值表写逻辑表达式方法写出逻辑表达式为

$$Y = \overline{A}B\overline{C} + \overline{A}BC + AB\overline{C} + ABC$$

【思考题】

1. 写出与、或、非三种逻辑运算的表达式。
2. 写出异或、同或的逻辑表达式和逻辑符号。

1.3　逻辑代数的定律和运算规则

1.3.1　基本定律

与普通代数一样，逻辑代数也有相应的定律和规则。表1.11列出了逻辑代数的基本定律，这些定律可直接利用真值表证明，如果等式两边的真值表相同，则等式成立。

表 1.11　逻辑代数的基本定律

定律名称	逻 辑 与	逻 辑 或
1. 0−1律	$A \cdot 1 = A$ $A \cdot 0 = 0$	$A + 0 = A$ $A + 1 = 1$
2. 交换律	$A \cdot B = B \cdot A$	$A + B = B + A$
3. 结合律	$A \cdot (B \cdot C) = (A \cdot B) \cdot C$	$A + (B + C) = (A + B) + C$
4. 分配律	$A \cdot (B + C) = A \cdot B + A \cdot C$	$A + (B \cdot C) = (A + B) \cdot (A + C)$
5. 互补律	$A \cdot \overline{A} = 0$	$\overline{A} + A = 1$
6. 重叠律	$A \cdot A = A$	$A + A = A$
7. 还原律	$\overline{\overline{A}} = A$	
8. 反演律(摩根定律)	$\overline{AB} = \overline{A} + \overline{B}$	$\overline{A + B} = \overline{A} \cdot \overline{B}$
9. 吸收律	$A \cdot (A + B) = A$ $(A + B)(A + \overline{B}) = A$ $A(\overline{A} + B) = AB$	$A + AB = A$ $AB + A\overline{B} = A$ $A + \overline{A}B = A + B$
10. 隐含律	$(A + B)(\overline{A} + C)(B + C) = AB + \overline{A}C$ $(A + B)(\overline{A} + C)(B + C + D)$ $\quad = (A + B)(\overline{A} + C)$	$AB + \overline{A}C + BC = AB + \overline{A}C$ $AB + \overline{A}C + BCD = AB + \overline{A}C$

例 17 证明反演律 $\overline{A+B}=\overline{A}\cdot\overline{B}$。

证 列出 $\overline{A+B}$ 及 $\overline{A}\cdot\overline{B}$ 的真值表如表 1.12 所示。

表 1.12 例 17 的真值表

A	B	$\overline{A+B}$	$\overline{A}\cdot\overline{B}$
0	0	1	1
0	1	0	0
1	0	0	0
1	1	0	0

从真值表中可知，其结果相同，则证明两个函数相等。

1.3.2 基本规则

在应用中，可根据下面的规则从表 1.11 中导出更多的运算公式，从而扩充基本定律的使用范围。

1. 代入规则

在任何一个逻辑等式中，如果将等式两边的某一变量都用一个函数代替，则等式依然成立。这个规则称为代入规则。

例 18 已知等式 $\overline{AB}=\overline{A}+\overline{B}$。若用 $Y=BC$ 代替等式中的 B，根据代入规则，等式仍然成立。即

$$\overline{A(BC)}=\overline{A}+\overline{BC}=\overline{A}+\overline{B}+\overline{C}$$

可见，摩根定律对任意多个变量都成立。由代入规则可推出：

$$\overline{A\cdot B\cdot C\cdot\cdots}=\overline{A}+\overline{B}+\overline{C}+\cdots$$

$$\overline{A+B+C+\cdots}=\overline{A}\cdot\overline{B}\cdot\overline{C}\cdot\cdots$$

2. 反演规则

若求一个逻辑函数 Y 的反函数时，只要将函数中所有"·"换成"＋"，"＋"换成"·"；"0"换成"1"，"1"换成"0"；原变量换成反变量，反变量换成原变量；则所得到的逻辑函数式就是逻辑函数 Y 的反函数。

运用规则必须注意运算符号的先后顺序，必须按照先括号，然后按先与后或的顺序变换，而且应保持两个及两个以上变量的非号不变。

例 19 求 $Y=\overline{A+B}\cdot\overline{B+\overline{C}}+D+E$ 的反函数。

解
$$\overline{Y}=\overline{\overline{AB}+\overline{BC}\,\overline{\overline{DE}}}$$

3. 对偶规则

Y 是一个逻辑表达式，如果将 Y 中的"·"换成"＋"，"＋"换成"·"，"0"换成"1"，"1"换成"0"，所得到新的逻辑函数式 Y'，就是 Y 的对偶函数。

对于两个函数，如果原函数相等，那么其对偶函数、反函数也相等。

例 20　求 $Y = A + BC$ 的对偶式 Y'。

解
$$Y' = A \cdot (B + C)$$

【思考题】

1. 写出四变量的摩根定律表达式。

2. 反演规则和对偶规则有什么不同？

1.4　逻辑函数的代数化简法

根据逻辑定律和规则，一个逻辑函数可以有多种表达式。例如：

$$
\begin{aligned}
Y &= AB + \bar{A}C & \text{与-或表达式}\\
&= \overline{\overline{AB} \cdot \overline{\bar{A}C}} & \text{与非-与非表达式(摩根定律)}\\
&= \overline{A\bar{B} + \overline{\bar{A}C}} & \text{与-或-非表达式(利用反演规则并展开)}\\
&= (\bar{A} + B)(A + C) & \text{或-与表达式(将与或非式用摩根定律)}\\
&= \overline{(\bar{A} + B) + \overline{(A + C)}} & \text{或非-或非表达式(将或与式用摩根定律)}
\end{aligned}
$$

在列出的五种表达方式中，因为与或表达式比较常见且容易同其他形式的表达式相互转换，所以化简时一般要求化为最简与或表达式。即表达式中乘积项最少，且每个乘积项的变量个数最少。按这样化简后的表达式构成逻辑电路，可节省器件，降低成本，提高工作的可靠性。

逻辑函数化简的方法有代数法和卡诺图法。本节只讨论代数法。它是直接运用基本定律和规则化简逻辑函数。常用的方法有并项法、吸收法、消去法和配项法。

1. 并项法

利用 $A + \bar{A} = 1$ 的公式，将两项合并为一项，并消去一个变量。

例 21
$$
\begin{aligned}
Y_1 &= \bar{A}\bar{B}C + \bar{A}BC\\
&= \bar{A}C(\bar{B} + B)\\
&= \bar{A}C\\
Y_2 &= A\bar{B}C + AB + A\bar{C}\\
&= A(\bar{B}C + B + \bar{C})\\
&= A(\bar{B}C + \overline{\bar{B}C})\\
&= A
\end{aligned}
$$

2. 吸收法

利用 $A + AB = A$ 的公式消去多余的乘积项。

例 22
$$
\begin{aligned}
Y &= \bar{A}B + \bar{A}BC(D + E)\\
&= \bar{A}B[1 + C(D + E)]\\
&= \bar{A}B
\end{aligned}
$$

3. 消去法

利用 $A + \bar{A}B = A + B$，消去多余的因子。

例 23
$$Y = AB + \overline{A}C + \overline{B}C$$
$$= AB + (\overline{A} + \overline{B})C$$
$$= AB + \overline{AB}C$$
$$= AB + C$$

4. 配项法

利用 $A = A(B+\overline{B})$，增加必要的乘积项，然后再用公式进行化简。

例 24
$$Y = A\overline{C} + B\overline{C} + \overline{A}C + \overline{B}C$$
$$= A\overline{C}(B + \overline{B}) + B\overline{C} + \overline{A}C + \overline{B}C(A + \overline{A})$$
$$= AB\overline{C} + A\overline{B}\overline{C} + B\overline{C} + \overline{A}C + A\overline{B}C + \overline{A}\overline{B}C$$
$$= B\overline{C}(1 + A) + \overline{A}C(1 + \overline{B}) + A\overline{B}(\overline{C} + C)$$
$$= B\overline{C} + \overline{A}C + A\overline{B}$$

实际解题时，往往需要综合运用上述几种方法进行化简，才能得到最简结果。

例 25 化简函数。
$$Y_1 = \overline{\overline{AC}B} + \overline{\overline{AC} + B} + BC$$
$$= \overline{AC}B + \overline{AC}\overline{B} + BC \qquad (摩根定律)$$
$$= \overline{AC} + BC \qquad (合并法)$$
$$= \overline{A} + C + BC \qquad (吸收法)$$
$$= \overline{A} + C$$

$$Y_2 = AD + A\overline{D} + AB + \overline{A}C + BD + ACEF + \overline{B}EF + DEFG$$
$$= A + AB + \overline{A}C + BD + ACEF + \overline{B}EF + DEFG \qquad (合并法)$$
$$= A + \overline{A}C + BD + \overline{B}EF + DEFG \qquad (吸收法)$$
$$= A + C + BD + \overline{B}EF + DEFG \qquad (消去法)$$
$$= A + C + BD + \overline{B}EF \qquad (隐含律)$$

【思考题】

1. 代数化简的难点是什么？
2. 最简与或表达式的标准是什么？

1.5 逻辑函数的卡诺图化简

利用代数法化简逻辑函数，要求熟练地掌握逻辑代数的定律公式和规则，而且要有一定的技巧，特别是化简结果是否最简有时也难以确定。根据吸收律 $AB + A\overline{B} = A$ 可以方便地将任何两行相同变量的逻辑项(只有一个变量取值不同，如 AB 与 $A\overline{B}$，ABC 与 $AB\overline{C}$)，称为逻辑相邻项进行合并，消去不同变量合为一项。但实际中的逻辑函数可能为：$F = AB + A\overline{B}C + BC$，如何找出逻辑相邻项呢？

1.5.1　逻辑函数的最小项

1. 最小项的定义

在 n 个输入变量的逻辑函数中，如果一个乘积项包含 n 个变量，而且每个变量以原变量或反变量的形式出现且仅出现一次，那么该乘积项称为该函数的一个最小项。对 n 个输入变量的逻辑函数来说，共有 2^n 个最小项。

例如：在两变量逻辑函数 $Y = F(A，B)$ 中，根据最小项的定义，它们组成的四个乘积项：$\overline{A}\overline{B}$、$\overline{A}B$、$A\overline{B}$、AB 是最小项。而根据定义 $A\overline{A}B$、B、$A(A+B)$ 不是最小项。

2. 最小项的性质

（1）对于任意一个最小项，只有变量的一组取值使得它的值为 1，而取其他值时，这个最小项的值都是 0。

（2）若两个最小项之间只有一个变量不同，其余各变量均相同，则称这两个最小项满足逻辑相邻。

（3）对于任意一种取值全体最小项之和为 1。

（4）对于一个 n 输入变量的函数，每个最小项有 n 个最小项与之相邻。

3. 最小项的编号

为了表达方便，最小项通常用 m_i 表示，下标 i 即最小项编号，用十进制数表示。编号的方法是：先将最小项的原变量用 1、反变量用 0 表示，构成二进制数；将此二进制数转换成相应的十进制数就是该最小项的编号。按此原则，三个变量的最小项编号如表 1.13 所示。

表 1.13　三变量的最小项编号

最 小 项	变 量 取 值			最小项编号
	A	B	C	
$\overline{A}\overline{B}\overline{C}$	0	0	0	m_0
$\overline{A}\overline{B}C$	0	0	1	m_1
$\overline{A}B\overline{C}$	0	1	0	m_2
$\overline{A}BC$	0	1	1	m_3
$A\overline{B}\overline{C}$	1	0	0	m_4
$A\overline{B}C$	1	0	1	m_5
$AB\overline{C}$	1	1	0	m_6
ABC	1	1	1	m_7

4. 最小项的卡诺图

卡诺图是按相邻性原则排列的最小项的方格图。卡诺图的排列结构特点是按几何相邻反映逻辑相邻进行的。n 个变量的逻辑函数，由 2^n 个最小项组成。卡诺图的变量标注均采用循环码形式。这样上下、左右之间的最小项都是逻辑相邻项。特别是，卡诺图水平方向同一行左、右两端的方格也是相邻项，同样垂直方向同一列上、下顶端两个方格也是相邻项，卡诺图中对称于水平和垂直中心线的四个外顶格也是相邻项。

二变量卡诺图：它有 $2^2 = 4$ 个最小项，因此有四个方格，卡诺图上面和左面的 0 表示反变量，1 表示原变量，左上方标注变量，斜线下面为 A，上面为 B，也可以交换，每个小方格对应着一种变量的取值组合，如图 1.13(a)所示。

三变量卡诺图：有 $2^3 = 8$ 个最小项，如图 1.13(b)所示。

四变量卡诺图：有 $2^4 = 16$ 个最小项，如图 1.13(c)所示。

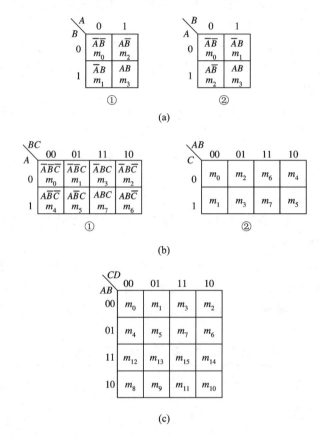

图 1.13　变量卡诺图

(a) 二变量卡诺图；(b) 三变量卡诺图；(c) 四变量卡诺图

5. 最小项表达式

任何一个逻辑函数都可以表示成若干个最小项之和的形式，这样的逻辑表达式称为最小项表达式(又称标准式)。下面举例说明将逻辑表达式展开为最小项表达式的方法。

例 26　将逻辑函数 $Y(A, B, C) = AB + \overline{B}C$ 展开成最小项之和的形式。

解
$$Y(A, B, C) = AB + \overline{B}C$$
$$= AB(C + \overline{C}) + \overline{B}C(A + \overline{A})$$
$$= ABC + AB\overline{C} + A\overline{B}C + \overline{A}\,\overline{B}C$$

为了书写方便，通常用最小项编号来代表最小项，可以写为
$$Y(A, B, C) = m_7 + m_6 + m_5 + m_1 = \sum m(1, 5, 6, 7)$$

一个确定的逻辑函数，它的最小项表达式是唯一的。

例 27　将逻辑函数 $Y(A, B)=A+B$ 展开成最小项之和的形式。

解

$$\begin{aligned} Y(A, B) &= A+B = AB + A\bar{B} + \bar{A}B \\ &= m_3 + m_2 + m_1 \\ &= \sum m(1, 2, 3) \end{aligned}$$

例 28　写出三变量函数 $Y(A, B, C)=\overline{AB+\bar{A}\bar{B}+C}+\bar{A}B$ 的最小项表达式。

解　利用摩根定律将函数变换为与或表达式，然后展开成最小项之和形式。

$$\begin{aligned} Y(A, B, C) &= \overline{AB+\bar{A}\bar{B}+C}+\bar{A}B \\ &= \overline{AB+\bar{A}\bar{B}}\,\bar{C}+\bar{A}B \\ &= (A\bar{B}+\bar{A}B)\bar{C}+\bar{A}B(C+\bar{C}) \\ &= A\bar{B}\bar{C}+\bar{A}B\bar{C}+\bar{A}BC+\bar{A}B\bar{C} \\ &= A\bar{B}\bar{C}+\bar{A}B\bar{C}+\bar{A}BC \\ &= m_4+m_2+m_3 \\ &= \sum m(2, 3, 4) \end{aligned}$$

1.5.2　卡诺图化简逻辑函数

1. 逻辑函数的卡诺图

(1) 根据逻辑函数的最小项表达式求函数卡诺图。只要将表达式 Y 中包含的最小项对应的方格内填 1，没有包含的项填 0(或不填)，就得到函数卡诺图。

例 29　将例 27 用卡诺图表示。

解　将表达式 Y 中包含的最小项对应的方格内填 1，如图 1.14 所示。

(2) 根据真值表画卡诺图。

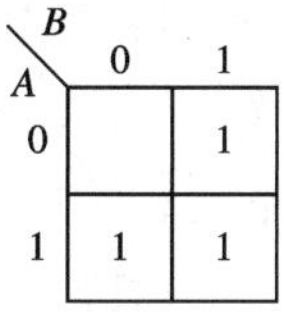

图 1.14　例 29 的卡诺图

例 30　已知三变量 Y 的真值表如表 1.14 所示，画出卡诺图。

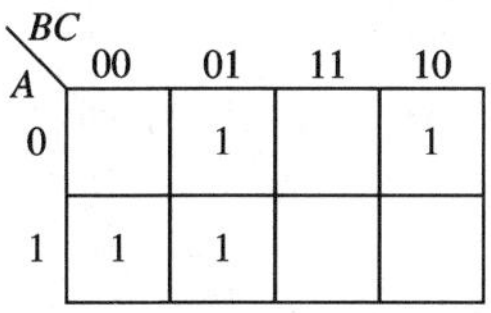

图 1.15　例 30 的卡诺图

表 1.14　例 30 的真值表

A	B	C	Y
0	0	0	0
0	0	1	1
0	1	0	1
0	1	1	0
1	0	0	1
1	0	1	1
1	1	0	0
1	1	1	0

解　根据真值表直接画出卡诺图如图 1.15 所示。

（3）根据表达式直接得出函数的卡诺图。

例 31　将 $Y=BC+C\bar{D}+\bar{B}CD+\bar{A}CD$ 用卡诺图表示。

解　BC：在 $B=1$，$C=1$ 对应的方格（无论 A，D 取何值）得 m_6，m_7，m_{14}，m_{15} 在对应位置填 1；$C\bar{D}$：在 $C=1$，$D=0$ 对应的方格中填 1，即 m_2，m_6，m_{10}，m_{14}；$\bar{B}CD$：在 $B=0$，$C=D=1$ 的方格中填 1，即 m_3，m_{11}；$\bar{A}CD$：在 $A=C=0$，$D=1$ 的方格中填 1，即 m_1，m_5。所得卡诺图如图 1.16 所示。

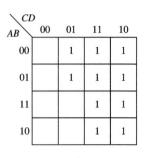

图 1.16　例 31 的卡诺图

例 32　将 $Y(A，B，C)=\overline{\overline{AB}+\bar{C}}+\bar{A}B\bar{C}+AC$ 用卡诺图表示。

解　（1）利用摩根定律去掉非号，直到最后得到一个与或表达式，即

$$Y(A，B，C)=\overline{\overline{AB}+\bar{C}}+\bar{A}B\bar{C}+AC$$
$$=\overline{\overline{AB}}C+\bar{A}B\bar{C}+AC$$
$$=(\bar{A}+\bar{B})C+\bar{A}B\bar{C}+AC$$
$$=\bar{A}C+\bar{B}C+\bar{A}B\bar{C}+AC$$

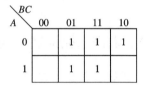

图 1.17　例 32 的卡诺图

（2）根据与或表达式画出卡诺图，如图 1.17 所示。

2. 逻辑函数卡诺图化简法

（1）化简依据。利用公式 $AB+A\bar{B}=A$ 将两个最小项合并消去表现形式不同的变量。

（2）合并最小项的规律。利用卡诺图合并最小项有两种方法：圈 0 得到反函数，圈 1 得到原函数，通常采用圈 1 的方法。只有满足 2^m 个最小项的相邻项才能合并，如 2，4，8，16 个相邻项可合并。而且相邻关系应是封闭的，如 m_0，m_1，m_2，m_3 四个最小项，m_0 与 m_1，m_1 与 m_3，m_3 与 m_2 均相邻，且 m_2 与 m_0 还相邻，这样的 2^m 个相邻的最小项可合并。

（3）化简方法。消去不同变量，保留相同变量。

① 两个相邻项可合并为一项，消去一个表现形式不同的变量，保留相同变量。

② 四个相邻项可合并为一项，消去两个表现形式不同的变量，保留相同变量。

③ 八个相邻项可合并为一项，消去三个表现形式不同的变量，保留相同变量。

依次类推，2^m 个相邻项合并可消去 m 个不同变量，保留相同变量。

如图 1.18 所示为最小项合并的过程。

（4）读出化简结果的方法。一个卡诺圈得到一个与项，将各个卡诺圈所得的乘积项相或，得到化简后的逻辑表达式。

（5）用卡诺图法化简逻辑函数的步骤。化简步骤如下：

① 画出函数的卡诺图。

② 画卡诺圈：按合并最小项的规律，将 2^m 个相邻项为 1 的小方格圈起来。

③ 读出化简结果。

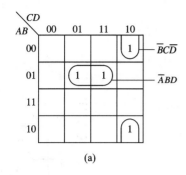
(a)

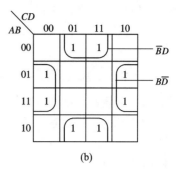
(b)

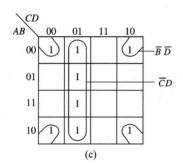
(c)

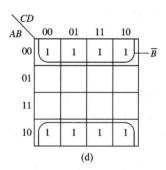
(d)

图 1.18 最小项合并卡诺图

例 33 化简

$$Y(A, B, C, D) = \overline{BD} + A\overline{B}D + ABCD + \overline{A}B\overline{C}D + \overline{A}\overline{B}C\overline{D}$$

解 化简步骤如下：

① 函数的卡诺图如图 1.19 所示，为了便于化简，"0"可以不填。

② 画卡诺圈：按合并最小项的规律画卡诺圈如图 1.19 所示。

③ 按消去不同、保留相同的方法写出逻辑表达式。

$$Y = \overline{BD} + \overline{A}B\overline{C}D + ACD + A\overline{B}$$

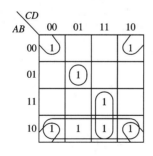

图 1.19 例 32 卡诺图化简过程

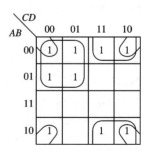

图 1.20 例 34 的卡诺图

例 34 化简

$$Y(A, B, C, D) = \sum m(0, 1, 2, 3, 4, 5, 8, 10, 11)$$

解 （1）画出函数的卡诺图，如图 1.20 所示。

（2）按合并最小项的规律可画出三个卡诺圈，如图 1.20 所示。

（3）写出化简后的逻辑表达式
$$Y(A, B, C, D) = \overline{A}\overline{C} + \overline{B}\overline{D} + \overline{B}C$$

例 35 化简
$$Y(A, B, C, D) = \sum m(3, 4, 5, 7, 9, 13, 14, 15)$$

解 画函数的卡诺图，化简过程如图 1.21 所示。

合并最小项得到的逻辑表达式为
$$Y = \overline{A}B\overline{C} + \overline{A}CD + A\overline{C}D + ABC$$

画卡诺圈时应注意：

① 卡诺圈应按 2^m (m 是自然数)方格来圈，卡诺圈越大越好，卡诺圈越少越好。

② 卡诺圈中的"1"可以重复使用。

③ 每个圈至少有一个从来没被圈过的"1"，否则为多余圈。例如，在图 1.20 中，m_0、m_1、m_2、m_3 虽然可画成一个圈，但它的每一个最小项均被别的卡诺圈圈过，因此是多余圈。在图 1.21 中，m_5、m_7、m_{13}、m_{15} 也是多余圈。读者可自己证明。

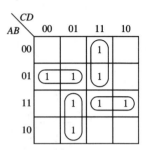

图 1.21 例 35 的卡诺图

1.5.3 具有约束项的逻辑函数的化简

1. 约束项

在实际的逻辑问题中，有些变量的取值是不允许、不可能、不应该出现的，这些取值对应的最小项称为约束项，有时又称为禁止项、无关项、任意项，在卡诺图或真值表中用 $\times$ 或 $\varnothing$ 来表示。

约束项的输出是任意的，可以认为是"1"，也可以认为是"0"。对于含有约束项的逻辑函数的化简，如果它对函数化简有利，则认为它是"1"；反之，则认为它是"0"。

逻辑函数中的约束项表示方法如下：如一个逻辑函数的约束项是 $\overline{A}\overline{B}\overline{C}$、$A\overline{B}\overline{C}$、$\overline{A}B\overline{C}$、$ABC$，则可以写成下列等式：
$$\overline{A}\overline{B}\overline{C} + A\overline{B}\overline{C} + \overline{A}B\overline{C} + ABC = 0$$
或
$$\sum d(0, 2, 6, 7) = 0$$

2. 具有约束项的函数化简

具有约束项的化简步骤如下：

① 填入具有约束项的函数卡诺图。

② 画卡诺圈合并(约束项"$\times$"使结果简化看作"1"，否则为"0")。

③ 写出化简结果(消去不同，保留相同)。

例 36 已知 $Y = \overline{A}\overline{C}D + A\overline{C}D + \overline{A}BCD + \overline{A}BC\overline{D}$，约束条件为 $\overline{A}BD + CD = 0$，求最简的函数表达式。

解 （1）根据约束条件求约束项
$$\overline{A}BD + CD = 0$$

配项展开为
$$\overline{A}BCD + \overline{A}B\overline{C}D + \overline{A}\overline{B}CD + ABCD + A\overline{B}CD = 0$$

即
$$\sum d(3,5,7,11,15) = 0$$

（2）根据与或表达式和约束条件画卡诺图，如图 1.22 所示。

（3）画卡诺圈，约束项可以为"0"或者为"1"。从卡诺图看，约束项全"1"时得到最简逻辑函数表达式及其约束项如下：

$$Y = D + \overline{A}B + \overline{A}C$$

$$\overline{A}BD + CD = 0 \qquad （约束条件）$$

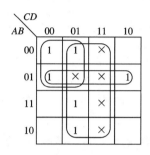

图 1.22　例 36 的卡诺图

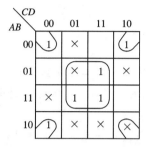

图 1.23　例 37 的卡诺图

例 37　已知

$$Y(A,B,C,D) = \sum m(0,2,7,8,13,15) + \sum d(1,5,6,9,10,11,12)$$

求最简的函数表达式。

解　（1）根据最小项表达式画卡诺图如图 1.23 所示。

（2）画卡诺圈，得到逻辑函数表达式：

$$Y = \overline{B}\,\overline{D} + BD$$

$$\sum d(1,5,6,9,10,11,12) = 0 \qquad （约束条件）$$

例 38　十字路口的交通信号灯，红、绿、黄灯分别用 A、B、C 来表示。灯亮用 1 来表示，灯灭用 0 来表示。车辆通行状态用 Y 来表示，停车时 Y 为 0，通车时 Y 为 1。用卡诺图化简此逻辑函数。

解　（1）在实际交通信号灯工作时，不可能有两个或两个以上的灯同时亮(灯全灭时，允许车辆感到安全时可以通行)。根据题目要求列出真值表，如表 1.15 所示。

（2）根据真值表画卡诺图，如图 1.24 所示。

表 1.15　例 38 的真值表

A	B	C	Y
0	0	0	1
0	0	1	0
0	1	0	1
0	1	1	×
1	0	0	0
1	0	1	×
1	1	0	×
1	1	1	×

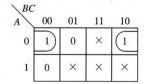

图 1.24　例 38 的卡诺图

(3) 画卡诺圈合并最小项,其中约束项可以当作 0 或 1,目的是要得到最简的结果。

$$Y = \overline{AC}$$

【思考题】

1. 什么是最小项? 什么是约束项?

2. 如何画具有约束项的卡诺图,利用卡诺图化简时应注意什么?

本 章 小 结

数字系统中常用二进制数来表示数据。二进制是以 2 为基数的计数体制。十六进制是以 16 为基数的计数体制。特殊二进制码常用来表示十进制数,如 8421 码、2421 码、余 3 码、格雷码等)。

逻辑代数是按一定逻辑规律进行运算的、反映逻辑变量运算规律的一门数学,它是分析和设计数字电路的数学工具。逻辑变量是用来表示逻辑关系的二值量。它们取值只有 0 和 1 两种,它们代表的是逻辑状态,而不是数量大小。

逻辑代数有三种基本运算(与、或、非),应熟记逻辑代数的运算规则和基本公式。

逻辑函数通常有五种表示方式,即真值表、逻辑表达式、卡诺图、逻辑图和波形图,它们之间可以相互转换。

逻辑函数的化简方法有公式法和图形法两种。公式法适用于任何复杂的逻辑函数。图形法在化简时比较直观、简便,也容易掌握。

习 题

一、填空题

1. 数制转换与代码:

(1) $(110110.0101)_2 = ($ $)_{10} = ($ $)_{16}$

(2) $(13.25)_{10} = ($ $)_2$

(3) $(3ABC.D9)_{16} = ($ $)_2$

(4) $(01101001)_{8421BCD} = ($ $)_{10}$

(5) 带符号数 $(-11011)_2$ 的原码、反码和补码分别为 (   )、(   )、(   )。

2. 逻辑代数的运算及化简:

(1) n 个变量的逻辑函数有_____个最小项,任意两个最小项的乘积为_____。

(2) 逻辑符号 $\begin{smallmatrix} A \\ B \end{smallmatrix}$—&—$F$ 是_____门,其逻辑代数式为_____;逻辑符号

$\begin{smallmatrix} A \\ B \end{smallmatrix}$—=1—$F$ 是_____门,其逻辑代数式分别为_____、_____。

（3）逻辑函数 $Y=\overline{\overline{A}BC(B+\overline{C})}$ 化简后为_____。

（4）逻辑函数 $Y=\overline{\overline{A}+B}+\overline{\overline{A}+B}+\overline{\overline{A}B\,AB}$ 化简后为_____。

（5）逻辑函数 $F=\overline{A}B+BC$ 的最小项之和表达式为_____。

二、选择题

1. 已知 $A=(10.44)_{10}$（下标表示进制），下列结果正确的是（　　）。

(a) $A=(1010.1)_2$　　　　　　　(b) $A=(0A.8)_{16}$

(c) $A=(12.4)_8$　　　　　　　　(d) $A=(20.21)_5$

2. 下面式子中不正确的是（　　）。

(a) $1 \cdot A=A$　　　　　　　　(b) $A+A=A$

(c) $\overline{B}+\overline{A}=\overline{A+B}$　　　　　　(d) $A+1=1$

3. 已知 $Y=A\overline{B}+B+\overline{A}B+\overline{A}$，下列结果正确的是（　　）。

(a) $Y=A$　　　　　　　　　　(b) $Y=B$

(c) $Y=\overline{B}+\overline{A}$　　　　　　　(d) $Y=1$

4. 如表 1.1 所示输入信号与输出信号的逻辑表达式为（　　）。

表 1.1

A	B	Y
0	0	1
0	1	0
1	0	0
1	1	1

(a) $Y=A\odot B$　　　　　　　(b) $Y=A\oplus B$

(c) $Y=\overline{AB}$　　　　　　　　(d) $Y=\overline{B}+\overline{A}$

5. 下面式子中不正确的是（　　）。

(a) $\overline{B}+\overline{A}+\overline{C}=\overline{A \cdot B \cdot C}$　　　(b) $(A+B)(A+C)=A+BC$

(c) $A(\overline{A+B})=A+\overline{B}$　　　　(d) $AB+\overline{A}C+BC=AB+\overline{A}C$

三、综合分析题

1. 用卡诺图法化简逻辑函数：

$$Y(A,B,C,D)=\sum m(0,2,4,6,9,13)+\sum d(3,5,7,11,15)$$

2. 将式 $Y=\overline{\overline{A+B}+\overline{C+D}}+\overline{\overline{C+D}+\overline{A+D}}$ 转换成最简的与或形式和与非形式，并画出最简与非逻辑图。

3. 用基本定律和运算规则证明恒等式 $A\overline{B}+\overline{A}C+B\overline{C}=\overline{A}\overline{B}\overline{C}+ABC$。

第2章　集成门电路

知识目标：

1. 了解集成门电路的分类；
2. 熟悉 TTL 和 CMOS 的电路特点。

能力目标：

1. 掌握 TTL 和 CMOS 器件的型号命名及主要性能指标；
2. 掌握 TTL 和 CMOS 使用注意事项。

素质目标：

培养安全用电意识及规范操作习惯。

知识重点：

1. 集成门电路的分类；
2. TTL 和 CMOS 器件的型号命名及主要性能指标。

知识难点：

TTL 和 CMOS 使用注意事项。

建议学时：

理论 4 学时，实践 2 学时，共 6 学时。

集成门电路是构成数字电路的基本单元。在数字逻辑电路中，数字信号的传输和变换都由门电路来完成。了解各类门电路的基本特性，对如何合理地选择和使用器件十分重要。

2.1 概 述

逻辑门电路是指能够实现各种基本逻辑关系的电路，简称"门电路"或逻辑元件。各种逻辑门均可用半导体器件（如二极管、三极管和场效应管等）来实现。最基本的门电路是与门、或门和非门。利用与、或、非门就可以构成各种复杂逻辑门。

在逻辑电路中，逻辑事件的是与否用电路电平的高、低来表示。高电平是一种状态，而低电平是另一种状态，分别用"0"和"1"表示。若用 1 代表高电平、0 代表低电平，称为正逻辑；若用 1 代表低电平、0 代表高电平，则称为负逻辑。在无特殊说明的情况下，本书都采用正逻辑。

集成门按内部有源器件的不同可分为两大类：一类为双极型晶体管集成电路，主要有晶体管-晶体管 TTL 逻辑、射极耦合逻辑 ECL 和集成注入逻辑 I^2L 等几种类型；另一类为单极型 MOS 集成电路，包括 NMOS、PMOS 和 CMOS 等几种类型。常用的是 TTL 电路和 CMOS 电路。

集成门电路按其集成度又可分为：小规模集成电路（SSI）、中规模集成电路（MSI）、大规模集成电路（LSI）和超大规模集成电路（VLSI）。

【思考题】

1. 在数字电路中，用什么符号来表示对立的两个状态？何为正逻辑？何为负逻辑？
2. 什么是逻辑门？基本逻辑门指哪几种逻辑门？

2.2 TTL 集成门电路

TTL 门电路由双极型晶体三极管构成，它的特点是速度快，抗静电能力强，集成度低，功耗大，目前广泛应用于中、小规模集成电路。图 2.1 是一个由与非门构成的多数表决器。A、B、C 为输入端，Y 为输出端。当 A、B、C 中两个或两个以上变量为 1 时，Y 为

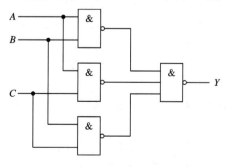

图 2.1 多数表决器逻辑图

1，其余情况 $Y=0$。电路输入、输出间的逻辑关系如表 2.1 所示。

表 2.1 多数表决器真值表

A	B	C	Y
0	0	0	0
0	0	1	0
0	1	0	0
0	1	1	1
1	0	0	0
1	0	1	1
1	1	0	1
1	1	1	1

2.2.1 TTL 与非门的工作原理

1. 电路组成

如图 2.2 所示是 TTL 与非门电路图及逻辑符号。此电路也称五管五阻电路。它是由输入级、中间级和输出级三部分组成的。

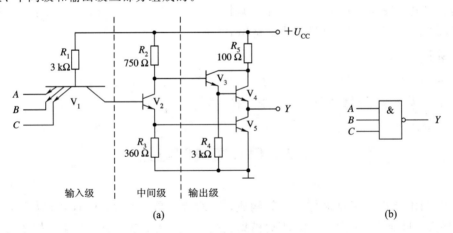

图 2.2 TTL 集成与非门电路图及逻辑符号

（a）电路；（b）符号

（1）输入级。输入级由多发射极管 V_1 和电阻 R_1 组成。其作用是对输入变量 A、B、C 实现逻辑与，所以它相当于一个与门。V_1 的发射极为"与"门的输入端，集电极为"与"门的输出端。从逻辑功能上看，图 2.3（a）所示的多发射极三极管可以等效为图 2.3（b）所示的形式。

（2）中间级。中间级由 V_2、R_2 和 R_3 组成。V_2 的集电极和发射极输出两个相位相反的信号，作为 V_3 和 V_5 的驱动信号。

（3）输出级。输出级由 V_3、V_4、V_5 和 R_4、R_5 组成，这种电路形式称为推拉式电路。其中，R_4 为分流电阻，可以减小复合管的穿透电流；R_5 为限流电阻，防止负载电流过大烧毁器件。

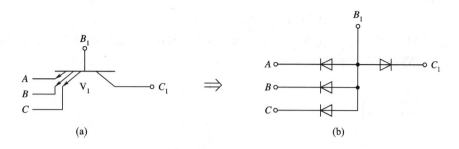

图 2.3　多发射极晶体管及其等效形式

（a）多发射极晶体管；（b）等效形式

2. 工作原理

（1）输入全部为高电平。当输入 A、B、C 均为高电平，即 $U_{IH} = 3.6$ V 时，V_1 基极电位升高，从图 2.3(b) 中可知，V_1 的基极电位足以使 V_1 的集电结和 V_2、V_5 的发射结导通。而 V_2 的集电极压降可以使 V_3 导通，但它不能使 V_4 导通。V_5 由 V_2 提供足够的基极电流而处于饱和状态。因此输出为低电平：

$$U_O = U_{OL} = U_{CE5} \approx 0.3 \text{ V}$$

（2）输入至少有一个为低电平。当输入至少有一个（A 端）为低电平，即 $U_{IL} = 0.3$ V 时，V_1 与 A 端连接的发射结正向导通，从图 2.3(b) 中可知，V_1 集电极电位 U_{C1} 使 V_2、V_5 均截止，而 V_2 的集电极电压足以使 V_3、V_4 导通。因此输出为高电平：

$$U_O = U_{OH} \approx U_{CC} - U_{BE3} - U_{BE4} = 5 - 0.7 - 0.7 = 3.6 \text{ V}$$

综上所述，当输入全为高电平时，输出为低电平，这时 V_5 饱和，电路处于开门状态；当输入端至少有一个为低电平时，输出为高电平，这时 V_5 截止，电路处于关门状态。即输入全为 1 时，输出为 0；输入有 0 时，输出为 1。由此可见，电路的输出与输入之间满足与非逻辑关系，即

$$Y = \overline{A \cdot B \cdot C}$$

2.2.2　TTL 与非门的外特性与参数

1. 电压传输特性

TTL 与非门电压传输特性是表示输出电压 U_O 随输入电压 U_I 变化的一条曲线，其测试电路及电压传输特性曲线如图 2.4 所示。

电压传输特性曲线大致分为四段：

（1）AB 段。输入电压 $U_I \leqslant 0.6$ V 时，V_1 工作在深度饱和状态，$U_{CES1} < 0.1$ V，$U_{B2} < 0.7$ V，故 V_2、V_5 截止，V_3、V_4 导通，$U_O \approx 3.6$ V 为高电平。与非门处于截止状态，所以把 AB 段称截止区。

（2）BC 段。输入电压 0.6 V $< U_I < 1.3$ V 时，0.7 V $\leqslant U_{B2} < 1.4$ V，V_2 开始导通，V_5 仍未导通，V_3、V_4 处于射极输出状态。随 U_I 的增加，U_{B2} 增加，U_{C2} 下降，并通过 V_3、V_4 使 U_O 也下降。因为 U_O 基本上随 U_I 的增加而线性减小，故把 BC 段称线性区。

（3）CD 段。输入电压 $1.3\text{ V}<U_I<1.4\text{ V}$ 时，V_5 开始导通，并随 U_I 的增加趋于饱和。使输出 U_O 为低电平。所以把 CD 段称转折区或过渡区。

（4）DE 段。当 $U_I \geqslant 1.4\text{ V}$ 时，V_2、V_5 饱和，V_4 截止，输出为低电平。与非门处于饱和状态。所以把 DE 段称饱和区。

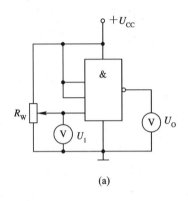
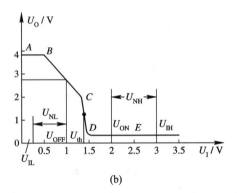

(a)　　　　　　　　　　　(b)

图 2.4　TTL 与非门电压传输特性

（a）测试电路示意图；（b）曲线

2. 主要参数

（1）输出高电平 U_{OH} 和输出低电平 U_{OL}。电压传输特性曲线截止区的输出电压为 U_{OH}，饱和区的输出电压为 U_{OL}。一般产品规定 $U_{OH} \geqslant 2.4\text{ V}$，$U_{OL} < 0.4\text{ V}$。

（2）阈值电压 U_{th}。电压传输特性曲线转折区中点所对应的输入电压为 U_{th}，也称门槛电压。一般 TTL 与非门的 $U_{th} \approx 1.4\text{ V}$。

（3）关门电平 U_{OFF} 和开门电平 U_{ON}。保证输出电平为额定高电平(2.7 V 左右)时，允许输入低电平的最大值，称为关门电平 U_{OFF}。通常 $U_{OFF} \approx 1\text{ V}$，一般产品要求 $U_{OFF} \geqslant 0.8\text{ V}$。

保证输出电平达到额定低电平(0.3 V)时，允许输入高电平的最小值，称为开门电平 U_{ON}。通常 $U_{ON} \approx 1.4\text{ V}$，一般产品要求 $U_{ON} \leqslant 1.8\text{ V}$。

（4）噪声容限 U_{NL}、U_{NH}。在实际应用中，由于外界干扰、电源波动等原因，可能使输入电平 U_I 偏离规定值。为了保证电路可靠工作，应对干扰的幅度有一定限制，称为噪声容限。它是用来说明门电路抗干扰能力的参数。

低电平噪声容限是指在保证输出为高电平的前提下，允许叠加在输入低电平 U_{IL} 上的最大正向干扰(或噪声)电压。用 U_{NL} 表示：

$$U_{NL} = U_{OFF} - U_{IL}$$

高电平噪声容限是指在保证输出为低电平的前提下，允许叠加在输入高电平 U_{IH} 上的最大负向干扰(或噪声)电压。用 U_{NH} 表示：

$$U_{NH} = U_{IH} - U_{ON}$$

（5）输入短路电流 I_{IS}。当 $U_I = 0$ 时，流经这个输入端的电流称为输入短路电流 I_{IS}。在如图 2.5 所示电路中，

$$I_{IS} = -\frac{U_{CC} - U_{BE1}}{R_1} = -\frac{5 - 0.7}{3} \approx -1.4\text{ mA}$$

输入短路电流的典型值约为 -1.5 mA。

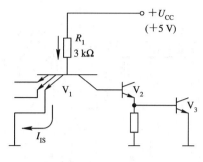

图 2.5　I_{IS} 的计算

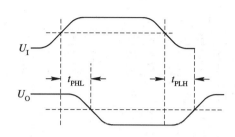

图 2.6　延迟时间

（6）输入漏电流 I_{IH}。当 $U_I > U_{th}$ 时，流经输入端的电流称为输入漏电流 I_{IH}，即 V_1 倒置工作时的反向漏电流。其值很小，约为 10 μA。

（7）扇出系数 N。扇出系数是以同一型号的与非门作为负载时，一个与非门能够驱动同类与非门的最大数目，通常 $N \geqslant 8$。

（8）平均延迟时间 t_{pd}。平均延迟时间指输出信号滞后于输入信号的时间，它是表示开关速度的参数，如图 2.6 所示。从输入波形上升沿的中点到输出波形下降沿中点之间的时间称为导通延迟时间 t_{PHL}；从输入波形下降沿的中点到输出波形上升沿的中点之间的时间称为截止延迟时间 t_{PLH}，所以 TTL 与非门平均延迟时间为

$$t_{pd} = \frac{1}{2}(t_{PHL} + t_{PLH})$$

一般，TTL 与非门 t_{pd} 为 3～40 ns。

其余参数请查阅相关资料。

2.2.3　TTL 与非门产品介绍

将若干个门电路，经集成工艺制作在同一芯片上，加上封装，引出管脚，便可构成 TTL 集成门电路组件。根据其内部包含门电路的个数、同一门输入端个数、电路的工作速度、功耗等，又可分为多种型号。

部分常用中小规模 TTL 门电路的型号及功能如表 2.2 所示。实际应用中，可根据电路需要选用不同的型号。

表 2.2　常用 TTL 门电路型号

型　　号	逻辑功能
74LS00	四 - 2 输入与非门
74LS10	三 - 3 输入与非门
74LS20	二 - 4 输入与非门
74LS30	8 输入与非门

图 2.7 所示是 74LS00 及 74LS20 管脚排列示意图。

74LS00 由四个 2 输入与非门构成，它有 14 个管脚，其中 GND、V_{CC} 管脚为接地端和电源端；管脚 $1A$、$1B$；$2A$、$2B$；$3A$、$3B$ 和 $4A$、$4B$ 分别为四个与非门的输入端；管脚 $1Y$、$2Y$、$3Y$ 和 $4Y$ 分别为它们的输出端。74LS20 由两个 4 输入与非门构成。

我国 TTL 门电路产品型号命名和国际通用的美国德克萨斯（TEXAS）所规定的电路品种、电参数、封装等方面一致，以便于互换。TTL 集成门的型号命名如下：

TTL 器件型号由五部分组成，其符号和意义如表 2.3 所示。常用数字集成电路一览表见附录。

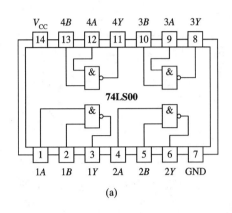 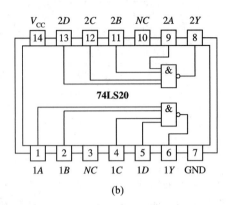

(a)   (b)

图 2.7　74LS00、74LS20 管脚图

表 2.3　TTL 器件型号组成的符号及意义

第1部分		第2部分		第3部分		第4部分		第5部分	
型号前级		工作温度符号范围		器件系列		器件品种		封装形式	
符号	意　义	符号	意　义	符号	意　义	符号	意义	符号	意　义
CT	中国制造的TTL类	54	−55～+125℃	H S LS AS ALS FAS	标准 高速 肖特基 低功耗肖特基 先进肖特基 先进低功耗肖特基 快捷肖特基	阿拉伯数字	器件功能	W B F D P J	陶瓷扁平 塑封扁平 全密封扁平 陶瓷双列直插 塑料双列直插 黑陶瓷双列直插
SN	美国 TEXAS公司	74	0～+70℃						

例如：

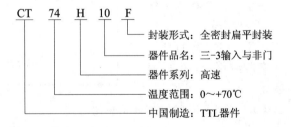

CT　74　H　10　F

封装形式：全密封扁平封装
器件品名：三-3输入与非门
器件系列：高速
温度范围：0～+70℃
中国制造：TTL器件

2.2.4　TTL 门的改进电路

在生产实践过程中，对集成门电路不断提出更高、更新的要求。这主要表现在提高工作速度、降低功耗、加强抗干扰能力以及提高集成度等几个方面。由此产生了一系列改进型 TTL 门，如图 2.8 所示。

性能比较好的门电路应该是工作速度既快，功耗又小的门电路。目前 LS 系列 TTL 门电路 $t_{pd}<5$ ns，而功耗仅有 2 mW，因而得到广泛应用。

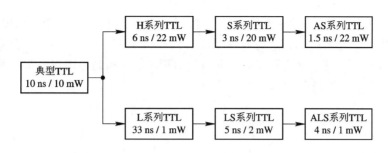

图 2.8 各种系列的 TTL 门电路

我国 TTL 集成电路目前有 CT54/74(典型、普通)、CT54/74H(高速)、CT54/74S(肖特基)和 CT54/74LS(低功耗)等四个系列国家标准的集成门电路。它们的主要性能指标如表 2.4 所示。在 TTL 门电路中，无论是哪一种系列，只要器件品名相同，那么器件功能就相同，只是性能不同。例如，74LS00 与 7400 两个集成门电路，都是 2 输入的与非门，但是其性能是有区别的。在实际应用中可根据需要选择使用。

表 2.4 TTL 各系列集成门电路主要性能指标

电路型号 参数名称	CT74 系列	CT74H 系列	CT74S 系列	CT74LS 系列
电源电压/V	5	5	5	5
$U_{OH(min)}$/V	2.4	2.4	2.5	2.5
$U_{OL(max)}$/V	0.4	0.4	0.5	0.5
逻辑摆幅/V	3.3	3.3	3.4	3.4
每门功耗/mW	10	22	19	2
每门传输延时/ns	10	6	3	9.5
最高工作频率/MHz	35	50	125	45
扇出系数	10	10	10	20
抗干扰能力	一般	一般	好	好

2.2.5 TTL 门电路的其他类型

TTL 门电路除与非门之外，还有许多种门电路，常用的有与门、或门、或非门、与或非门、异或门、集电极开路门以及三态门等。这里，我们简要介绍常见的集电极开路门和三态门。

1. 集电极开路门(OC 门)

在实际使用中，可直接将几个逻辑门的输出端相连，这种输出直接相连，实现输出与功能的方式称为线与。图 2.9 所示为实现线与功能的电路。电路中，当 Y_1 或 Y_2 只要有一个是低电平时，Y 为低电平；只有当 Y_1、Y_2 均为高电平时，Y 才为高电平。即

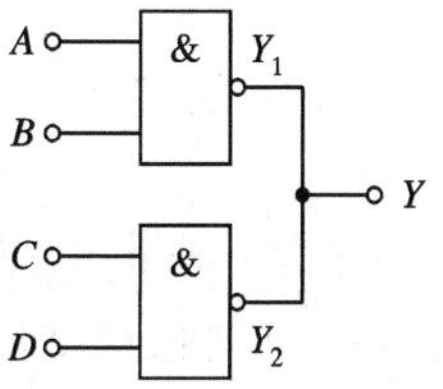

图 2.9 与非门的线与连接

$$Y = Y_1 \cdot Y_2$$

但是普通 TTL 与非门的输出端是不允许直接相连的，因为当一个门的输出为高电平（Y_1），另一个为低电平（Y_2）时，将有一个很大的电流从 U_{CC} 经 Y_1 到 Y_2，到导通门的 V_5 管，如图 2.10 所示。这个电流不仅会使导通门的输出电平抬高而破坏电路的逻辑关系，还会因功耗过大而损坏该门电路。

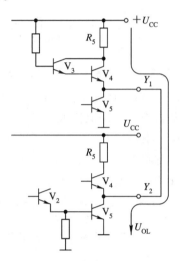

图 2.10　TTL 与非门直接线与的情况

为了能使 TTL 门直接相连，实现线与功能，制成了集电极开路的 TTL 与非门，简称 OC(Open Collector)门，其电路及符号如图 2.11 所示。它与普通 TTL 与非门不同的是：V_5 的集电极是断开的，必须经外接电阻 R_L 接通电源后，电路才能实现与非逻辑及线与功能。

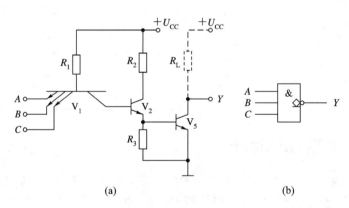

图 2.11　OC 门电路

图 2.12 是实现线与逻辑的 OC 门，其逻辑表达式为

$$Y = \overline{AB} \cdot \overline{CD} \cdot \overline{EF}$$

由于输出级的电源和集电极负载电阻是外接的，因而恰当地选择电源电压 U_{CC} 和负载电阻 R_L，就可以保证线与电路正常工作。

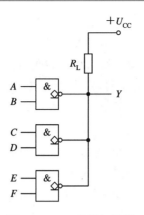

图 2.12　OC 门线与逻辑

外接电阻 R_L 的选取：假设有 n 个 OC 门接成线与的形式，其输出负载为 m 个 TTL 与非门，如图 2.13 所示。

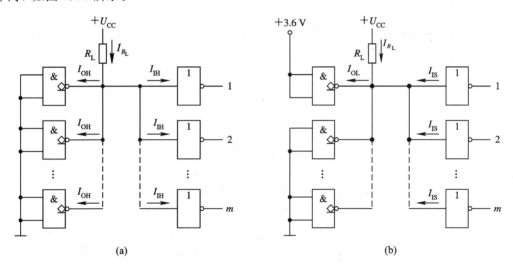

图 2.13　R_L 的选取

当所有 OC 门都为截止状态时，输出电压 U_O 为高电平，为保证输出的高电平不低于规定值，R_L 不能太大。根据图 2.13(a) 所示的情况，R_L 的最大值为

$$R_{Lmax} = \frac{U_{CC} - U_{OHmin}}{nI_{OH} + mI_{IH}}$$

式中，n 为 OC 门并联的个数，m 为并联负载门的个数，I_{OH} 为 OC 门输出管截止时的漏电流，I_{IH} 为负载门输入端为高电平时的输入漏电流。

当有一个 OC 门处于导通状态时，输出电压 U_O 为低电平。而且应保证在最不利的情况下，即所有负载电流全部流入惟一的一个导通门时，输出低电平仍低于规定值。根据图 2.13(b) 所示的情况，R_L 的最小值为

$$R_{Lmin} = \frac{U_{CC} - U_{OLmax}}{I_{Lmax} - mI_{IS}}$$

式中，I_{Lmax} 是导通 OC 门所允许的最大漏电流，I_{IS} 为负载门的输入短路电流。

综合以上两种情况，R_L 的选取应满足：

$$R_{Lmin} < R_L < R_{Lmax}$$

为了减少负载电流的影响，R_L 值应选接近 R_{Lmin} 的值。

当然，其他类型的 TTL 门电路同样可以制成集电极开路形式。目前生产的 OC 门品种有与门、非门、或非门等。但不管是哪一种门电路，都允许接成线与形式，并可按上述 R_{Lmin} 和 R_{Lmax} 的公式决定外接负载电阻 R_L 的取值范围。

2. 三态门(TSL 门)

所谓三态门，是指逻辑门的输出除有高、低电平两种状态外，还有第三种状态——高阻状态(或称禁止状态)的门电路，简称 TSL(Tristate Logic)门。其电路组成是在 TTL 与非门的输入级多了一个控制器件 D，如图 2.14(a)所示。对应符号如图 2.14(b)所示。

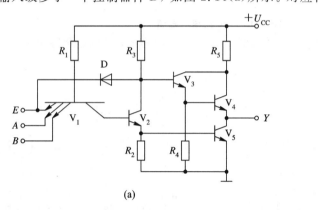

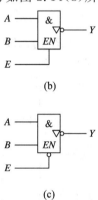

图 2.14　三态门电路、符号

在图 2.14(a)中，E 为控制端或称使能端。

当 $E=1$ 时，二极管 D 截止，TSL 门与 TTL 门功能一样：

$$Y = \overline{A \cdot B}$$

当 $E=0$ 时，V_1 处于正向工作状态，促使 V_2、V_5 截止，同时，通过二极管 D 使 V_3 基极电位钳制在 1 V 左右，致使 V_4 也截止。这样 V_4、V_5 都截止，输出端呈现高阻状态。

TSL 门中控制端 E 除高电平有效外，还有为低电平有效的，这时的电路符号如图 2.14(c)所示。

三态门的主要用途是实现多个数据或控制信号的总线传输，如图 2.15 所示。当各个门的使能端 E_1、E_2、E_3 为高电平时，输出呈高阻状态，相当于各门与总线 CD 断开。将 E_1、E_2、E_3 轮流接低电平时，则 A_1、B_1，A_2、B_2，A_3、B_3 三组数据就会轮流地按与非关系送到总线上去。需要指出的是，每一瞬间要严格保证只有一个门处于工作状态，其余都处于高阻状态。

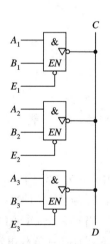

图 2.15　三态门的应用举例

2.2.6　TTL 集成门电路使用注意事项

在使用 TTL 集成门电路时，应注意以下事项：

(1) 电源电压(U_{CC})应满足在标准值 5 V+10% 的范围内。

(2) TTL 电路的输出端所接负载，不能超过规定的扇出系数。

（3）注意 TTL 门多余输入端的处理方法。

1. 与非门

与非门多余输入端的三种处理方法如图 2.16 所示。

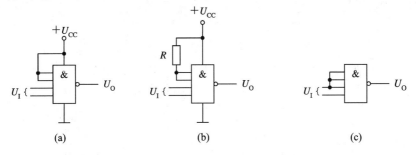

图 2.16 与非门多余输入端的处理方法

（a）接电源；（b）通过 R 接电源；（c）与使用输入端并联

2. 或非门

或非门多余输入端的三种处理方法如图 2.17 所示。

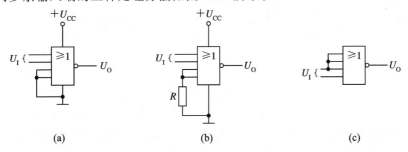

图 2.17 或非门多余输入端的处理方法

（a）接地；（b）通过 R 接地；（c）与使用输入端并联

【思考题】

1. TTL 与非门多余输入端应如何处理？或门、或非门、与或非门多余输入端应如何处理？

2. 什么是"线与"？普通 TTL 门电路为什么不能进行"线与"？

3. 三态门输出有哪三种状态？为保证接至同一母线上的许多三态门电路能够正常工作的必要条件是什么？

2.3 CMOS 集成门电路

MOS 集成逻辑门是采用 MOS 管作为开关元件的数字集成电路。它具有工艺简单、集成度高、抗干扰能力强、功耗低等优点，所以 MOS 集成门的发展十分迅速。MOS 门有 PMOS、NMOS 和 CMOS 三种类型，PMOS 电路工作速度低且采用负电压，不便与 TTL 电路相连；NMOS 电路工作速度比 PMOS 电路要高、集成度高、便于和 TTL 电路相连，但带电容负载能力较弱；CMOS 电路又称互补 MOS 电路，它突出的优点是静态功耗低、抗干扰能力强、工作稳定性好、开关速度高，是性能较好且应用较广泛的一种电路。

2.3.1 CMOS 门电路

1. 与非门

图 2.18 是一个两输入的 CMOS 与非门电路。它由四个增强型绝缘栅型场效应管组成，V_1、V_2 为两个串联的 NMOS 管，V_3、V_4 为两个并联的 PMOS 管。

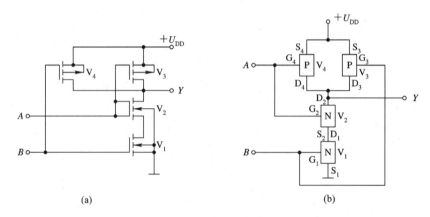

图 2.18 CMOS 与非门

当 A、B 两个输入端均为高电平时，V_1、V_2 导通，V_3、V_4 截止，输出为低电平。

当 A、B 两个输入端中只要有一个为低电平时，V_1、V_2 中必有一个截止，V_3、V_4 中必有一个导通，使输出为高电平。电路的逻辑关系为

$$Y = \overline{A \cdot B}$$

2. 或非门

CMOS 或非门电路如图 2.19 所示。当 A、B 两个输入端均为低电平时，V_1、V_2 截止，V_3、V_4 导通，输出 Y 为高电平；当 A、B 两个输入中有一个为高电平时，V_1、V_2 中必有一个导通，V_3、V_4 中必有一个截止，输出为低电平。电路的逻辑关系为

$$Y = \overline{A + B}$$

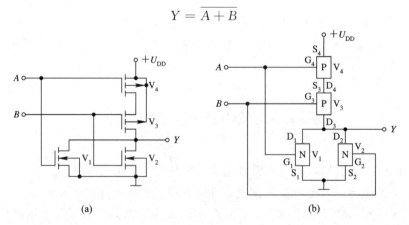

图 2.19 CMOS 或非门

从上述分析可以看出：CMOS 门电路在稳定工作时，流过的电流为较小的漏电流，因而稳态功耗很低，有利于提高集成度，同时其抗干扰能力很强、电源电压工作范围宽。（标准 CMOS 电路电源电压为 3～18 V。）

3. CMOS 传输门

传输门是数字电路用来传输信号的一种基本单元电路。其电路和符号如图 2.20 所示，PMOS、NMOS 两管的栅极 G 分别接互补的控制信号 C 和 $\bar{C}$，P 沟道和 N 沟道两管的源极和漏极分别连在一起作为传输门的输入端和输出端。

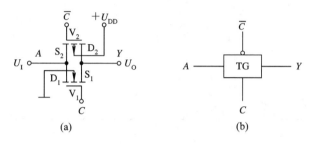

图 2.20 CMOS 传输门

当控制信号 $C=1(U_{DD})(\bar{C}=0)$ 时，输入信号 U_I 接近于 U_{DD}，则 $U_{GS1}\approx -U_{DD}$，故 V_1 截止，V_2 导通；如输入信号 U_I 接近 0，则 V_1 导通，V_2 截止；如果 U_I 接近 $U_{DD}/2$，则 V_1、V_2 同时导通。所以，传输门相当于接通的开关，通过不同的管子连续向输出端传送信号。

反之，当 $C=0(\bar{C}=1)$ 时，只要 U_I 在 0～U_{DD} 之间，则 V_1、V_2 都截止，传输门相当于断开的开关。

因为 MOS 管的结构是对称的，源极和漏极可以互换使用，所以 CMOS 传输门具有双向性，又称双向开关，用 TG 表示。

2.3.2 CMOS 门电路系列及型号的命名法

CMOS 逻辑门器件有三大系列：4000 系列、74C×× 系列和硅-氧化铝系列。前两个系列应用很广，而硅-氧化铝系列因价格昂贵目前尚未普及。

1. 4000 系列

表 2.5 列出了 4000 系列 CMOS 器件型号组成符号及意义。

表 2.5 CMOS 器件型号组成符号及意义

第 1 部分		第 2 部分		第 3 部分		第 4 部分	
产品制造单位		器件系列		器件品种		工作温度范围	
符号	意义	符号	意义	符号	意义	符号	意义
CC CD TC	中国制造的 CMOS 类型 美国无线电公司产品 日本东芝公司产品	40 45 145	系列符号	阿拉伯数字	器件功能	C E R M	0～70℃ -40～85℃ -55～85℃ -55～125℃

表 2.6 列出了国外主要生产公司的产品代号。

表 2.6 几家国外公司 CMOS 产品代号

国　别	公司名称	简　称	型号前缀
美国	美国无线电公司	RCA	CD××
	摩托罗拉公司	MOTA	MC××
	国家半导体公司	NSC	CD××
	德克萨斯仪器公司	TI	TP××
日本	东芝公司	TOSJ	TC××
	日立公司		HD××
	富士通公司		MB××
荷兰	飞利浦公司		HFE××
加拿大	密特尔公司		MD××

例如：

2. 74C×× 系列

74C×× 系列有：普通 74C×× 系列、高速 CMOS74HC××/HCT×× 系列及先进的 CMOS74AC××/ACT×× 系列。其中，74HCT×× 和 74ACT×× 系列可直接与 TTL 相兼容。它们的功能及管脚设置均与 TTL74 系列保持一致。此系列器件型号组成符号及意义参照表 2.3。《常用数字集成电路一览表》见附录。

2.3.3 CMOS 集成电路使用注意事项

TTL 电路的使用注意事项，一般对 CMOS 电路也适用。因 CMOS 电路容易产生栅极击穿问题，所以要特别注意以下几点：

（1）避免静电损失。存放 CMOS 电路不能用塑料袋，要用金属将管脚短接起来或用金属盒屏蔽。工作台应当用金属材料覆盖并应良好接地。焊接时，电烙铁壳应接地。

（2）多余输入端的处理方法。CMOS 电路的输入阻抗高，易受外界干扰的影响，所以 CMOS 电路的多余输入端不允许悬空。多余输入端应根据逻辑要求或接电源 U_{DD}（与非门、与门），或接地（或非门、或门），或与其他输入端连接。

2.3.4 CMOS 电路与 TTL 电路的连接

CMOS 电路虽然有很多优点，但在大电流、超高速和噪声环境较恶劣的场所使用时，必须和双极型电路相配用。两种不同类型器件连接时，首先遇到的一个问题是"接口"问题，即需要两类器件连接时输入输出电平、负载能力等参数不同的问题。

1. TTL 电路驱动 CMOS 电路

（1）当 TTL 电路驱动 4000 系列和 HC 系列 CMOS 时，如电源电压 U_{CC} 与 U_{DD} 均为 5 V 时，TTL 与 CMOS 电路的连接如图 2.21(a) 所示。在电源电压 $U_{DD} = 5$ V 时，CMOS 电路的输入高电平的下限值为 3.5 V，而 TTL 电路的输出高电平的下限值为 2.4 V，显然 CMOS 和 TTL 电路不能直接相连。此时通过上拉电阻 R 将 TTL 输出电平抬高来实现这两种电路的连接。如 U_{CC} 与 U_{DD} 不同时，TTL 与 CMOS 电路的连接方法如图 2.21(b) 所示。TTL 的输出端仍可以接一上拉电阻，但需要使用集电极开路门。另外还可采用专用的 CMOS 电平转移器（如 CC4502、CC40109 等）完成 TTL 对 CMOS 电路的接口，电路如图 2.21(c) 所示。

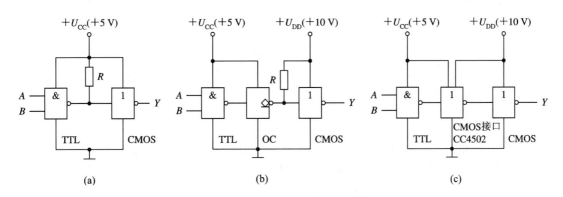

图 2.21　TTL‑CMOS 电路的接口

（2）当 TTL 电路驱动 HCT 系列和 ACT 系列的 CMOS 门电路时，因两类电路性能兼容，故可以直接相连，不需要外加元件和器件。

2. CMOS 电路驱动 TTL 电路

当 CMOS 电路驱动 TTL 电路时，由于 CMOS 驱动电流小，因而对 TTL 电路的驱动能力有限。为实现 CMOS 和 TTL 电路的连接，可经过 CMOS"接口"电路（如 CMOS 缓冲器 CC4049 等），如图 2.22 所示。

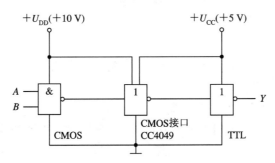

图 2.22　CMOS‑TTL 电路的接口

【思考题】

1. CMOS 门电路有什么优缺点？

2. TTL 与 CMOS 逻辑如何解决"接口"问题？

本 章 小 结

1. 目前普遍使用的数字集成电路基本上有两大类:一类是双极型数字集成电路,TTL、HTL、I²L、ECL 都属于此类电路;另一类是金属-氧化物-半导体(MOS)数字集成电路。

2. 在双极型数字集成电路中,TTL 与非门电路在工业控制上应用最广泛,是本章介绍的重点。对该电路要着重了解其外部特性和参数,以及使用时的注意事项。

3. 在 MOS 数字集成电路中,CMOS 电路是重点。由于 MOS 管具有功耗小、输入阻抗高、集成度高等优点,在数字集成电路中逐渐被广泛采用。

习 题

一、填空题

1. 门电路中最基本的逻辑门是_____、_____和_____。

2. 在与非门电路中,输入端有低电平时输出为_____;输入端全为高电平时,输出为_____。

3. 对 TTL 门电路,噪声容限越大,说明其抗干扰能力_____。

4. 如题 2.1 图所示,逻辑门电路对应的函数式是_____、_____。

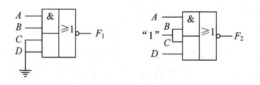

题 2.1 图

二、判断题

1. 在数字电路中,高电平、低电平指的是一定的电压范围,而不是一个固定的数值。
( )

2. 用两个与非门不可能实现与运算。 ( )

3. 逻辑电路分析时,可采用正逻辑或负逻辑,不会改变电路的逻辑关系。 ( )

三、选择题

1. 门电路参数 U_{ON} 是指( )。

(a) 输出高电平 (b) 开门电平

(c) 输出低电平 (d) 关门电平

2. 门电路 CT74LS00 和 CT74H00 相比较,下列说法正确的是( )。

(a) 产地不同　　　　　　　　　　(b) 速度不同

(c) 逻辑功能不同　　　　　　　　(d) 适用的环境温度不同

3. 对于 CMOS 与非门电路，多余输入端可采用（　　）。

(a) 接高电平　　　　　　　　　　(b) 接低电平

(c) 悬空　　　　　　　　　　　　(d) 接地

4. 处理如题 2.2 图所示 TTL 门的多余端方法正确的是（　　）。

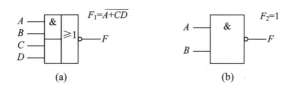

题 2.2 图

(a) 图(a)中 $B=1$，图(b)中 $A(B)=0$　　(b) 图(a)中 $B=0$，图(b)中 $A(B)=0$

(c) 图(a)中 $B=0$，图(b)中 $A(B)=1$　　(d) 图(a)中 $B=1$，图(b)中 $A(B)=1$

四、综合分析题

1. 有两个 TTL 与非门 G_1 和 G_2，测得它们的关门电平分别为 $U_{OFF1}=0.8$ V，$U_{OFF2}=1.1$ V；开门电平分别为 $U_{ON1}=1.9$ V，$U_{ON2}=1.5$ V。它们的输出高电平和低电平都相等，试定量分析何者为优。

2. 如题 2.3 图所示的电路，试按各图对应的逻辑关系，写出多余输入端的处理方法。

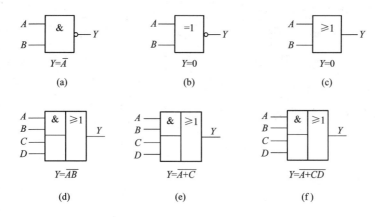

题 2.3 图

第3章 组合逻辑电路

知识目标：

    1. 了解组合逻辑电路的特点；

    2. 熟悉常用组合逻辑电路的功能。

能力目标：

    1. 掌握组合逻辑电路的分析方法和设计方法；

    2. 掌握常用组合逻辑电路的应用；

    3. 具备分析、测试组合逻辑电路的基本技能。

素质目标：

    具有坚持、专注的一丝不苟的工作态度。

知识重点：

    1. 组合逻辑电路的分析方法；

    2. 常用组合逻辑电路的功能。

知识难点：

    1. 组合逻辑电路的设计方法；

    2. 常用组合逻辑电路的应用。

建议学时：

    理论 10 学时，实践 8 学时，共 18 学时。

逻辑电路按照逻辑功能的不同可分为两大类：一类是组合逻辑电路（简称组合电路），另一类是时序逻辑电路（简称时序电路）。所谓组合电路是指电路在任一时刻的输出状态只与同一时刻各输入状态的组合有关，而与前一时刻的输出状态无关。

组合逻辑电路的特点：

（1）输出、输入之间没有反馈延迟通路。

（2）电路中不含记忆元件。

组合逻辑电路在结构上是由各种门电路和集成逻辑电路实现的。本章首先讨论组合电路的分析和设计方法，然后讲述几种常用的组合逻辑电路——编码器和译码器、数据选择器和数据分配器、数字比较器、加法器等，并介绍了常用的集成逻辑电路的功能及基本的应用方法。

例如，图 3.1 是利用 74LS148 编码器监控 8 个房间的防盗报警编码电路，若 8 个房间任何一个有异常情况，其传感器便输出一个零电平到编码器的输入端，编码器输出 3 位二进制代码到微处理器 89C51。此时，微控制器仅需要 3 根输入线就可以监视 8 个独立的被测点，并显示监控房号。当 89C51 的中断输入 INT_0 端接收到一个 0 时，就运行报警处理程序并作出相应的反应，完成报警。

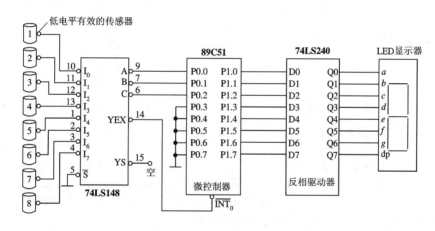

图 3.1 74LS148 微处理器报警编码电路

3.1 组合逻辑电路的分析方法和设计方法

3.1.1 组合逻辑电路的分析方法

分析组合逻辑电路的目的是为了确定已知电路的逻辑功能，或者检查电路设计是否合理。

组合逻辑电路的分析步骤如下：

（1）根据已知的逻辑图，从输入到输出逐级写出逻辑函数表达式。

（2）利用公式法或卡诺图法化简逻辑函数表达式。

（3）列真值表，确定其逻辑功能。

例 1 分析如图 3.2 所示组合逻辑电路的功能。

解 （1）写出逻辑表达式：

$$Y_1 = \overline{\overline{A} \cdot \overline{B}}$$

$$Y_2 = \overline{A \cdot B}$$

$$Y_3 = \overline{\overline{AB} \cdot \overline{C}}$$

$$Y = \overline{\overline{\overline{A} \cdot \overline{B}} \cdot \overline{\overline{AB} \cdot \overline{C}}}$$

（2）化简：

$$Y = \overline{\overline{\overline{A} \cdot \overline{B}} \cdot \overline{\overline{AB} \cdot \overline{C}}} = \overline{A}\overline{B} + \overline{AB}C = \overline{A}\overline{B} + \overline{A}C + \overline{B}C$$

（3）列真值表：如表 3.1 所示。

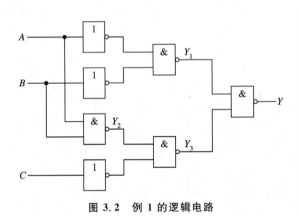

图 3.2 例 1 的逻辑电路

表 3.1 例 1 的真值表

A	B	C	Y
0	0	0	1
0	0	1	1
0	1	0	1
0	1	1	0
1	0	0	1
1	0	1	0
1	1	0	0
1	1	1	0

由表 3.1 可知，当输入 A、B、C 中 1 的个数小于 2 时，输出 Y 为 1；否则为 0。

例 2 分析如图 3.3 所示组合逻辑电路的功能。

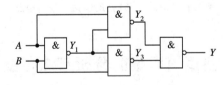

图 3.3 例 2 的逻辑电路

解 （1）写出如下逻辑表达式：

$$Y_1 = \overline{AB}$$

$$Y_2 = \overline{A \cdot Y_1} = \overline{A \cdot \overline{AB}}$$

$$Y_3 = \overline{Y_1 \cdot B} = \overline{\overline{AB} \cdot B}$$

$$Y = \overline{Y_2 Y_3} = \overline{\overline{A \cdot \overline{AB}} \cdot \overline{\overline{AB} \cdot B}}$$

（2）化简：

$$Y = \overline{\overline{A \cdot \overline{AB}} \ \overline{\overline{AB} \cdot B}} = \overline{(\overline{A} + AB) \cdot (AB + \overline{B})}$$

$$= \overline{\overline{AB} + AB} = A \oplus B$$

（3）确定逻辑功能：从逻辑表达式可以看出，电路具有"异或"功能。

3.1.2　组合逻辑电路的设计方法

组合逻辑电路设计的目的是根据功能要求设计最佳电路。

组合逻辑电路的设计步骤分为如下五步：

（1）根据设计要求，确定输入、输出变量的个数，并对它们进行逻辑赋值（即确定 0 和 1 代表的含义）。

（2）根据逻辑功能要求列出真值表。

（3）根据真值表利用卡诺图进行化简得到逻辑表达式。

（4）根据要求画出逻辑图。

（5）选择元器件。

例 3　有三个班学生上自习，大教室能容纳两个班学生，小教室能容纳一个班学生。设计两个教室是否开灯的逻辑控制电路，要求如下：

（1）一个班学生上自习，开小教室的灯。

（2）两个班上自习，开大教室的灯。

（3）三个班上自习，两教室均开灯。

解　（1）确定输入、输出变量的个数：根据电路要求，设输入变量 A、B、C 分别表示三个班学生是否上自习，1 表示上自习，0 表示不上自习；输出变量 Y、G 分别表示大教室、小教室的灯是否亮，1 表示亮，0 表示灭。

（2）列真值表：如表 3.2 所示。

表 3.2　例 3 的真值表

A	B	C	Y	G
0	0	0	0	0
0	0	1	0	1
0	1	0	0	1
0	1	1	1	0
1	0	0	0	1
1	0	1	1	0
1	1	0	1	0
1	1	1	1	1

（3）化简：利用卡诺图化简，如图 3.4 所示可得

$$Y = BC + AC + AB$$

$$G = \overline{A}\,\overline{B}C + \overline{A}B\overline{C} + A\overline{B}\,\overline{C} + ABC$$

$$= \overline{A}(B \oplus C) + A(B \odot C)$$

$$= A \oplus B \oplus C$$

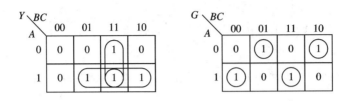

图 3.4 例 3 的卡诺图

(4) 画逻辑图:逻辑电路图如图 3.5(a)所示。若要求用 TTL 与非门,实现该设计电路的设计步骤如下:首先,将化简后的与或逻辑表达式转换为与非形式;然后再画出如图 3.5(b)所示的逻辑图;最后,画出用与非门实现的组合逻辑电路。

$$Y = AC + BC + AB = \overline{\overline{AC} \cdot \overline{BC} \cdot \overline{AB}}$$

$$G = \overline{A}\overline{B}C + \overline{A}B\overline{C} + A\overline{B}\overline{C} + ABC = \overline{\overline{\overline{A}\overline{B}C}\,\overline{\overline{A}B\overline{C}}\,\overline{A\overline{B}\overline{C}}\,\overline{ABC}}$$

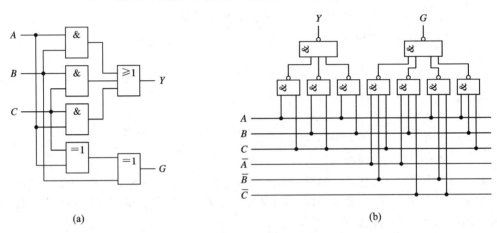

(a)　　　　　　　　　　　　　　　(b)

图 3.5 例 3 的逻辑图

(a) 直接实现;(b) 用与非门实现

(5) 选择元器件:直接实现电路选用附录常用数字集成电路一览表中的 74LS08 四－2 输入与门、74LS32 四－2 输入或门、74LS86 四－2 输入异或门各 1 个芯片。选用与非门实现电路,需要 74LS00 四－2 输入与非门 1 片,74LS10 三－3 输入与非门 2 片、74LS20 二－4 输入与非门 1 片、74LS04 反相器 1 片。

3.2 编 码 器

3.2.1 编码器

所谓编码就是将特定含义的输入信号(文字、数字、符号)转换成二进制代码的过程。实现编码操作的数字电路称为编码器。按照编码方式不同,编码器可分为普通编码器和优先编码器;按照输出代码种类的不同,可分为二进制编码器和非二进制编码器。

1. 二进制编码器

若输入信号的个数 N 与输出变量的位数 n 满足 $N=2^n$，此电路称为二进制编码器。任何时刻只能对其中一个输入信息进行编码，即输入的 N 个信号是互相排斥的，它属于普通编码器。若编码器输入为四个信号，输出为两位代码，则称为 4 线-2 线编码器(或 4/2 线编码器)。常见的编码器有 8 线-3 线，16 线-4 线等等。

例 4　设计一个 4 线-2 线的编码器。

解

(1) 确定输入、输出变量个数：由题意知输入为 I_0、I_1、I_2、I_3 四个信息，输出为 Y_0、Y_1，当对 I_i 编码时为 1，不编码为 0，并依此按 I_i 下角标的值与 Y_0、Y_1 二进制代码的值相对应进行编码。

(2) 列编码表：如表 3.3 所示。

(3) 化简：

$$Y_0 = I_1 + I_3$$
$$Y_1 = I_2 + I_3$$

(4) 画编码器电路如图 3.6 所示。

(5) 选择元器件：选用一片 74LS32 四-2 输入或门实现。

表 3.3　编码表

I_i	Y_1	Y_0
I_0	0	0
I_1	0	1
I_2	1	0
I_3	1	1

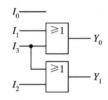

图 3.6　4 线-2 线编码器

2. 非二进制编码器(以二-十进制编码器为例)

二-十进制编码器是指用四位二进制代码表示一位十进制数的编码电路，也称 10 线-4 线编码器。四位二进制代码共有 16 种组合状态，而 0～9 共 10 个数字只用其中 10 个状态，所以二-十进制编码方案很多。最常见是 8421 BCD 码编码器，如图 3.7 所示。其中，输入信号 I_0～I_9 代表 0～9 共 10 个十进制信号，输出信号 Y_3、Y_2、Y_1、Y_0 为相应二进制代码。

由图 3.7 可以写出各输出逻辑函数式为：

$$Y_3 = \overline{\overline{I_9} \cdot \overline{I_8}}$$
$$Y_2 = \overline{\overline{I_7} \cdot \overline{I_6} \cdot \overline{I_5} \cdot \overline{I_4}}$$
$$Y_1 = \overline{\overline{I_7} \cdot \overline{I_6} \cdot \overline{I_3} \cdot \overline{I_2}}$$
$$Y_0 = \overline{\overline{I_9} \cdot \overline{I_7} \cdot \overline{I_5} \cdot \overline{I_3} \cdot \overline{I_1}}$$

根据逻辑函数式列出功能表如表 3.4 所示。

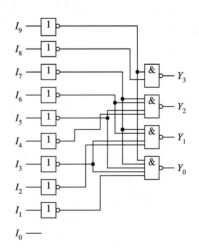

图 3.7　二-十进制编码器

表 3.4　8421 BCD 码编码器功能表

输　　入										输　　出			
I_0	I_1	I_2	I_3	I_4	I_5	I_6	I_7	I_8	I_9	Y_3	Y_2	Y_1	Y_0
1	0	0	0	0	0	0	0	0	0	0	0	0	0
0	1	0	0	0	0	0	0	0	0	0	0	0	1
0	0	1	0	0	0	0	0	0	0	0	0	1	0
0	0	0	1	0	0	0	0	0	0	0	0	1	1
0	0	0	0	1	0	0	0	0	0	0	1	0	0
0	0	0	0	0	1	0	0	0	0	0	1	0	1
0	0	0	0	0	0	1	0	0	0	0	1	1	0
0	0	0	0	0	0	0	1	0	0	0	1	1	1
0	0	0	0	0	0	0	0	1	0	1	0	0	0
0	0	0	0	0	0	0	0	0	1	1	0	0	1

从表 3.4 可看出,当有一个输入端信号为高电平时,四个输出端二进制代码的值为输入信号下角标的值,这是一个二–十进制编码器电路。例如,I_5 有信号输入为"1",而其他输入均为"0"时,则输出编码为 $Y_3Y_2Y_1Y_0 = 0101$,对应十进制数为 5。二–十进制编码器电路简单,如果将输入端接上 10 个按键,就可作为计算机的键盘输入逻辑电路,但与二进制编码器相同,其任何时刻只允许对其中一个输入信号进行编码。在对两个以上的输入信号进行编码时,应采用优先编码器。

3. 优先编码器

优先编码器是当多个输入端同时有信号时,电路只对其中优先级别较高的信号进行编码。因此,在编码时必须根据轻重缓急,规定好输入信号的优先级别。常用的优先编码器有 10 线–4 线和 8 线–3 线两种。

例 5　电话室有三种电话,按由高到低优先级排序依次是火警电话,急救电话,工作电话,要求电话编码依次为 00、01、10。试设计电话编码控制电路。

解

(1) 根据题意知,同一时间电话室只能处理一部电话,假如用 A、B、C 分别代表火警、急救、工作三种电话,设电话铃响用 1 表示,铃没响用 0 表示。当优先级别高的信号有效时,低级别的则不起作用,这时用×表示;用 Y_1,Y_2 表示输出编码。

(2) 列真值表:真值表如表 3.5 所示。

(3) 写逻辑表达式:

$$Y_1 = \overline{A}B$$
$$Y_2 = \overline{A}\,\overline{B}$$

(4) 画优先编码器逻辑图如图 3.8 所示。

(5) 选择元件型号:选用 74LS04 六反相器和 74LS08 四–2 输入与非门各 1 片来实现。

表 3.5 例 5 的真值表

输　入			输　出	
A	B	C	Y_1	Y_2
1	×	×	0	0
0	1	×	0	1
0	0	1	1	0
0	0	0	1	1

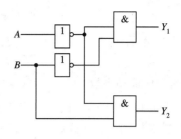

图 3.8 例 5 的优先编码逻辑图

3.2.2 集成编码器

10 线-4 线集成优先编码器常见型号为 54/74147、54/74LS147，8 线-3 线常见型号为 54/74148、54/74LS148。

1. 优先编码器 74LS148

74LS148 是 8 线-3 线优先编码器，如图 3.9 所示。图中，$\overline{I_0} \sim \overline{I_7}$ 为输入信号端，$\overline{S}$ 是使能输入端，$\overline{Y_0} \sim \overline{Y_2}$ 是三个输出端，$\overline{Y_S}$ 和 $\overline{Y_{EX}}$ 是用于扩展功能的输出端。74LS148 的功能如表 3.6 所示。

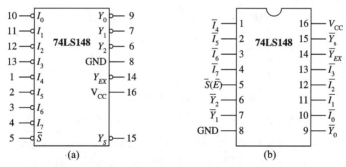

图 3.9 74LS148 优先编码器

（a）符号图；（b）管脚图

表 3.6 优先编码器 74LS148 的功能表

输入使能端	输　入								输　出			扩展输出	使能输出
$\overline{S}$	$\overline{I_7}$	$\overline{I_6}$	$\overline{I_5}$	$\overline{I_4}$	$\overline{I_3}$	$\overline{I_2}$	$\overline{I_1}$	$\overline{I_0}$	$\overline{Y_2}$	$\overline{Y_1}$	$\overline{Y_0}$	$\overline{Y_{EX}}$	$\overline{Y_S}$
1	×	×	×	×	×	×	×	×	1	1	1	1	1
0	1	1	1	1	1	1	1	1	1	1	1	1	0
0	0	×	×	×	×	×	×	×	0	0	0	0	1
0	1	0	×	×	×	×	×	×	0	0	1	0	1
0	1	1	0	×	×	×	×	×	0	1	0	0	1
0	1	1	1	0	×	×	×	×	0	1	1	0	1
0	1	1	1	1	0	×	×	×	1	0	0	0	1
0	1	1	1	1	1	0	×	×	1	0	1	0	1
0	1	1	1	1	1	1	0	×	1	1	0	0	1
0	1	1	1	1	1	1	1	0	1	1	1	0	1

在表 3.6 中，输入 $I_0 \sim I_7$ 低电平有效，I_7 为最高优先级，I_0 为最低优先级。即只要 $\overline{I_7}=0$，不管其他输入端是 0 还是 1，输出只对 I_7 编码，且对应的输出为反码有效，$\overline{Y_2}\ \overline{Y_1}\ \overline{Y_0}=000$。

$\overline{S}$ 为使能输入端，只有 $\overline{S}=0$ 时编码器工作，$\overline{S}=1$ 时编码器不工作。$\overline{Y_S}$ 为使能输出端。当 $\overline{S}=0$ 允许工作时，如果 $\overline{I_0} \sim \overline{I_7}$ 端有信号输入，$\overline{Y_S}=1$；若 $\overline{I_0} \sim \overline{I_7}$ 端无信号输入时，$\overline{Y_S}=0$。$\overline{Y_{EX}}$ 为扩展输出端，当 $\overline{S}=0$ 时，只要有编码信号，$\overline{Y_{EX}}$ 就是低电平。

2. 优先编码器 74LS148 的扩展

用 74LS148 优先编码器可以多级连接进行扩展功能，如用两块 74LS148 可以扩展成为一个 16 线-4 线优先编码器，如图 3.10 所示。

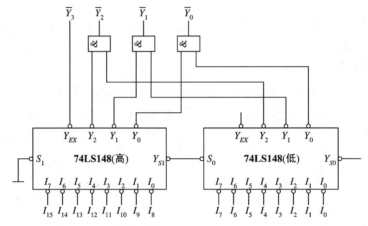

图 3.10　16 线-4 线优先编码器

根据图 3.10 进行分析可以看出，高位片 $S_1=0$ 允许对高位输入 $\overline{I_8} \sim \overline{I_{15}}$ 编码，此时 $Y_{S1}=1$，则 $S_0=1$，低位片禁止编码。但若 $\overline{I_8} \sim \overline{I_{15}}$ 都是高电平，即均无编码请求，则 $Y_{S1}=0$，那么 $S_0=0$ 允许低位片对输入 $\overline{I_0} \sim \overline{I_7}$ 编码。显然，高位片的编码级别优先于低位片。

3. 优先编码器 74LS148 的应用

74LS148 编码器的应用是非常广泛的。例如，常用的计算机键盘，其内部就是一个字符编码器。它将键盘上的大、小写英文字母和数字及符号还包括一些功能键(回车、空格)等编成一系列的七位二进制数码，送到计算机的中央处理单元 CPU，然后再进行处理、存储、输出到显示器或打印机上。还可以用 74LS148 编码器监控炉罐的温度，若其中任何一个炉温超过标准温度或低于标准温度，则检测传感器输出一个 0 电平到 74LS148 编码器的输入端，编码器编码后输出三位二进制代码到微处理器进行控制。

3.3　译　码　器

3.3.1　概述

译码是编码的逆过程，即将每一组输入二进制代码"翻译"成为一个特定的输出信号。

实现译码功能的数字电路称为译码器。译码器分为变量译码器和显示译码器。变量译码器有二进制译码器和非二进制译码器。显示译码器按显示材料分为荧光、发光二极管译码器，液晶显示译码器；按显示内容分为文字、数字、符号译码器。

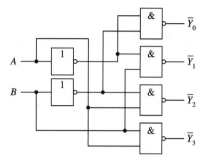

如图 3.11 所示为 2 线 - 4 线译码器。其中，A、B为两位输入二进制代码，$\overline{Y}_0 \sim \overline{Y}_3$为四个输出信号。其输出逻辑表达式为：

$$\overline{Y}_0 = \overline{\overline{A}\,\overline{B}}$$
$$\overline{Y}_1 = \overline{\overline{A}B}$$
$$\overline{Y}_2 = \overline{A\overline{B}}$$
$$\overline{Y}_3 = \overline{AB}$$

图 3.11　2 线 - 4 线译码器

当改变输入 A、B 的状态，可得出相应的结果，如表 3.7 所示。从表中可看出，每一个输出对应一种输入状态的组合，因为它有两个输入，四个输出，故简称 2 线 - 4 线译码器（或 2/4 线译码器）。

表 3.7　2 线 - 4 线译码器功能表

输　　入		输　　出			
A	B	$\overline{Y}_3$	$\overline{Y}_2$	$\overline{Y}_1$	$\overline{Y}_0$
0	0	1	1	1	0
0	1	1	1	0	1
1	0	1	0	1	1
1	1	0	1	1	1

3.3.2　集成译码器

1. 二进制译码器（变量译码器）

变量译码器种类很多。常用的有：TTL 系列中的 54/74H138、54/74LS138；CMOS 系列中的 54/74HC138、54/74HCT138 等。图 3.12 所示为 74LS138 的符号图和管脚图，其逻辑功能表如表 3.8 所示。

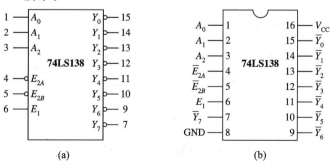

图 3.12　74LS138 的符号图和管脚图

（a）符号图；（b）管脚图

表 3.8 74LS138 译码器功能表

输　　入					输　　　出							
E_1	$\overline{E_{2A}}+\overline{E_{2B}}$	A_2	A_1	A_0	$\overline{Y}_7$	$\overline{Y}_6$	$\overline{Y}_5$	$\overline{Y}_4$	$\overline{Y}_3$	$\overline{Y}_2$	$\overline{Y}_1$	$\overline{Y}_0$
$\times$	1	$\times$	$\times$	$\times$	1	1	1	1	1	1	1	1
0	$\times$	$\times$	$\times$	$\times$	1	1	1	1	1	1	1	1
1	0	0	0	0	1	1	1	1	1	1	1	0
1	0	0	0	1	1	1	1	1	1	1	0	1
1	0	0	1	0	1	1	1	1	1	0	1	1
1	0	0	1	1	1	1	1	1	0	1	1	1
1	0	1	0	0	1	1	1	0	1	1	1	1
1	0	1	0	1	1	1	0	1	1	1	1	1
1	0	1	1	0	1	0	1	1	1	1	1	1
1	0	1	1	1	0	1	1	1	1	1	1	1

由功能表 3.8 可知，它能译出三个输入变量的全部状态。该译码器设置了 E_1、$\overline{E}_{2A}$，$\overline{E}_{2B}$ 三个使能输入端，当 E_1 为 1 且 $\overline{E}_{2A}$ 和 $\overline{E}_{2B}$ 均为 0 时，译码器处于工作状态，否则译码器不工作。

2. 非二进制译码器

非二进制译码器种类很多，其中二-十进制译码器应用较广泛。二-十进制译码器常用型号有：TTL 系列的 54/7442、54/74LS42 和 CMOS 系列中的 54/74HC42、54/74HCT42 等。图 3.13 所示为 74LS42 的符号图和管脚图。该译码器有 $A_0 \sim A_3$ 四个输入端，$\overline{Y}_0 \sim \overline{Y}_9$ 共 10 个输出端，简称 4 线-10 线译码器。74LS42 的逻辑功能表如表 3.9 所示。

由表 3.9 知，$\overline{Y}_0$ 输出为 $\overline{Y}_0=\overline{\overline{A}_3\overline{A}_2\overline{A}_1\overline{A}_0}$。当 $A_3A_2A_1A_0=0000$ 时，输出 $\overline{Y}_0=0$。它对应的十进制数为 0。其余输出依次类推。

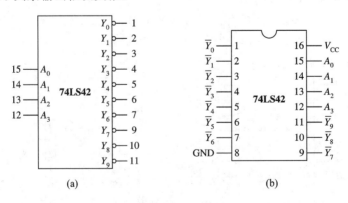

图 3.13 74LS42 二-十进制译码器

(a) 符号图；(b) 管脚图

表 3.9　74LS42 二–十进制译码器功能表

输　入				输　出									
A_3	A_2	A_1	A_0	$\bar{Y}_9$	$\bar{Y}_8$	$\bar{Y}_7$	$\bar{Y}_6$	$\bar{Y}_5$	$\bar{Y}_4$	$\bar{Y}_3$	$\bar{Y}_2$	$\bar{Y}_1$	$\bar{Y}_0$
0	0	0	0	1	1	1	1	1	1	1	1	1	0
0	0	0	1	1	1	1	1	1	1	1	1	0	1
0	0	1	0	1	1	1	1	1	1	1	0	1	1
0	0	1	1	1	1	1	1	1	1	0	1	1	1
0	1	0	0	1	1	1	1	1	0	1	1	1	1
0	1	0	1	1	1	1	1	0	1	1	1	1	1
0	1	1	0	1	1	1	0	1	1	1	1	1	1
0	1	1	1	1	1	0	1	1	1	1	1	1	1
1	0	0	0	1	0	1	1	1	1	1	1	1	1
1	0	0	1	0	1	1	1	1	1	1	1	1	1

3. 显示译码器

显示译码器常见的是数字显示电路，它通常由译码器、驱动器和显示器等部分组成。

1) 显示器件

数码显示器按显示方式有分段式、字形重叠式、点阵式。其中，七段显示器应用最普遍。图 3.14(a)所示的半导体发光二极管显示器是数字电路中使用最多的显示器，它有共阳极和共阴极两种接法，图 3.14(b)所示是共阴极显示管的管脚排列图。共阳极接法(图 3.14(c))是各发光二极管阳极相接，对应极接低电平时亮。图 3.14(b)所示为发光二极管的共阴极接法，共阴极接法是各发光二极管的阴极相接，对应极接高电平时亮。因此，利用不同发光段组合能显示出 0～9 共 10 个数字，如图 3.15 所示。为了使数码管能将数码所代表的数显示出来，必须将数码经译码器译出；然后，经驱动器点亮对应的段，即对应于一组数码译码器应有确定的几个输出端有信号输出。下面介绍常用的 74LS48 七段显示译码器。

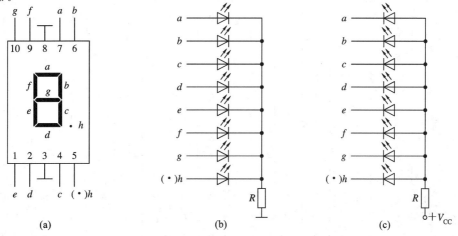

图 3.14　半导体显示器

(a) 管脚排列图；(b) 共阴极接线图；(c) 共阳级接线图

图 3.15　七段数字显示器发光段组合图

2）集成电路 74LS48

如图 3.16 为显示译码器 74LS48 的管脚排列图，表 3.10 所示为 74LS48 的逻辑功能表，它有三个辅助控制端 $\overline{LT}$、$\overline{I_{BR}}$、$\overline{I_B}/\overline{Y_{BR}}$。

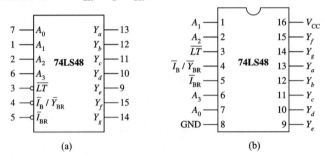

(a)　　　　　　　　　　　(b)

图 3.16　74LS48 的管脚排列图

（a）符号图；（b）管脚图

表 3.10　74LS48 显示译码器的功能表

数字	输　入						输　　出								字形
十进制	$\overline{LT}$	$\overline{I_{BR}}$	A_3	A_2	A_1	A_0	$\overline{I_B}/\overline{Y_{BR}}$	Y_a	Y_b	Y_c	Y_d	Y_e	Y_f	Y_g	字形
0	1	1	0	0	0	0	1	1	1	1	1	1	1	0	0
1	1	×	0	0	0	1	1	0	1	1	0	0	0	0	1
2	1	×	0	0	1	0	1	1	1	0	1	1	0	1	2
3	1	×	0	0	1	1	1	1	1	1	1	0	0	1	3
4	1	×	0	1	0	0	1	0	1	1	0	0	1	1	4
5	1	×	0	1	0	1	1	1	0	1	1	0	1	1	5
6	1	×	0	1	1	0	1	0	0	1	1	1	1	1	6
7	1	×	0	1	1	1	1	1	1	1	0	0	0	0	7
8	1	×	1	0	0	0	1	1	1	1	1	1	1	1	8
9	1	×	1	0	0	1	1	1	1	1	0	0	1	1	9
	1	×	1	0	1	0	1	0	0	0	1	1	0	1	
	1	×	1	0	1	1	1	0	0	1	1	0	0	1	
	1	×	1	1	0	0	1	0	1	0	0	0	1	1	
	1	×	1	1	0	1	1	1	0	0	1	0	1	1	
	1	×	1	1	1	0	1	0	0	0	1	1	1	1	
	1	×	1	1	1	1	1	0	0	0	0	0	0	0	全暗
灭灯	×	×	×	×	×	×	0	0	0	0	0	0	0	0	全暗
灭零	1	0	0	0	0	0	0	0	0	0	0	0	0	0	全暗
试灯	0	×	×	×	×	×	1	1	1	1	1	1	1	1	8

$\overline{LT}$ 为试灯输入：当 $\overline{LT}=0$ 时，$\overline{I_B}/\overline{Y_{BR}}=1$ 时，若七段均完好，显示字形是"8"，该输入端常用于检查 74LS48 显示器的好坏；当 $\overline{LT}=1$ 时，译码器方可进行译码显示。$\overline{I_{BR}}$ 用来动态灭零，当 $\overline{LT}=1$ 时，且 $\overline{I_{BR}}=0$，输入 $A_3A_2A_1A_0=0000$ 时，则 $\overline{I_B}/\overline{Y_{BR}}=0$ 使数字符的各段熄灭；$\overline{I_B}/\overline{Y_{BR}}$ 为灭灯输入/灭灯输出，当 $\overline{I_B}=0$ 时不管输入如何，数码管不显示数字；$\overline{I_{BR}}$ 为控制低位灭零信号，当 $\overline{Y_{BR}}=1$ 时，说明本位处于显示状态；若 $\overline{Y_{BR}}=0$，且低位为零，则低位零被熄灭。

3.3.3　译码器的应用

1. 实现逻辑函数

由变量译码器可知，它的每个输出端都表示一个最小项，而任何函数都能写成最小项表达式，利用这个特点，可以用来实现逻辑函数，也可用作集成电路的片选信号扩展功能。

例 6　用一个 3 线-8 线译码器实现函数 $Y=\overline{A}BC+A\overline{B}C+\overline{A}B\overline{C}$。

解　如表 3.8 所示，当 E_1 接 +5 V，E_{2A} 和 E_{2B} 接地时，得到对应各输入端的输出 Y：

$$\overline{Y_0}=\overline{\overline{A_2}\,\overline{A_1}\,\overline{A_0}}\qquad \overline{Y_1}=\overline{\overline{A_2}\,\overline{A_1}A_0}$$

$$\overline{Y_2}=\overline{\overline{A_2}A_1\overline{A_0}}\qquad \overline{Y_3}=\overline{\overline{A_2}A_1A_0}$$

$$\overline{Y_4}=\overline{A_2\overline{A_1}\,\overline{A_0}}\qquad \overline{Y_5}=\overline{A_2\overline{A_1}A_0}$$

$$\overline{Y_6}=\overline{A_2A_1\overline{A_0}}\qquad \overline{Y_7}=\overline{A_2A_1A_0}$$

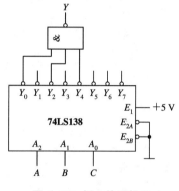

若将输入变量 A、B、C 分别代替 A_2、A_1、A_0，则可得到函数 Y

$$\begin{aligned}Y&=\overline{A}BC+A\overline{B}C+\overline{A}B\overline{C}\\&=\overline{\overline{\overline{A}BC}\cdot\overline{A\overline{B}C}\cdot\overline{\overline{A}B\overline{C}}}\\&=\overline{\overline{Y_0}\cdot\overline{Y_2}\cdot\overline{Y_4}}\end{aligned}$$

图 3.17　例 6 的逻辑图

可见，用 3 线-8 线译码器再加一个与非门就可实现函数 Y，其逻辑图如图 3.17 所示。

2. 译码器的扩展

例 7　用两片 74LS138 实现一个 4 线-16 线译码器。

解　利用译码器的使能端作为高位输入端 A_3，如图 3.18 所示。由表 3.8 可知，当 $A_3=0$ 时，低位片 74LS138 工作，对输入 A_2、A_1、A_0 进行译码，还原出 $Y_0\sim Y_7$，则高位禁止工作；当 $A_3=1$ 时，高位片 74LS138 工作，还原出 $Y_8\sim Y_{15}$，而低位片禁止工作。

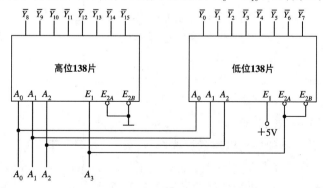

图 3.18　例 7 的连接图

【思考题】

　　1. 什么是译码？译码器怎样分类？

　　2. 译码器扩展时 E_1 和 $\overline{E}_{2A}$、$\overline{E}_{2B}$ 如何连接？

3.4　数据选择器和数据分配器

3.4.1　数据选择器

　　数据选择器按要求从多路输入选择一路输出，根据输入端的个数分为四选一、八选一等等。其功能相当于如图 3.19 所示的单刀多掷开关。

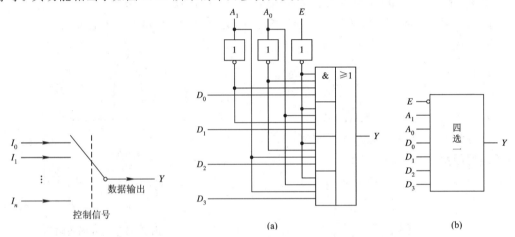

图 3.19　数据选择器示意图

图 3.20　四选一数据选择器
（a）逻辑图；（b）符号图

　　如图 3.20 所示是四选一选择器的逻辑图和符号图。其中，A_1、A_0 为控制数据准确传送的地址输入信号，$D_0 \sim D_3$ 为供选择的电路并行输入信号，E 为选通端或使能端，低电平有效。当 $E=1$ 时，选择器不工作，禁止数据输入。$E=0$ 时，选择器正常工作允许数据选通。由图 3.20 可写出四选一数据选择器输出逻辑表达式

$$Y = (\overline{A}_1\overline{A}_0 D_0 + \overline{A}_1 A_0 D_1 + A_1\overline{A}_0 D_2 + A_1 A_0 D_3)\overline{E}$$

　　由逻辑表达式可列出功能表如表 3.11 所示。

1. 集成数据选择器电路

　　74LS151 是一种典型的集成电路数据选择器。如图 3.21 所示是 74LS151 的管脚排列图。它有三个地址端 $A_2 A_1 A_0$。可选择 $D_0 \sim D_7$ 八个数据，具有两个互补输出端 W 和 $\overline{W}$。其功能如表 3.12 所示。

表 3.11　四选一功能表

输入			输出
E	A_1	A_0	Y
1	×	×	0
0	0	0	D_0
0	0	1	D_1
0	1	0	D_2
0	1	1	D_3

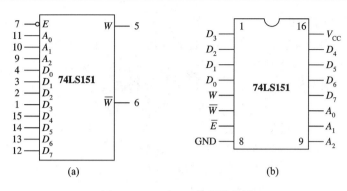

图 3.21　74LS151 数据选择器

（a）符号图；（b）管脚图

表 3.12　74LS151 的功能表

E	A_2	A_1	A_0	W	$\overline{W}$
1	$\times$	$\times$	$\times$	0	1
0	0	0	0	D_0	$\overline{D_0}$
0	0	0	1	D_1	$\overline{D_1}$
0	0	1	0	D_2	$\overline{D_2}$
0	0	1	1	D_3	$\overline{D_3}$
0	1	0	0	D_4	$\overline{D_4}$
0	1	0	1	D_5	$\overline{D_5}$
0	1	1	0	D_6	$\overline{D_6}$
0	1	1	1	D_7	$\overline{D_7}$

2. 数据选择器的扩展

例 8　用两片 74LS151 连接成一个十六选一的数据选择器。

解　十六选一的数据选择器的地址输入端有四位，最高位 A_3 的输入可以由两片八选一数据选择器的使能端接非门来实现，低三位地址输入端由两片 74LS151 的地址输入端相连而成，连接图如图 3.22 所示。当 $A_3 = 0$ 时，由表 3.12 知，低位片 74LS151 工作，根据地址控制信号 $A_3 A_2 A_1 A_0$ 选择数据 $D_0 \sim D_7$ 输出；$A_3 = 1$ 时，高位片工作，选择数据 $D_8 \sim D_{15}$ 进行输出。

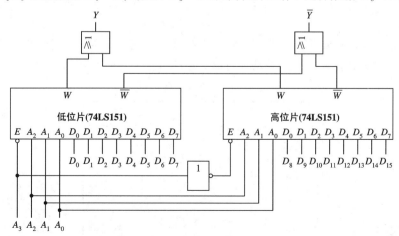

图 3.22　例 8 的连接图

3. 数据选择器的应用

利用数据选择器，当使能端有效时，将地址输入、数据输入代替逻辑函数中的变量实现逻辑函数。

例 9 试用八选一数据选择器 74LS151 产生逻辑函数

$$Y = AB\overline{C} + \overline{A}BC + \overline{A}\,\overline{B}$$

解 把逻辑函数变换成最小项表达式：

$$Y = AB\overline{C} + \overline{A}BC + \overline{A}\,\overline{B}$$
$$= AB\overline{C} + \overline{A}BC + \overline{A}\,\overline{B}C + \overline{A}\,\overline{B}\,\overline{C}$$
$$= m_0 + m_1 + m_3 + m_6$$

八选一数据选择器的输出逻辑函数表达式为

$$Y = \overline{A}_2\overline{A}_1\overline{A}_0 D_0 + \overline{A}_2\overline{A}_1 A_0 D_1 + \overline{A}_2 A_1 \overline{A}_0 D_2 + \overline{A}_2 A_1 A_0 D_3 + A_2 \overline{A}_1 \overline{A}_0 D_4$$
$$+ A_2\overline{A}_1 A_0 D_5 + A_2 A_1 \overline{A}_0 D_6 + A_2 A_1 A_0 D_7$$
$$= m_0 D_0 + m_1 D_1 + m_2 D_2 + m_3 D_3 + m_4 D_4 + m_5 D_5 + m_6 D_6 + m_7 D_7$$

若将式中 A_2、A_1、A_0 用 A、B、C 来代替，$D_0 = D_1 = D_3 = D_6 = 1$，$D_2 = D_4 = D_5 = D_7 = 0$，画出该逻辑函数的逻辑图，如图 3.23 所示。

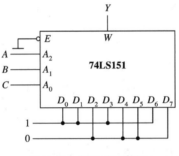

图 3.23 例 9 的逻辑图

例 10 用数据选择器实现一个路灯的控制电路，要求在三个不同的地方都能独立控制路灯的亮灭。

解 (1)确定输入、输出状态。根据电路要求，设输入变量 A、B、C 分别表示三个路灯控制开关，1 表示开关动作，0 表示开关没有动作。输出变量 Y 表示路灯，1 表示亮，0 表示灭。

(2)列真值表。根据题目要求，三个地方都可控制路灯的亮灭。灯亮时任何一个开关动作可灯灭，灯灭时任何一个开关动作灯亮。路灯与开关之间关系如表 3.13。

表 3.13 例 10 真值表

A	B	C	Y
0	0	0	0
0	0	1	1
0	1	0	1
0	1	1	0
1	0	0	1
1	0	1	0
1	1	0	0
1	1	1	1

（3）写逻辑表达式

$$Y = \overline{A}\overline{B}C + \overline{A}B\overline{C} + A\overline{B}\overline{C} + ABC$$
$$= m_1 + m_2 + m_4 + m_7$$

（4）用八选一数据选择器实现电路如图 3.24 所示。

$$D_1 = D_2 = D_4 = D_7 = 1$$
$$D_0 = D_3 = D_5 = D_6 = 0$$

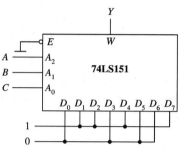

图 3.24　例 10 的逻辑图

3.4.2　数据分配器

数据分配器是数据选择器的逆过程，即将一路输入变为多路输出的电路。数据分配器的示意图如图 3.25 所示。

根据输出的个数不同，数据分配器可分为四路分配器、八路分配器等。数据分配器实际上是译码器的特殊应用。图 3.26 所示是用 74LS138 译码器作为数据分配器的逻辑原理图，其中译码器的 E_1 作为使能端，E_{2B} 接低电平，输入 $A_0 \sim A_2$ 作为地址端，E_{2A} 作为数据输入，从 $Y_0 \sim Y_7$ 分别得到相应的输出。

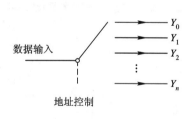

图 3.25　数据分配器的示意图

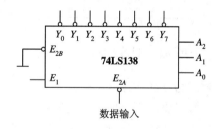

图 3.26　用 74LS138 作为数据分配器

【思考题】

1. 何种译码器可以作为数据分配器使用？为什么？

2. 74LS138 译码器作为数据分配器使用时，对于 E_1、$\overline{E}_{2A}$、$\overline{E}_{2B}$ 的设置，还有什么别的方法？

3. 能否用译码器和与或非门组成数据选择器？

4. 若函数变量与数据选择器地址控制端个数不同，如何实现逻辑函数？

3.5 数字比较器

3.5.1 数字比较器的定义及功能

在数字系统中,特别是在计算机中,经常需要比较两个数 A 和 B 的大小,数字比较器就是对两个位数相同的二进制数 A、B 进行比较,其结果有 $A>B$、$A<B$ 和 $A=B$ 三种可能性。

设计比较两个一位二进制数 A 和 B 大小的数字电路,输入变量是两个比较数 A 和 B,输出变量 $Y_{A>B}$、$Y_{A<B}$、$Y_{A=B}$ 分别表示 $A>B$、$A<B$ 和 $A=B$ 三种比较结果,其真值表如表 3.14 所示。

根据真值表写出逻辑表达式:

$$Y_{A>B} = A\overline{B}$$

$$Y_{A<B} = \overline{A}B$$

$$Y_{A=B} = AB + \overline{AB} = \overline{A \oplus B}$$

由逻辑表达式画出逻辑图如图 3.27 所示。

表 3.14 一位数字比较器的真值表

输 入		输 出		
A	B	$Y_{A>B}$	$Y_{A<B}$	$Y_{A=B}$
0	0	0	0	1
0	1	0	1	0
1	0	1	0	0
1	1	0	0	1

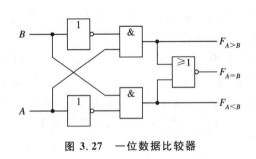

图 3.27 一位数据比较器

3.5.2 集成数字比较器

1. 集成数字比较器 74LS85

集成数字比较器 74LS85 是四位数字比较器,其管脚排列图如图 3.28 所示。A、B 为数据输入端;它有三个级联输入端:$I_{A<B}$、$I_{A>B}$、$I_{A=B}$,表示低四位比较的结果输入;它有三个级联输出端:$F_{A<B}$、$F_{A>B}$、$F_{A=B}$,表示末级比较结果的输出。其功能表如表 3.15 所示。从表中可以看出,若比较两个四位二进制数 $A(A_3A_2A_1A_0)$ 和 $B(B_3B_2B_1B_0)$ 的大小,从最高位开始进行比较,如果 $A_3>B_3$,则 A 一定大于 B;反之,若 $A_3<B_3$,则一定有 A 小于 B;若

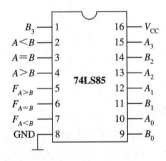

图 3.28 74LS85 管脚排列图

$A_3=B_3$,则比较次高位 A_2 和 B_2,依此类推直到比较到最低位,若各位均相等,则 $A=B$。

表 3.15　四位数字比较器功能表

输　　　入							输　　　出		
$A_3 B_3$	$A_2 B_2$	$A_1 B_1$	$A_0 B_0$	$I_{A>B}$	$I_{A<B}$	$I_{A=B}$	$F_{A>B}$	$F_{A<B}$	$F_{A=B}$
$A_3 > B_3$	×	×	×	×	×	×	1	0	0
$A_3 < B_3$	×	×	×	×	×	×	0	1	0
$A_3 = B_3$	$A_2 > B_2$	×	×	×	×	×	1	0	0
$A_3 = B_3$	$A_2 < B_2$	×	×	×	×	×	0	1	0
$A_3 = B_3$	$A_2 = B_2$	$A_1 > B_1$	×	×	×	×	1	0	0
$A_3 = B_3$	$A_2 = B_2$	$A_1 < B_1$	×	×	×	×	0	1	0
$A_3 = B_3$	$A_2 = B_2$	$A_1 = B_1$	$A_0 > B_0$	×	×	×	1	0	0
$A_3 = B_3$	$A_2 = B_2$	$A_1 = B_1$	$A_0 < B_0$	×	×	×	0	1	0
$A_3 = B_3$	$A_2 = B_2$	$A_1 = B_1$	$A_0 = B_0$	1	0	0	1	0	0
$A_3 = B_3$	$A_2 = B_2$	$A_1 = B_1$	$A_0 = B_0$	0	1	0	0	1	0
$A_3 = B_3$	$A_2 = B_2$	$A_1 = B_1$	$A_0 = B_0$	0	0	1	0	0	1

2. 数字比较器的扩展

74LS85 数字比较器的级联输入端 $I_{A>B}$、$I_{A<B}$、$I_{A=B}$ 是为了扩大比较器功能设置的，当不需要扩大比较位数时，$I_{A>B}$、$I_{A<B}$ 接低电平，$I_{A=B}$ 接高电平；若需要扩大比较器的位数时，只要将低位的 $F_{A>B}$、$F_{A<B}$ 和 $F_{A=B}$ 分别接高位相应的串接输入端 $I_{A>B}$、$I_{A<B}$、$I_{A=B}$ 即可。用两片 74LS85 组成八位数字比较器的电路如图 3.29 所示。

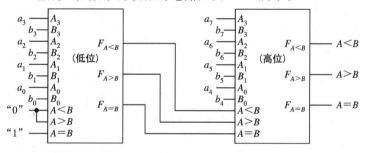

图 3.29　两片 74LS85 扩展连接图

【思考题】

74LS85 的三个输入端 $I_{A>B}$、$I_{A<B}$、$I_{A=B}$ 有什么作用？

3.6　算术运算电路

数字系统的基本任务之一是进行算术运算。在系统中加、减、乘、除均可利用加法来实现，所以加法器便成为数字系统中最基本的运算单元。

3.6.1　半加器

半加器是只考虑两个加数本身，而不考虑来自低位进位的逻辑电路。

设计一位二进制半加器,输入变量有两个,分别为加数 A 和被加数 B;输出也有两个,分别为和数 S 和进位 C。列真值表如表 3.16 所示。

由真值表写逻辑表达式:

$$S = \overline{A}B + A\overline{B}$$
$$C = AB$$

画出逻辑图如图 3.30 所示,它是由异或门和与门组成的,也可以用与非门实现。

表 3.16 半加器的真值表

A	B	S	C
0	0	0	0
0	1	1	0
1	0	1	0
1	1	0	1

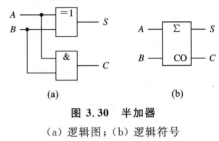

图 3.30 半加器

(a) 逻辑图;(b) 逻辑符号

3.6.2 全加器

全加器是不仅考虑两个一位二进制数 A_i 和 B_i 相加,而且还考虑来自低位进位数 C_{i-1} 相加的运算电路。

设计一个全加器,其中,A_i 和 B_i 分别是被加数和加数,C_{i-1} 为相邻低位的进位,S_i 为本位的和,C_i 为本位的进位。全加器的真值表如表 3.17 所示。

由真值表写出逻辑表达式

$$S_i = \overline{A}_i\overline{B}_iC_{i-1} + \overline{A}_iB_i\overline{C}_{i-1} + A_i\overline{B}_i\overline{C}_{i-1} + A_iB_iC_{i-1}$$
$$= (A_i \oplus B_i)\overline{C}_{i-1} + \overline{A_i \oplus B_i}C_{i-1}$$
$$= A_i \oplus B_i \oplus C_{i-1}$$
$$C_i = \overline{A}_iB_iC_{i-1} + A_i\overline{B}_iC_{i-1} + A_iB_i\overline{C}_{i-1} + A_iB_iC_{i-1}$$
$$= A_iB_i + B_iC_{i-1} + A_iC_{i-1}$$

表 3.17 全加器的真值表

输		入	输	出
A_i	B_i	C_{i-1}	S_i	C_i
0	0	0	0	0
0	0	1	1	0
0	1	0	1	0
0	1	1	0	1
1	0	0	1	0
1	0	1	0	1
1	1	0	0	1
1	1	1	1	1

图 3.31 是全加器的逻辑图和逻辑符号。在图 3.31(b)的逻辑符号中,CI 是进位输入端,CO 是进位输出端。

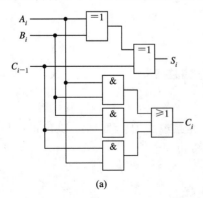

(a)

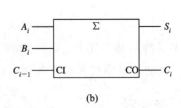

(b)

图 3.31 全加器

(a) 逻辑图;(b) 逻辑符号

3.6.3　多位加法器

多位数相加时，要考虑进位，进位的方式有串行进位和超前进位两种。可以采用全加器并行相加串行进位的方式来完成，图 3.32 是一个四位串行进位加法器。由图可以看出多位加法器是将低位全加器的进位输出 CO 接到高位的进位输入 CI。因此，任一位的加法运算必须在低一位的运算完成之后才能进行，这种方式称为串行进位。这种加法器的逻辑电路比较简单，但它的运算速度不高。为此，可采用超前进位的加法器，使每位的进位只由加数和被加数决定，而与低位的进位无关。关于超前进位读者可参阅有关资料。

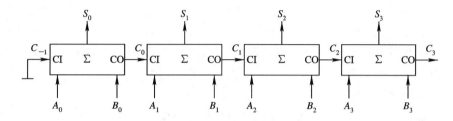

图 3.32　四位串行进位加法器

【思考题】

1. 什么是半加器？什么是全加器？
2. 串行进位加法器如何连接，有没有别的连接方法？

3.7　组合逻辑电路中的竞争与冒险现象

1. 产生竞争和冒险的原因

组合电路中，若某个变量通过两条以上途径到达输入端，由于每条路径上的延迟时间不同，到达逻辑门的时间就有先有后，这种现象称为竞争。由于竞争，就有可能使真值表描述的逻辑关系受到短暂的破坏，在输出端产生错误结果，这种现象称为冒险。

如图 3.33 所示，其逻辑表达式 $Y = A \cdot \overline{A}$，由于 D_1 的延迟，$\overline{A}$ 的输入要滞后于 A 的输入，致使 D_2 的输出 Y 出现一个高电平窄脉冲（即为冒险），如图 3.34 所示。

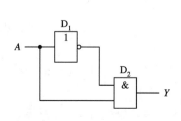

图 3.33　逻辑图

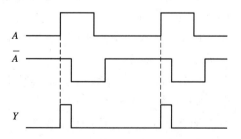

图 3.34　波形图

2. 冒险的分类

如图 3.34 所示出现高电平窄脉冲，这种冒险也称为"1"型冒险。一般只要逻辑函数有 $Y=A \cdot \bar{A}$ 这种形式出现就会出现"1"型冒险。另一种冒险是逻辑函数中有 $Y=A+\bar{A}$ 形式出现，使输出出现低电平窄脉冲，这种冒险称为"0"型冒险。读者可自行分析。

3. 判断冒险的方法

（1）代数法。可以用公式法判断是否有冒险，例如 $Y=AC+B\bar{C}$，其中 C 有原变量和反变量，改变 A、B 的取值判断是否出现冒险。当 $A=0$，$B=0$ 时，$Y=0$ 没有冒险；$A=0$，$B=1$ 时，$Y=\bar{C}$ 没有冒险；$A=1$，$B=0$ 时，$Y=C$ 没有冒险；$A=1$，$B=1$ 时，$Y=C+\bar{C}$ 有"0"型冒险。因此，$Y=AC+B\bar{C}$ 会出现"0"型冒险。

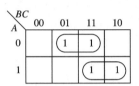

图 3.35　卡诺图

（2）卡诺图法。如图 3.35 所示，图中的卡诺圈相切则有竞争冒险，如圈"1"则为"0"型冒险，而圈"0"则为"1"型冒险，当卡诺圈相交或相离时均无竞争冒险产生。

4. 消除竞争冒险的方法

针对上述原因，可以采取以下措施消去竞争冒险现象。

（1）增加乘积项。例如：与或表达式 $Y=AB+\bar{B}C$ 中，当 $A=1$，$C=1$ 时，$Y=B+\bar{B}$，此时若直接连成逻辑电路，可能存在"0"型冒险。可以在该式中增加多余项，变换为 $Y=AB+\bar{B}C+AC$，当 $A=C=1$ 时，$Y=1$，克服了"0"型冒险。

（2）输出端并联电容器。如果逻辑电路在较慢速度下工作，为了消去竞争冒险，可以在输出端并联一个电容器，如图 3.36 所示。由于加电容会影响电路的工作速度，故电容量的选取要合适，通常靠试验来调试确定。

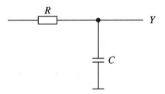

图 3.36　并联电容电路图

【思考题】

1. 什么是竞争？什么是冒险？
2. 克服竞争、冒险的方法有哪些？

本 章 小 结

1. 组合逻辑电路的特点是：任何时刻的输出仅取决于该时刻的输入，而与电路原来的状态无关；它是由若干逻辑门组成。

2. 组合逻辑电路的分析方法：写出逻辑表达式→化简和变换逻辑表达式→列出真值表→确定功能。

3. 组合逻辑电路的设计方法：列出真值表→写出逻辑表达式→逻辑化简和变换→画出逻辑图→选择元器件。

4. 本章着重介绍了具有特定功能常用的一些组合逻辑电路，如编码器、译码器、数据选择器和数据分配器、比较器、全加器等，介绍了它们的逻辑功能、集成芯片及集成电路的扩展和应用。其中，编码器和译码器功能相反，都设有使能控制端，便于多片连接扩展；

数据选择器和分配器功能相反,用数据选择器可实现逻辑函数及组合逻辑电路;数字比较器用来比较数的大小;加法器用来实现算术运算。

习　题

一、填空题

1. 组合逻辑电路的输出仅与_____有关,而与原来的状态_____。

2. TTL 集成电路 74LS138 是 3 线 - 8 线译码器,译码器为输出低电平有效,若输入为 $A_2A_1A_0 = 101$,输出 $\overline{Y_7}\,\overline{Y_6}\,\overline{Y_5}\,\overline{Y_4}\,\overline{Y_3}\,\overline{Y_2}\,\overline{Y_1}\,\overline{Y_0}$ 为_____。

3. 四位二进制编码器有_____个输入端,_____个输出端。

4. 数据选择器和_____的功能相反,互为逆过程。

5. 题 3.1 图(a)中组合逻辑电路的函数表达式 $Y = $_____,图(b)中组合逻辑电路的函数表达式 $Y_1 = $_____,$Y_2 = $_____。

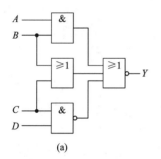
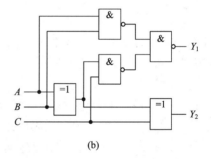

(a)　　　　　　　　　　　　　　　(b)

题 3.1 图

二、选择题

1. 一个 8 线 - 3 线优先编码器,输入、输出是低电平有效,当输入最高位和最低位同时为 1 而其余位为 0 时,则其输出编码应为(　　)。

(a) 111　　　　　(b) 011　　　　　(c) 000　　　　　(d) 001

2. 一个具有 N 个地址端的数据选择器的功能是(　　)。

(a) N 选 1　　　(b) 2^N 选 1　　　(c) $2N$ 选 1　　　(d) $(2^N - 1)$ 选 1

3. 以下错误的是(　　)。

(a) 数字比较器可以比较数字大小

(b) 半加器可实现两个一位二进制数相加

(c) 编码器可分为普通全加器和优先编码器

(d) 上面描述至少有一个不正确

4. 下面不属于组合逻辑电路的是(　　)。

(a) 寄存器　　　(b) 全加器　　　(c) 译码器　　　(d) 编码器

三、综合分析题

1. 写出题 3.2 图中所示逻辑图的函数式和真值表,并分析其功能。

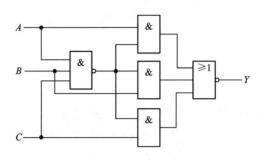

题 3.2 图

2. 分析下列逻辑函数是否存在冒险现象:

(1) $Y_1 = AB + \overline{A}C + \overline{B}C + \overline{A}\overline{B}\overline{C}$

(2) $Y_2 = (A + \overline{B})(\overline{B} + \overline{C})(\overline{A} + \overline{C})$

四、设计题

1. 采用与非门设计下列逻辑电路:

(1) 三变量判奇电路(含 1 的个数);

(2) 三变量多数表决电路。

2. 旅客列车分特快、直快、慢车等三种。它们的优先顺序由高到低依次是特快、直快、慢车。试设计一个列车从车站开出的逻辑电路。

3. 用八选一的数据选择器 74LS151 实现逻辑函数 $F(A,B,C,D) = \sum m(0,3,7,14)$。

4. 用 3 线 - 8 线译码器 74LS138 和与非门实现逻辑函数:

$$Y_1 = A\overline{B} + AC$$

$$Y_2 = A\overline{B}C + BC + \overline{A}B$$

$$Y_3 = \overline{A}BC + A\overline{C}$$

第 4 章 触 发 器

知识目标：

了解触发器工作原理。

能力目标：

1. 掌握触发器的功能；

2. 具备分析、测试常用集成触发器的基本技能。

素质目标：

培养学生树立严谨的科学作风，和在法规、安全规范范围内做事的职业素养。

知识重点：

各种触发器的功能。

知识难点：

各种触发器的功能。

建议学时：

理论 6 学时，实践 2 学时，共 8 学时。

4.1 概　　述

触发器(Flip Flop,简写为 FF)是具有记忆功能的单元电路,由门电路构成,专门用来接收存储输出 0、1 代码。它有双稳态、单稳态和无稳态触发器(多谐振荡器)等几种。本章所介绍的是双稳态触发器,即其输出有两个稳定状态 0、1。只有输入触发信号有效时,输出状态才有可能转换;否则,输出将保持不变。双稳态触发器按功能分为 RS、JK、D、T 和 T′ 型触发器;按结构分为基本、同步、主从、维持阻塞和边沿型触发器;按触发工作方式分为上升沿、下降沿触发器和高电平、低电平触发器。

如图 4.1 所示是由 FF_1 - FF_4 四个边沿 JK 触发器构成的四人智力竞赛抢答电路。图中,S_1、S_2、S_3 和 S_4 为四个抢答开关,S_R 为主持人控制的复位开关。抢答前主持人操作开关 S_R 使抢答有效显示灯 $LED_1 \sim LED_4$ 熄灭,当 $S_1 \sim S_4$ 四人中有人抢答有效时,其对应的显示灯 LED 亮,此时其余的开关 S 不起作用,即其对应的显示灯 LED 灭。

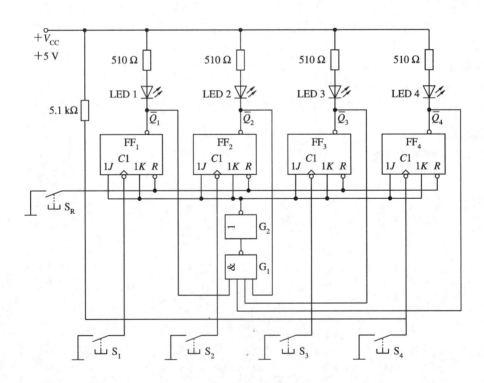

图 4.1　四人智力竞赛抢答电路

4.2 基本 RS 触发器

4.2.1 电路组成

基本 RS 触发器是一种最简单的触发器，是构成各种触发器的基础。它由两个与非门（或者或非门）的输入和输出交叉连接而成，如图4.2所示，有两个输入端 R 和 S（又称触发信号端）；R 为复位端，当 R 有效时，Q 变为0，故也称 R 为置0端；S 为置位端，当 S 有效时，Q 变为1，称 S 为置"1"端；触发器具有的两个输出端 Q 和 $\bar{Q}$ 为互补输出端：$Q=1$ 时，$\bar{Q}=0$；反之亦然。

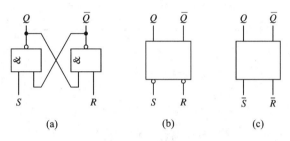

图 4.2 基本 RS 触发器
（a）逻辑图；（b）逻辑符号；（c）逻辑符号

4.2.2 功能分析

触发器有两个稳定状态。Q^n 为触发器的原状态（现态），即触发信号输入前的状态；Q^{n+1} 为触发器的新状态（次态），即触发信号输入后的状态。其功能可采用状态表、特征方程式、逻辑符号图以及状态转换图、波形图或称时序图来描述。

1. 状态表

由图4.2(a)可知：$Q^{n+1}=\overline{S\,\overline{Q^n}}$，$\overline{Q^{n+1}}=\overline{RQ^n}$

(1) 当 $R=0$，$S=1$ 时，无论 Q^n 为何种状态，$Q^{n+1}=0$。

(2) 当 $R=1$，$S=0$ 时，无论 Q^n 为何种状态，$Q^{n+1}=1$。

(3) 当 $R=1$，$S=1$ 时，由 Q^{n+1} 及 $\overline{Q^{n+1}}$ 关系式可知，触发器将保持原有的状态不变。即原来的状态被触发器存储起来，体现了触发器的记忆作用。

(4) 当 $R=0$，$S=0$ 时，两个与非门的输出 Q^{n+1} 与 $\overline{Q^{n+1}}$ 全为1，则破坏了触发器的互补关系，是不定状态，应当避免出现。状态表如表4.1所示。

从表4.1中可知：该触发器有置"0"、置"1"功能。R 与 S 均为低电平有效，可使触发器的输出状态转换为相应的0或1。RS触发器逻辑符号如图4.2(b)、(c)所示，方框下面的两个小圆圈表示输入低电平有效。当 R、S 均为低电平时，输出状态不定，有两种情况：当 $R=S=0$，$Q=\bar{Q}=1$，违反了互补关系；当 RS 由00同时变为11时，则 $Q(\bar{Q})=1(0)$，或 $Q(\bar{Q})=0(1)$，状态不能确定。

表 4.1　状　态　表

输　　入		输　　出	逻辑功能
R　S	Q^n	Q^{n+1}	
0　0	0	×	不定
	1	×	
0　1	0	0	置0
	1	0	
1　0	0	1	置1
	1	1	
1　1	0	0	保持不变
	1	1	

2. 特征方程式

据表 4.1 画出卡诺图如图 4.3 所示,化简得:

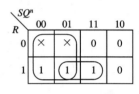

图 4.3　卡诺图

$$Q^{n+1} = \bar{S} + RQ^n \tag{4.1}$$

$$R + S = 1 \text{(约束条件)}$$

从特征方程式 4.1 可知,Q^{n+1} 不仅与输入触发信号 R、S 的组合状态有关,而且与前一时刻输出状态 Q^n 有关,故触发器具有记忆作用。

3. 状态转换图(简称状态图)

每个触发器只能记存一位二进制代码,所以其输出有 0 和 1 两个状态。状态转换图是以图形的方式来描述触发器状态转换规律的,如图 4.4 所示。图中,圆圈表示状态的个数,箭头表示状态转换的方向,箭头线上标注的触发信号取值表示状态转换的条件。

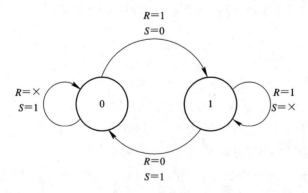

图 4.4　状态图

4. 波形图(时序图)

如图 4.5 所示,画波形图时,对应一个时刻,时刻以前为 Q^n,时刻以后则为 Q^{n+1},故波形图上只标注 Q 与 $\bar{Q}$,因其有不定状态,则 Q 与 $\bar{Q}$ 要同时画出。画图时应根据功能表来确定各个时间段 Q 与 $\bar{Q}$ 的状态。

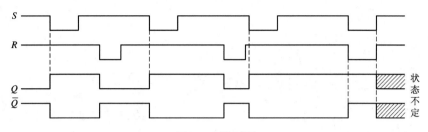

图 4.5　波形图

综上所述，基本 RS 触发器具有如下特点：

（1）它具有两个稳定状态，分别为 1 和 0，称双稳态触发器。如果没有外加触发信号作用，它将保持原有状态不变，触发器具有记忆作用。在外加触发信号作用下，触发器输出状态才可能发生变化，输出状态直接受输入信号的控制，也称其为直接复位-置位触发器。

（2）当 R、S 端输入均为低电平时，输出状态不定，即 $R=S=0$，$Q=\overline{Q}=1$，违反了互补关系。当 RS 从 00 变为 11 时，则 $Q(\overline{Q})=1(0)$，$Q(\overline{Q})=0(1)$，状态不能确定，如图 4.5 所示。

（3）与非门构成的基本 RS 触发器的功能，可简化为如表 4.2 所示。

表 4.2　功　能　表

R	S	Q^{n+1}	功能
0	0	$\times$	不定
0	1	0	置 0
1	0	1	置 1
1	1	Q^n	不变

【思考题】

1. 基本 RS 触发器有哪几种功能？RS 各在什么时候有效？

2. 触发器有哪几种类型？

3. 基本 RS 触发器的不定状态有几种情况？

4.3　同　步　触　发　器

在数字系统中，常常要求某些触发器按一定节拍同步动作，以取得系统的协调。为此，产生了由时钟信号 CP 控制的触发器（又称钟控触发器），此触发器的输出在 CP 信号有效时才根据输入信号改变状态，故称同步触发器。

4.3.1　同步 RS 触发器

1. 电路组成

同步 RS 触发器的电路组成如图 4.6 所示。图中，$\overline{R}_D$、$\overline{S}_D$ 是直接置 0、置 1 端，用来设置触发器的初状态。

2. 功能分析

同步 RS 触发器的逻辑电路图和逻辑符号如图 4.6(a)、(b)所示。

当 $CP=0$，$R'=S'=1$ 时，Q 与 $\overline{Q}$ 保持不变。

当 $CP=1$，$R'=\overline{R\cdot CP}=\overline{R}$，$S'=\overline{S\cdot CP}=\overline{S}$，代入基本 RS 触发器的特征方程得：

$$Q^{n+1}=S+\overline{R}Q^n$$
$$R\cdot S=0（约束条件）$$

(4.2)

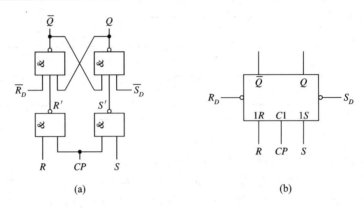

图 4.6 同步 RS 触发器

(a) 逻辑电路;(b) 逻辑符号

功能表及状态图:利用基本 RS 触发器的功能表可得同步 RS 触发器功能表如表 4.3 所示,状态图如图 4.7 所示。

表 4.3 功能表

CP	R	S	Q^{n+1}	功 能
1	0	0	Q^n	保持
1	0	1	1	置1
1	1	0	0	置0
1	1	1	$\times$	不定

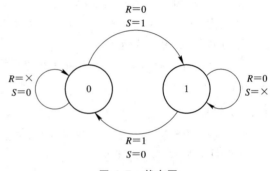

图 4.7 状态图

同步 RS 触发器的 CP 脉冲、R、S 均为高电平有效,触发器状态才能改变。与基本 RS 触发器相比,对触发器增加了时间控制,但其输出的不定状态直接影响触发器的工作质量。

4.3.2 同步 JK 触发器

1. 电路组成

同步 JK 触发器的电路组成如图 4.8 所示。

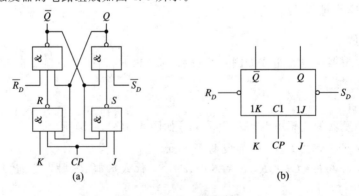

图 4.8 同步 JK 触发器

(a) 逻辑电路;(b) 逻辑符号

2. 功能分析

按图 4.8(a) 的逻辑电路，同步 JK 触发器的功能分析如下：

当 $CP=0$ 时，$R=S=1$，$Q^{n+1}=Q^n$ 触发器的状态保持不变。

当 $CP=1$ 时，将 $R=\overline{K \cdot CP \cdot Q^n}=\overline{KQ^n}$，$S=\overline{J \cdot CP \cdot \overline{Q^n}}=\overline{J\,\overline{Q^n}}$，代入 $Q^{n+1}=\overline{S}+RQ^n$，可得

$$Q^{n+1}=J\,\overline{Q^n}+\overline{KQ^n} \cdot Q^n=J\,\overline{Q^n}+\overline{K}Q^n \tag{4.3}$$

在同步触发器功能表的基础上，得到 JK 触发器的功能表如表 4.4 所示，状态图如图 4.9 所示。

表 4.4 状 态 表

CP	J	K	Q^{n+1}	功 能
1	0	0	Q^n	保持
1	0	1	0	置 0
1	1	0	1	置 1
1	1	1	$\overline{Q^n}$	翻转（计数）

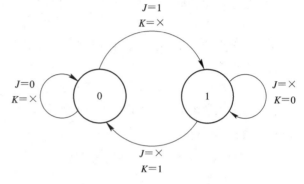

图 4.9 状态图

由表 4.4 中可知：

(1) 当 $J=0$，$K=1$ 时，$Q^{n+1}=J\,\overline{Q^n}+\overline{K}Q^n$，置"0"。

(2) 当 $J=1$，$K=0$ 时，$Q^{n+1}=J\,\overline{Q^n}+\overline{K}Q^n$，置"1"。

(3) 当 $J=0$，$K=0$ 时，$Q^{n+1}=Q^n$，保持不变。

(4) 当 $J=1$，$K=1$ 时，$Q^{n+1}=\overline{Q^n}$，翻转或称计数。

所谓计数就是触发器状态翻转的次数与 CP 脉冲输入的个数相等，以翻转的次数记录 CP 的个数。波形图如图 4.10 所示。

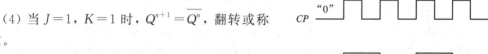

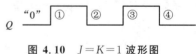

图 4.10 $J=K=1$ 波形图

3. 存在的问题

同步触发器由于 CP 有效时间过长，出现了空翻或振荡现象，使触发器的应用受到了限制。

(1) 空翻现象。空翻现象就是在 $CP=1$ 期间，触发器的输出状态翻转两次或两次以上的现象。如图 4.11 所示，第一个 $CP=1$ 期间 Q 状态变化的情况。因此，为了保证触发器可靠地工作，防止出现空翻现象，必须限制输入的触发信号在 $CP=1$ 期间不发生变化。

(2) 振荡现象。在同步 JK 触发器中，由于在输入端引入了互补输出，即使输入信号不发生变化，由于 CP 脉冲过宽，也会产生多次翻转，称振荡现象。如图 4.11 所示，在 $CP=1$ 的第三个脉冲时，由于 $J=K=1$，$Q^n=0$，$\overline{Q^n}=1$，JK 会使 $Q^{n+1}=1$，$\overline{Q^{n+1}}=0$，之后反馈到输入端，如果 $CP=1$ 较宽，JK 会使 Q^{n+1} 继续转换为 0，依次类推，只要 CP 脉冲继续存在，触发器就会不停地翻转，产生振荡。这样就造成工作混乱。

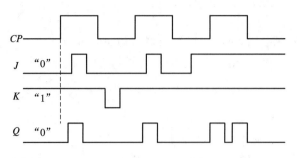

图 4.11　空翻和振荡波形图

为了不产生振荡,似乎只要把 CP 脉冲变窄就可以了,但不是 CP 脉冲宽度越窄越好,因为任何一个逻辑门都存在一定的平均延迟时间 t_{pd}。要保证触发器状态可靠地翻转,CP 脉冲宽度至少要大于 $2t_{pd}$,为避免再次翻转,CP 脉冲宽度应小于 $3t_{pd}$,即 CP 脉冲宽度 t_{cpw} 应满足以下要求:

$$2t_{pd} < t_{cpw} < 3t_{pd}$$

显然这要求太苛刻,为此引出了边沿触发器。

【思考题】

　　1. 同步触发器的 CP 脉冲何时有效?

　　2. JK 触发器有几种功能?

　　3. 何谓空翻和振荡现象?

4.4　边 沿 触 发 器

　　边沿触发器是在时钟信号 CP 上升沿或下降沿到来瞬间,触发器才根据输入触发信号改变输出状态,而在时钟信号 CP 的其他时刻,触发器将保持输出状态不变,从而防止了空翻和振荡现象。

　　边沿触发器有 TTL 型和 CMOS 型,还分为正边沿(上升沿)、负边沿(下降沿)和正负边沿触发器。

4.4.1　负边沿 JK 触发器

1. 电路组成
负边沿 JK 触发器的逻辑电路和逻辑符号如图 4.12 所示。

2. 功能分析
负边沿 JK 触发器电路在工作时,要求其与非门 G_3、G_4 的平均延迟时间 t_{pd1} 比与或非门构成的基本触发器的平均延迟时间 t_{pd2} 要长,起延时触发作用。

　　(1) $CP = 1$ 期间,与或非门输出 $Q^{n+1} = \overline{\overline{Q^n} + \overline{Q^n}S} = Q^n$,$\overline{Q^{n+1}} = \overline{Q^n + Q^n R} = \overline{Q^n}$($R = Q_4$,$S = Q_3$),所以触发器的状态保持不变。此时与非门输出,$Q_4 = \overline{KQ^n}$,$Q_3 = \overline{J\,\overline{Q^n}}$。

（2）$CP \downarrow$ 到来，$CP=0$，由于 $t_{\text{pd1}} > t_{\text{pd2}}$，则与或非门中的 A、D 与门结果为 0，与或非门变为基本 RS 触发器 $Q^{n+1} = \overline{S} + RQ^n = J\,\overline{Q^n} + \overline{K}Q^n$。

（3）$CP=0$ 期间，与非门 G_3、G_4 输出结果 $Q_4=Q_3=1$，此时触发器的输出 Q^{n+1} 将保持状态不变。

（4）$CP \uparrow$ 到来，$CP=1$，则与或非门恢复正常，$Q^{n+1} = Q^n$，$\overline{Q^{n+1}} = \overline{Q^n}$ 保持状态不变。

由上述分析得出此触发器是在 CP 脉冲下降沿按 $Q^{n+1} = J\,\overline{Q^n} + \overline{K}Q^n$ 特征方程式进行状态转换，故称此触发器为负边沿触发器。其状态表、状态图与同步 JK 触发器相同，只是逻辑符号和时序图不同，如图 4.12(b) 所示。这种触发器功能强，性能好，应用极为广泛，为给用户提供方便，有些集成触发器有三个与关系输入控制端，如图 4.12(c) 所示。如图 4.1 所示的抢答器电路，在开始抢答前，主持人通过 S_R 开关将 $FF_1 \sim FF_4$ 全部置 0，各个 $\overline{Q}=1$，使 $J=K=1$，当 S_1 抢答有效，则 $\overline{Q_1}=0$，使 LED_1 导通发光，同时使非门 G_2 输出为 0，其他触发器输出状态保持不变，据灯亮判断 S_1 抢答有效。

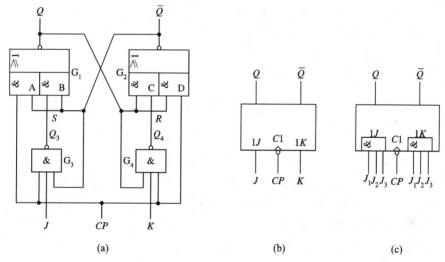

(a)　　　　　　　　　　(b)　　　　　　　　　　(c)

图 4.12　负边沿 JK 触发器

（a）逻辑电路；（b）逻辑符号；（c）多输入控制端触发器

3. 集成 JK 触发器

74LS112 为双下降沿 JK 触发器，其管脚排列图及符号图如图 4.13 所示。

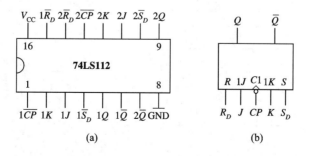

(a)　　　　　　　　　　(b)

图 4.13　74LS112 管脚排列图

（a）管脚排列；（b）逻辑符号

4.4.2　T 和 T′ 触发器

1. T 触发器

将 JK 触发器的输入端 J 与 K 相连,引入一个新的输入信号,JK 触发器变为 T 触发器。在 CP 脉冲作用下,根据输入信号 T 的取值,T 触发器具有保持和计数功能,其特征方程为

$$Q^{n+1} = T\overline{Q^n} + \overline{T}Q^n$$

2. T′ 触发器

将 T 触发器的输入端置 $T=1$,就构成 T′ 触发器。在 CP 脉冲作用下,触发器实现计数功能。其特征方程为

$$Q^{n+1} = \overline{Q^n}$$

【思考题】

1. 负边沿触发器的 CP 脉冲何时有效?
2. 负边沿触发器如何克服空翻和振荡?
3. T 和 T′ 触发器有何功能?

4.5　维持阻塞 D 触发器

维持阻塞触发器(又称维阻触发器)是利用触发器翻转时内部产生的反馈信号使触发器翻转后的状态 Q^{n+1} 得以维持,并阻止其向下一个状态转换(即空翻)而实现克服空翻和振荡。维持阻塞触发器有 RS、JK、T、T′、D 触发器,应用较多的是维阻 D 触发器。D 触发器又称 D 锁存器,是专门用来存放数据的。

1. 电路组成

维阻 D 触发器的电路组成如图 4.14 所示。

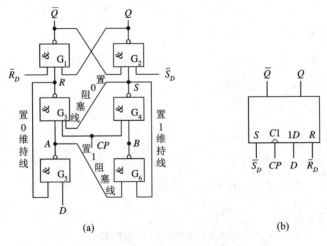

(a)　　　　　　　　　　　　　　　　(b)

图 4.14　维阻 D 触发器

(a) 逻辑电路;(b) 逻辑符号

2. 功能分析

结合图 4.14 所示电路，维持阻塞 D 触发器的功能分析如下：

在 CP 上升沿（$CP\uparrow$）到来之前，$CP=0$，$R=1$，$S=1$，$Q^{n+1}=Q^n$，保持不变。

（1）设 $D=1$，则 $A=\overline{R\cdot D}=0$，$B=\overline{A\cdot S}=1$。

① $CP\uparrow$ 到来，$CP=1$，$S=\overline{B\cdot CP}=0$，$R=\overline{S\cdot A\cdot CP}=1$，据基本 RS 触发器功能知，$Q^{n+1}=1=D$。

② $CP=1$ 期间，因 $Q^{n+1}=1$，$S=0$，置"1"维持线起作用确保 $S=0$ 不变，同时，经置"0"阻塞线使 $R=1$ 阻止了 Q^{n+1} 向 0 转换，虽然 D 在此期间变化，会使 $A=D$ 跟着变化，但 $S=0$。既维持了 $Q^{n+1}=1$ 不变，也阻塞了其空翻，保持 1 状态不变。

③ CP 下降沿（$CP\downarrow$）到来，$CP=0$，$R=1$，$S=1$，Q^{n+1} 保持不变。

（2）设 $D=0$，则 $A=\overline{D}=1$，$B=0$。

① $CP\uparrow$ 到来，$CP=1$，则 $S=\overline{B\cdot CP}=1$，$R=\overline{S\cdot A\cdot CP}=0$，$Q^{n+1}=0=D$。

② $CP=1$ 期间，因 $Q^{n+1}=0$，$R=0$，置"0"维持线起作用，确保 $R=0$ 不变，D 变化而 A 不变。经置"1"阻塞线阻止了空翻，使输出 0 状态不变。

③ $CP\downarrow$ 到来，$CP=0$，$R=1$，$S=1$，Q^{n+1} 保持不变。

由上述分析可知，维阻 D 触发器在 CP 脉冲上升沿触发翻转，且特征方程式为 $Q^{n+1}=D$，它通过维持、阻塞线有效地克服了空翻现象，但要注意输入信号 D 一定是 CP 脉冲上升沿到来之前的值，如果 D 与 CP 脉冲同时变化，D 变化的值将不能存入 Q 内，如图4.15 中第三个 CP 脉冲所示。从结构上看 D 信号必须比 CP 脉冲提前 $2t_{pd}$ 时间到达才能随 CP 脉冲起作用，改变输出 Q^{n+1} 的状态。

（3）维持阻塞 D 触发器的波形图如图 4.15 所示。

3. 集成 D 触发器

74LS74 为双上升沿 D 触发器，管脚排列如图 4.16 所示，CP 为时钟输入端；D 为数据输入端；Q，$\overline{Q}$ 为互补输出端；$\overline{R}_D$ 为直接复位端，低电平有效；$\overline{S}_D$ 为直接置位端，低电平有效；$\overline{R}_D$ 和 $\overline{S}_D$ 用来设置初始状态。

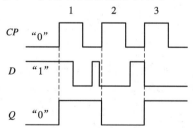

图 4.15 维持阻塞 D 触发器的波形图

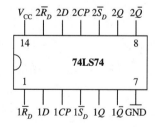

图 4.16 74LS74 管脚排列图

4.6 CMOS 触发器

CMOS 触发器与 TTL 触发器一样，种类繁多。常用的集成触发器有 74HC74（D 触发器）和 CC4027（JK 触发器）。CC4027 管脚排列如图 4.17 所示，功能表如表 4.5 所示。使用时注意 CMOS 触发器电源电压为 3~18 V。

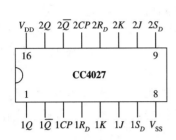

图 4.17 CMOS 触发器管脚排列图

表 4.5　CC4027 的功能表

输　入					输　出	
R_D	S_D	CP	J	K	Q	$\bar{Q}$
1	0	×	×		0	1
0	1	×	×		1	0
1	1	×	×		1	1
0	0	1	0	0	Q^n	$\bar{Q}^n$
0	0	1	0	1	0	1
0	0	1	1	0	1	0
0	0	1	1	1	$\bar{Q}^n$	Q^n

4.7　触发器的相互转换

JK 触发器和 D 触发器是数字逻辑电路使用最广泛的两种触发器。产品也主要是这两种形式。若需用其他功能的触发器，可以用这两种触发器变换后得到。

1. JK 触发器转换为 D、T 触发器

JK 触发器的特征方程：$Q^{n+1}=J\,\overline{Q^n}+\bar{K}Q^n$。

D 触发器的特征方程：$Q^{n+1}=D$。

T 触发器的特征方程：$Q^{n+1}=T\,\overline{Q^n}+\bar{T}Q^n$。

JK 转换为 D：$J\,\overline{Q^n}+\bar{K}Q^n=D\,\overline{Q^n}+DQ^n$，则 $D=J$，$D=\bar{K}$。

JK 转换为 T：$J\,\overline{Q^n}+\bar{K}Q^n=T\,\overline{Q^n}+TQ^n$，则 $T=J=K$。

JK 触发器转换为 D 触发器、T 触发器的电路如图 4.18 所示。

2. D 触发器转换为 JK、T 触发器

D 转换为 JK：$D=J\,\overline{Q^n}+\bar{K}Q^n=\overline{\overline{J\,\overline{Q^n}}\cdot\overline{\bar{K}Q^n}}$。

电路如图 4.19 所示，将图中的 J、K 相连即构成 T 触发器，$T=1$ 便为 T' 触发器。

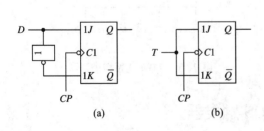

图 4.18　JK 触发器转换为 D、T 触发器

(a) D 触发器；(b) T 触发器

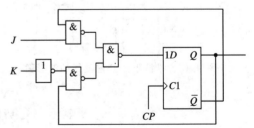

图 4.19　D 触发器转换为 JK 触发器

本 章 小 结

1. 触发器是数字系统中极为重要的基本逻辑单元。它有两个稳定状态，在外加触发信号的作用下，可以从一种稳定状态转换到另一种稳定状态。当外加信号消失后，触发器仍维持其现状态不变，因此，触发器具有记忆作用，每个触发器只能记忆(存储)一位二进制数码。

2. 集成触发器按功能可分为 RS、JK、D、T、T' 等几种。其逻辑功能可用状态表(真值表)、特征方程、状态图、逻辑符号图和波形图(时序图)来描述。类型不同而功能相同的触发器，其状态表、状态图、特征方程均相同，只是逻辑符号图和时序图不同。

3. 触发器有高电平 $CP=1$、低电平 $CP=0$、上升沿 $CP\uparrow$、下降沿 $CP\downarrow$ 等四种触发方式。

4. 常用的集成触发器 TTL 型的有：双 JK 负边沿触发器 74LS112、双 D 正边沿触发器 74LS74，CMOS 型的有：CC4027 和 CC4013。

5. 在使用触发器时，必须注意电路的功能及其触发方式。同步触发器在 $CP=1$ 时触发翻转，属于电平触发，有空翻和振荡现象。为克服空翻和振荡现象，应使用 CP 脉冲边沿触发的触发器。功能不同的触发器之间可以相互转换。

习 题

一、填空题

1. T 触发器的特性方程为_____，当输入 $T=1$ 时，触发器处于_____状态。

2. JK 触发器的特性方程为_____，当输入 $J=1$、$K=1$ 时，触发器处于_____状态。

3. 主从 JK 触发器有四种状态_____、_____、_____、_____，而 D 触发器只有两种状态_____和_____。

二、名词解释

1. 触发器
2. 触发器的现态
3. 触发器的次态
4. 触发器的空翻

三、简述题

1. JK 触发器有哪几种功能？
2. 如何将 JK 触发器转换为 D 触发器或 T 触发器？

四、综合分析题

1. 分析题 4.1 图所示 RS 触发器的功能，并根据输入波形画出 $\overline{Q}$ 和 Q 的波形。设触发器的初始状态为 0。

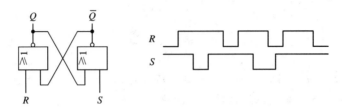

题 4.1 图　RS 触发器

2. 同步 RS 触发器接成题 4.2 图(a)、(b)、(c)、(d)所示形式,设初始状态为 0。试根据图(e)所示的 CP 波形,画出 Q 的波形。

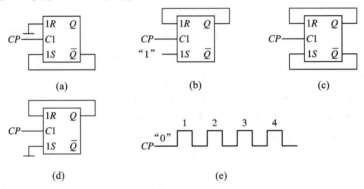

题 4.2 图　同步 RS 触发器和 CP 波形

3. 同步触发器接成题 4.3 图(a)、(b)、(c)、(d)所示形式,设初始状态为 0,试根据图(e)所示的 CP 波形画出 Q 的波形。

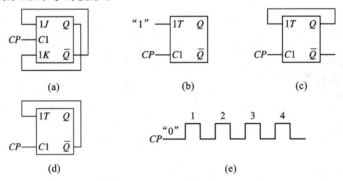

题 4.3 图　同步 RS 触发器和 CP 波形

4. 维持阻塞 D 触发器接成题 4.4 图(a)、(b)、(c)、(d)所示形式,设触发器的初始状态为 0,试根据图(e)所示的 CP 波形画出 Q 的波形。

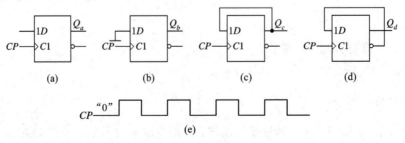

题 4.4 图　维持阻塞 D 触发器和 CP 波形

5. 下降沿触发的 JK 触发器输入波形如题 4.5 图所示，设触发器初态为 0，画出相应输出波形。

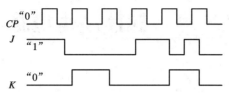

题 4.5 图　下降沿触发器的 JK 触发器输入波形

6. 边沿触发器电路如题 4.6 图所示，设初始状态均为 0，试根据 CP 波形画出 Q_1、Q_2 的波形。

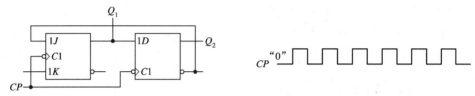

题 4.6 图　边沿触发器电路和 CP 波形

7. 边沿触发器电路如题 4.7 图所示，设初始状态均为 0，试根据 CP 和 D 的波形画出 Q_1、Q_2 的波形。

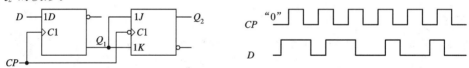

题 4.7 图　边沿触发器电路和 CP、D 波形

8. 边沿 T 触发器电路如题 4.8 图所示，设初状态为 0，试根据 CP 波形画出 Q_1、Q_2 的波形。

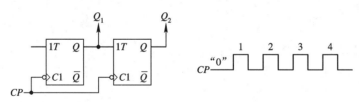

题 4.8 图　边沿 T 触发器电路和 CP 波形

第 5 章　时序逻辑电路

知识目标：

    1. 了解时序逻辑电路的特点；

    2. 熟悉并掌握集成计数器的计数原理；

    3. 熟悉并掌握寄存器的存储原理。

能力目标：

    1. 掌握时序逻辑电路的分析方法；

    2. 掌握集成计数器、寄存器的应用；

    3. 会分析集成计数器、寄存器的应用电路。

素质目标：

    养成善于动脑，勤于思考，及时发现问题解决问题的学习习惯。

知识重点：

    1. 集成计数器的计数原理；

    2. 寄存器的存储原理。

知识难点：

    1. 集成计数器构成任意 N 进制的方法；

    2. 寄存器的应用。

建议学时：

    理论 10 学时，实践 6 学时，共 16 学时。

5.1　概　　述

时序逻辑电路简称时序电路，是数字系统中非常重要的一类逻辑电路。常见的时序逻辑电路有计数器、寄存器和序列信号发生器等。

所谓时序逻辑电路是指电路此刻的输出不仅与电路此刻的输入组合有关，还与电路前一时刻的输出状态有关。它是由门电路和记忆元件(或反馈支路)共同构成的。

图 5.1 所示为脉冲信号频率测量电路，其中既包含时序逻辑电路(计数器)，还有组合逻辑电路(译码器)。被测脉冲信号和取样信号作为与门的输入，只有当取样信号为高电平(即在 $t_1 \sim t_2$ 时间段内)，被测脉冲信号才能通过与门输出到计数器电路，计数器累计 $t_1 \sim t_2$ 时间段内被测脉冲个数 N，利用公式 $f = N/(t_2 - t_1)$ 计算出被测脉冲信号的频率，并加以译码显示。

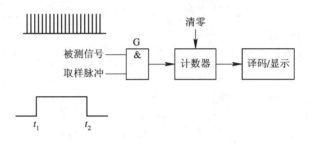

图 5.1　脉冲信号频率测量电路

时序电路结构框图如图 5.2 所示。它由两部分组成：一部分是由逻辑门构成的组合电路，另一部分是由触发器构成的、具有记忆功能的反馈支路或存储电路。图中，$A_0 \sim A_i$ 代表时序电路输入信号，$Z_0 \sim Z_k$ 代表时序电路输出信号，$W_0 \sim W_m$ 代表存储电路现时输入信号，$Q_0 \sim Q_n$ 代表存储电路现时输出信号，$A_0 \sim A_i$ 和 $Q_0 \sim Q_n$ 共同决定时序电路输出状态 $Z_0 \sim Z_k$。

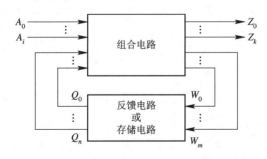

图 5.2　时序逻辑电路结构方框图

按触发脉冲输入方式的不同，时序电路可分为同步时序电路和异步时序电路。同步时序电路是指电路中各触发器状态的变化受同一个时钟脉冲控制；而异步时序电路中，各触发器状态的变化不受同一个时钟脉冲控制。

5.1.1 时序电路的分析方法

分析时序电路的目的是确定已知电路的逻辑功能和工作特点，其具体步骤如下：

（1）写相关方程式。

根据给定的逻辑电路图写出电路中各个触发器的时钟方程、驱动方程和输出方程。

① 时钟方程：时序电路中各个触发器 CP 脉冲之间的逻辑关系。

② 驱动方程：时序电路中各个触发器输入信号之间的逻辑关系。

③ 输出方程：时序电路的输出 $Z = f(A, Q)$，若无输出时此方程可省略。

（2）求各个触发器的状态方程。

将时钟方程和驱动方程代入相应触发器的特征方程式中，求出触发器的状态方程。

（3）求出对应状态值。

① 列状态表：将电路输入信号和触发器原态的所有取值组合代入相应的状态方程，求得相应触发器的次态，列表得出。

② 画状态图（反映时序电路状态转换规律及相应输入、输出信号取值情况的几何图形）。

③ 画时序图（反映输入、输出信号及各触发器状态的取值在时间上对应关系的波形图）。

（4）归纳上述分析结果，确定时序电路的功能。

根据状态表、状态图和时序图进行分析归纳，确定电路的逻辑功能和工作特点。

5.1.2 时序电路分析举例

例 1　分析如图 5.3 所示的时序电路的逻辑功能。

解　（1）写相关方程式。

① 时钟方程：

$$CP_0 = CP_1 = CP \downarrow$$

② 驱动方程：

$$J_0 = 1$$
$$K_0 = 1$$
$$J_1 = Q_0^n$$
$$K_1 = Q_0^n$$

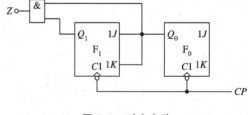

图 5.3　时序电路

③ 输出方程：

$$Z = Q_1 Q_0$$

（2）求各个触发器的状态方程。

JK 触发器特性方程为

$$Q^{n+1} = J \overline{Q^n} + \overline{K} Q^n (CP \downarrow)$$

将对应驱动方程分别代入特性方程，进行化简变换可得状态方程：

$$Q_0^{n+1} = 1 \cdot \overline{Q_0^n} + \overline{1} \cdot Q_0^n = \overline{Q_0^n} (CP \downarrow)$$

$$Q_1^{n+1} = J_1 \overline{Q_1^n} + \overline{K_1} Q_1^n = Q_0^n \overline{Q_1^n} + \overline{Q_0^n} Q_1^n (CP \downarrow)$$

（3）求出对应状态值。

① 列状态表：列出电路输入信号和触发器原态的所有取值组合，代入相应的状态方程，求得相应的触发器次态及输出，列表得到表 5.1 所示的状态表。

② 画状态图如图 5.4(a)所示，画时序图如图 5.4(b)所示。

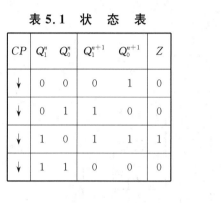

表 5.1　状　态　表

CP	Q_1^n	Q_0^n	Q_1^{n+1}	Q_0^{n+1}	Z
↓	0	0	0	1	0
↓	0	1	1	0	0
↓	1	0	1	1	1
↓	1	1	0	0	0

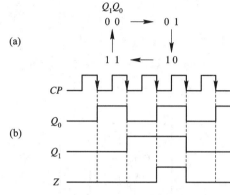

(a)

(b)

图 5.4　时序电路对应图形

(a) 状态图；(b) 时序图

（4）归纳上述分析结果，确定该时序电路的逻辑功能。

从时钟方程可知该电路是同步时序电路。

从图 5.4(a)所示状态图可知：随着 CP 脉冲的递增，不论从电路输出的哪一个状态开始，触发器输出 $Q_1 Q_0$ 的变化都会进入同一个循环过程，而且此循环过程中包括四个状态，并且状态之间是递增变化的。

当 $Q_1 Q_0 = 11$ 时，输出 $Z = 1$；当 $Q_1 Q_0$ 取其他值时，输出 $Z = 0$；在 $Q_1 Q_0$ 变化一个循环过程中，$Z = 1$ 只出现一次，故 Z 为进位输出信号。

综上所述，此电路是带进位输出的同步四进制加法计数器电路。

从图 5.4(b)所示时序图可知：Q_0 端输出矩形信号的周期是输入 CP 信号的周期的两倍，所以 Q_0 端输出信号的频率是输入 CP 信号频率的 $1/2$，对应 Q_1 端输出信号的频率是输入 CP 信号频率的 $1/4$，因此 N 进制计数器同时也是一个 N 分频器，所谓分频就是降低频率，N 分频器输出信号频率是其输入信号频率的 N 分之一。

【思考题】

1. 时序电路与组合电路相比较，有什么相同点和不同点？

2. 分析时序电路的基本步骤是什么？

5.2　同 步 计 数 器

计数器是用来实现累计电路输入 CP 脉冲个数功能的时序电路。在计数功能的基础上，计数器还可以实现计时、定时、分频和自动控制等功能，应用十分广泛。

计数器按照 CP 脉冲的输入方式可分为同步计数器和异步计数器。

计数器按照计数规律可分为加法计数器、减法计数器和可逆计数器。

计数器按照计数的进制可分为二进制计数器($N=2^n$)和非二进制计数器($N\neq2^n$),其中,N 代表计数器的进制数,n 代表计数器中触发器的个数。

5.2.1 同步计数器

1. 同步二进制计数器

同步二进制计数器电路如图 5.5 所示。

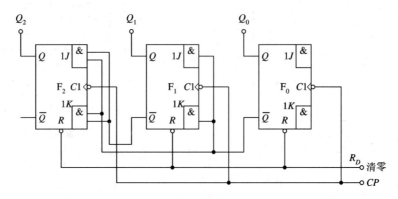

图 5.5 同步二进制计数器

分析过程:

(1) 写相关方程式。

时钟方程:

$$CP_0 = CP_1 = CP_2 = CP \downarrow$$

驱动方程:

$$J_0 = 1 \qquad\qquad K_0 = 1$$

$$J_1 = \overline{Q_0^n} \qquad\qquad K_1 = \overline{Q_0^n}$$

$$J_2 = \overline{Q_0^n}\,\overline{Q_1^n} \qquad\qquad K_2 = \overline{Q_0^n}\,\overline{Q_1^n}$$

(2) 求各个触发器的状态方程。JK 触发器特性方程为

$$Q^{n+1} = J\,\overline{Q^n} + \overline{K}Q^n \quad (CP \downarrow)$$

将对应驱动方程式分别代入 JK 触发器特性方程式,进行化简变换可得状态方程:

$$Q_0^{n+1} = J_0\,\overline{Q_0^n} + \overline{K_0}Q_0^n = \overline{Q_0^n} \quad (CP \downarrow)$$

$$Q_1^{n+1} = J_1\,\overline{Q_1^n} + \overline{K_1}Q_1^n = \overline{Q_0^n}\,\overline{Q_1^n} + \overline{\overline{Q_0^n}}Q_1^n = \overline{Q_1^n}\,\overline{Q_0^n} + Q_1^nQ_0^n \quad (CP \downarrow)$$

$$Q_2^{n+1} = J_2\,\overline{Q_2^n} + \overline{K_2}Q_2^n = \overline{Q_0^n}\,\overline{Q_1^n}\,\overline{Q_2^n} + Q_2^n\,\overline{\overline{Q_1^n}\,\overline{Q_0^n}} \quad (CP \downarrow)$$

(3) 求出对应状态值。列状态表如表 5.2 所示。

画状态图如图 5.6(a)所示,画时序图如图 5.6(b)所示。

表 5.2　同步计数器的状态表

Q_2^n	Q_1^n	Q_0^n	Q_2^{n+1}	Q_1^{n+1}	Q_0^{n+1}
0	0	0	1	1	1
1	1	1	1	1	0
1	1	0	1	0	1
1	0	1	1	0	0
1	0	0	0	1	1
0	1	1	0	1	0
0	1	0	0	0	1
0	0	1	0	0	0

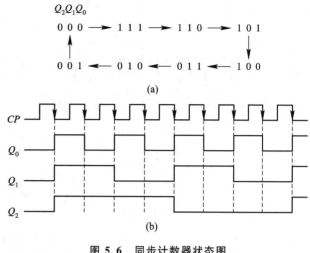

(a)

(b)

图 5.6　同步计数器状态图

(a) 状态图；(b) 时序图

（4）归纳分析结果，确定该时序电路的逻辑功能。

从时钟方程可知该电路是同步时序电路。

从状态图可知随着 CP 脉冲的递增，触发器输出 $Q_2Q_1Q_0$ 值是递减的，且经过八个 CP 脉冲完成一个循环过程。

综上所述，此电路是同步三位二进制（或一位八进制）减法计数器。

2. 同步二进制计数器的连接规律和特点

同步二进制计数器一般由 JK 触发器和门电路构成，有 n 个 JK 触发器（$F_0—F_{n-1}$）可以构成 N 位同步二进制计数器，其具体的连接规律如表 5.3 所示。

表 5.3　同步二进制计数器的连接规律

	$CP_0 = CP_1 = \cdots = CP_{(n-1)} = CP \downarrow\ (CP \uparrow)$（$n$ 个触发器）
加法计数	$J_0 = K_0 = 1$ $J_i = K_i = Q_{(i-1)} \cdot Q_{(i-2)} \cdots Q_0$　（$(n-1) \geqslant i \geqslant 1$）
减法计数	$J_0 = K_0 = 1$ $J_i = K_i = \overline{Q_{(i-1)}} \cdot \overline{Q_{(i-2)}} \cdots \overline{Q_0}$　（$(n-1) \geqslant i \geqslant 1$）

根据表 5.3 所示连接规律可构成同步任意位二进制计数器，同步四位二进制加法计数器如图 5.7 所示，其功能请读者自行分析。

从图 5.3、图 5.5、图 5.7 所示电路，可得出相应结论：同步二进制计数器中不存在外部反馈，并且计数器进制数 N 和计数器中触发器个数 n 之间满足 $N = 2^n$。因为同步计数器中的各个触发器均在输入 CP 脉冲的同一时刻触发，所以计数速度快，并且避免出现因触发器翻转时刻不一致而产生干扰毛刺现象。

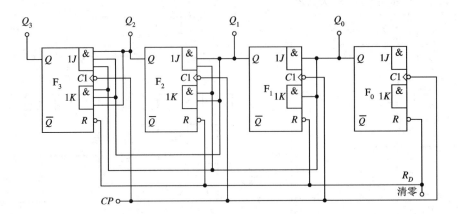

图 5.7　同步四位二进制加法计数器

3. 同步非二进制计数器

例 2　分析图 5.8 所示同步非二进制计数器的逻辑功能。

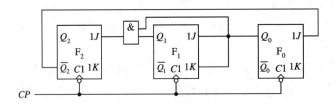

图 5.8　同步非二进制计数器

解

（1）写相关方程式。

① 时钟方程：

$$CP_0 = CP_1 = CP_2 = CP \downarrow$$

② 驱动方程：

$$J_0 = \overline{Q_2^n} \qquad K_0 = 1$$

$$J_1 = Q_0^n \qquad K_1 = Q_0^n$$

$$J_2 = Q_0^n Q_1^n \qquad K_2 = 1$$

（2）求各个触发器的状态方程：

$$Q_0^{n+1} = J_0 \overline{Q_0^n} + \overline{K_0} Q_0^n = \overline{Q_2^n}\,\overline{Q_0^n} \quad (CP \downarrow)$$

$$Q_1^{n+1} = J_1 \overline{Q_1^n} + \overline{K_1} Q_1^n = Q_0^n \overline{Q_1^n} + \overline{Q_0^n} Q_1^n \quad (CP \downarrow)$$

$$Q_2^{n+1} = J_2 \overline{Q_2^n} + \overline{K_2} Q_2^n = Q_0^n Q_1^n \overline{Q_2^n} = \overline{Q_2^n} Q_1^n Q_0^n \quad (CP \downarrow)$$

（3）求出对应状态值。

① 列状态表。列出电路输入信号和触发器原态的所有取值组合，代入相应的状态方程，求得相应的触发器次态及输出，列表得到状态表，如表 5.4 所示。

表 5.4　状　态　表

$CP\downarrow$	Q_2^n	Q_1^n	Q_0^n	Q_2^{n+1}	Q_1^{n+1}	Q_0^{n+1}
↓	0	0	0	0	0	1
↓	0	0	1	0	1	0
↓	0	1	0	0	1	1
↓	0	1	1	1	0	0
↓	1	0	0	0	0	0
↓	1	0	1	0	1	0
↓	1	1	0	0	1	0
↓	1	1	1	0	0	0

② 画状态图如图 5.9(a)所示，时序图如图 5.9(b)所示。

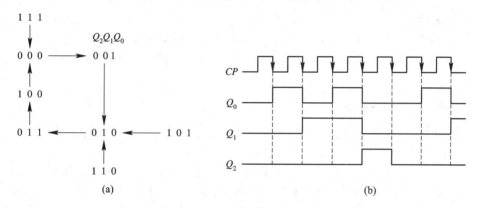

图 5.9　同步计数器对应图形

（a）状态图；（b）时序图

（4）归纳分析结果，确定该时序电路的逻辑功能。

从时钟方程可知该电路是同步时序电路。

从表 5.4 所示状态表可知：计数器输出 $Q_2Q_1Q_0$ 共有八种状态 $000\sim111$。

从图 5.9(a)所示状态图可知：随着 CP 脉冲的递增，触发器输出 $Q_2Q_1Q_0$ 会进入一个有效循环过程，此循环过程包括了五个有效输出状态，其余三个输出状态为无效状态，所以要检查该电路能否自启动。检查的方法是：不论电路从哪一个状态开始工作，在 CP 脉冲作用下，触发器输出的状态都会进入有效循环圈内，此电路就能够自启动；反之，则此电路不能自启动。

综上所述，此电路是具有自启动功能的同步五进制加法计数器。

5.2.2　集成同步计数器

1. 集成同步计数器 74LS161

74LS161 是一种同步四位二进制加法集成计数器。其管脚的排列如图 5.10 所示，逻辑功能如表 5.5 所示。

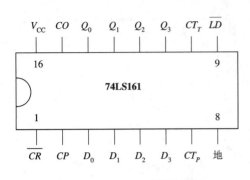

图 5.10 74LS161 管脚排列图

表 5.5 74LS161 逻辑功能表

$\overline{CR}$	$\overline{LD}$	CT_P	CT_T	CP	Q_3	Q_2	Q_1	Q_0
0	×	×	×	×	0	0	0	0
1	0	×	×	↑	D_3	D_2	D_1	D_0
1	1	0	×	×	Q_3	Q_2	Q_1	Q_0
1	1	×	0	×	Q_3	Q_2	Q_1	Q_0
1	1	1	1	↑	加法计数			

当复位端 $\overline{CR}=0$ 时，输出 $Q_3Q_2Q_1Q_0$ 全为零，实现异步清除功能(又称复位功能)。

当 $\overline{CR}=$ "1"，预置控制端 $\overline{LD}=$ "0"，并且 $CP=CP\uparrow$ 时，$Q_3Q_2Q_1Q_0=D_3D_2D_1D_0$，实现同步预置数功能。

当 $\overline{CR}=\overline{LD}=$ "1" 且 $CT_P \cdot CT_T=0$ 时，输出 $Q_3Q_2Q_1Q_0$ 保持不变。

当 $\overline{CR}=\overline{LD}=CT_P=CT_T=$ "1"，并且 $CP=CP\uparrow$ 时，计数器才开始加法计数，实现计数功能。

2. 任意(N)进制计数器

以集成同步计数器 74LS161 为例，可采用不同方法构成任意(N)进制计数器。

1) 直接清零法

直接清零法是利用芯片的复位端 $\overline{CR}$ 和与非门，将 N 所对应的输出二进制代码中等于 "1" 的输出端，通过与非门反馈到集成芯片的复位端 $\overline{CR}$，使输出回零。

例如，用 74LS161 芯片构成十进制计数器，令 $\overline{LD}=CT_P=CT_T=$ "1"，因为 $N=10$，其对应的二进制代码为 1010，将输出端 Q_3 和 Q_1 通过与非门接至 74LS161 的复位端 $\overline{CR}$，电路如图 5.11 所示，实现 N 值反馈清零法。

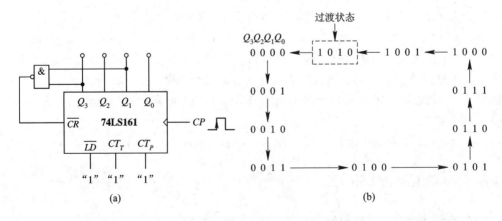

图 5.11 直接清零法构成十进制计数器

(a) 构成电路；(b) 计数过程(即状态图)

当$\overline{CR}$＝"0"时，计数器输出 $Q_3Q_2Q_1Q_0$ 复位清零。因$\overline{CR}=\overline{Q_3 \cdot Q_1}$，故$\overline{CR}$由"0"变为"1"，计数器开始对输入 CP 脉冲进行加法计数。当第 10 个 CP 脉冲输入时，$Q_3Q_2Q_1Q_0$＝1010，与非门的输入 Q_3 和 Q_1 同时为 1，则与非门的输出为"0"，即$\overline{CR}$＝"0"，使计数器复位清零，与非门的输出又变为"1"，即$\overline{CR}$＝"1"时，计数器又开始重新计数。

因为这种构成任意(N)进制计数器的方法简单易行，所以应用广泛，但是它存在两个问题：一是有过渡状态，在图 5.11 所示的十进制计数器中输出 1010 就是过渡状态，其出现时间很短暂；二是可靠性问题，因为信号在通过门电路或触发器时会有时间延迟，使计数器不能可靠清零。

2）预置数法

预置数法与直接清零法基本相同，二者的主要区别在于：直接清零法利用的是芯片的复位端$\overline{CR}$，而预置数法利用的是芯片的预置控制端$\overline{LD}$和预置输入端 $D_3D_2D_1D_0$，因 74LS161 芯片的$\overline{LD}$是同步预置数端，所以只能采用 $N-1$ 值反馈法，其计数过程中不会出现过渡状态。

例如，图 5.12(a)所示的七进制计数器，先令$\overline{CR}=CT_P=CT_T$＝"1"，再令预置输入端 $D_3D_2D_1D_0$＝0000(即预置数"0")，以此为初态进行计数，从"0"到"6"共有七种状态，"6"对应的二进制代码为 0110，将输出端 Q_2、Q_1 通过与非门接至 74LS161 的复位端$\overline{LD}$，电路如图 5.12(a)所示。若$\overline{LD}$＝0，当 CP 脉冲上升沿($CP\uparrow$)到来时，计数器输出状态进行同步预置，使 $Q_3Q_2Q_1Q_0=D_3D_2D_1D_0$＝0000，随即$\overline{LD}=\overline{Q_2Q_1}$＝1，计数器又开始随外部输入的 CP 脉冲重新计数，计数过程如图 5.12(b)所示。

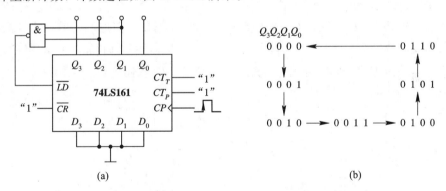

图 5.12　预置数法构成七进制计数器(同步预置)

(a) 构成电路；(b) 计数过程(即状态图)

3）进位输出置最小数法

进位输出置最小数法是利用芯片的预置控制端$\overline{LD}$和进位输出端 CO，将 CO 端输出经非门送到$\overline{LD}$端，令预置输入端 $D_3D_2D_1D_0$ 输入最小数 M 对应的二进制数，最小数 $M=2^4-N$。

例如，九进制计数器 $N=9$，对应的最小数 $M=2^4-9=7$，$(7)_{10}=(0111)_2$，相应的预置输入端 $D_3D_2D_1D_0$＝0111，并且令$\overline{CR}=CT_P=CT_T$＝"1"，电路如图 5.13(a)所示，对应状态图如图 5.13(b)所示，从 0111～1111 共九个有效状态，其计数过程中也不会出现过渡状态，请读者思考其中的原因。

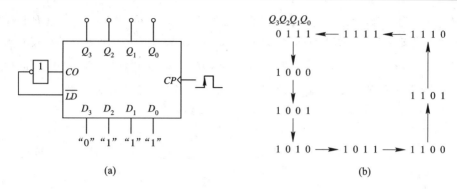

图 5.13 进位输出置最小数法构成九进制计数器(同步预置)

(a) 构成电路；(b) 计数过程(即状态图)

4) 级联法

一片 74LS161 可构成从二进制到十六进制之间任意进制的计数器,利用两片 74LS161,就可构成从十七进制到二百五十六进制之间任意进制的计数器,依此类推,可根据计数需要选取芯片数量。

当计数器容量需要采用两块或更多的同步集成计数器芯片时,可以采用级联方法:先决定哪块芯片为高位,哪块芯片为低位,将低位芯片的进位输出端 CO 端和高位芯片的计数控制端 CT_T 或 CT_P 直接连接,外部计数脉冲同时从每片芯片的 CP 端输入,再根据要求选取上述三种实现任意进制的方法之一,完成对应电路。

例如,用 74LS161 芯片构成二十四进制计数器,因 $N=24$(大于十六进制),故需要两片 74LS161。每块芯片的计数时钟输入端 CP 端均接同一个 CP 信号,利用芯片的计数控制端 CT_P、CT_T 和进位输出端 CO,采用直接清零法实现二十四进制计数,即将低位芯片的 CO 与高位芯片的 CT_P 相连,将 $24 \div 16 = 1 \cdots\cdots 8$,把商作为高位输出,余数作为低位输出,对应产生的清零信号同时送到每块芯片的复位端 $\overline{CR}$,从而完成二十四进制计数。对应电路如图 5.14 所示。

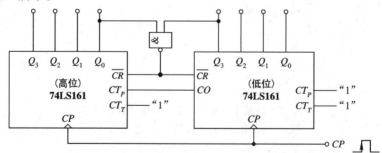

图 5.14 用 74LS161 芯片构成二十四进制计数器

【思考题】

1. 同步时序电路有什么特点?

2. 根据表 5.3 所示同步二进制计数器的连接规律,利用 JK 触发器构成同步四位二进制减法计数器电路。

3. 利用 74LS161 芯片构成十二进制计数器和七十二进制计数器。

5.3　异 步 计 数 器

5.3.1　异步计数器

1. 异步二进制计数器

异步三位二进制计数器电路如图 5.15 所示。

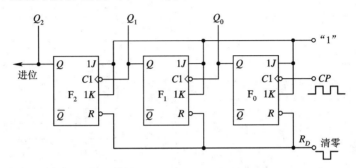

图 5.15　异步三位二进制计数器

分析步骤如下：

（1）写相关方程式。

时钟方程：

$$CP_0 = CP \downarrow$$

$$CP_1 = Q_0 \downarrow$$

$$CP_2 = Q_1 \downarrow$$

驱动方程：

$$J_0 = 1 \qquad K_0 = 1$$

$$J_1 = 1 \qquad K_1 = 1$$

$$J_2 = 1 \qquad K_2 = 1$$

（2）求各个触发器的状态方程。JK 触发器特性方程为

$$Q^{n+1} = J\,\overline{Q^n} + \overline{K}Q^n \quad (CP \downarrow)$$

将对应驱动方程式分别代入特性方程式，进行化简变换可得状态方程：

$$Q_0^{n+1} = J_0\,\overline{Q_0^n} + \overline{K_0}Q_0^n = \overline{Q_0^n} \quad (CP \downarrow)$$

$$Q_1^{n+1} = J_1\,\overline{Q_1^n} + \overline{K_1}Q_1^n = \overline{Q_1^n} \quad (Q_0 \downarrow)$$

$$Q_2^{n+1} = J_2\,\overline{Q_2^n} + \overline{K_2}Q_2^n = \overline{Q_2^n} \quad (Q_1 \downarrow)$$

（3）求出对应状态值。列状态表如表 5.6 所示。

表 5.6 状 态 表

$CP\downarrow$	Q_2^n	Q_1^n	Q_0^n	Q_2^{n+1}	Q_1^{n+1}	Q_0^{n+1}
1	0	0	0	0	0	1
2	0	0	1	0	1	0
3	0	1	0	0	1	1
4	0	1	1	1	0	0
5	1	0	0	1	0	1
6	1	0	1	1	1	0
7	1	1	0	1	1	1
8	1	1	1	0	0	0

画状态图和时序图如图 5.16 所示。

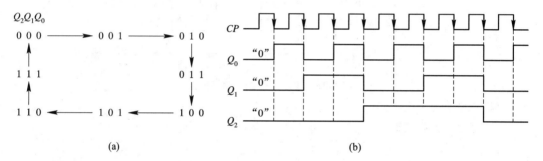

(a)   (b)

图 5.16 计数器状态图和时序图

（4）归纳分析结果，确定该时序电路的逻辑功能。

由时钟方程可知该电路是异步时序电路。

从状态图可知随着 CP 脉冲的递增，触发器输出 $Q_2Q_1Q_0$ 值是递增的，经过八个 CP 脉冲完成一个循环过程。

综上所述，此电路是异步三位二进制（或一位八进制）加法计数器。

2. 异步二进制计数器的连接规律和特点

用触发器构成异步 n 位二进制计数器的连接规律如表 5.7 所示。

表 5.7 异步二进制计数器的连接规律

规律 \ 功能	$CP_0=CP\downarrow$	$CP_0=CP\uparrow$
	$J_i=K_i=1 \quad T_i=1 \quad D_i=\overline{Q_i} \ (0\leqslant i\leqslant(n-1))$	
加法计数	$CP_i=Q_{(i-1)} \ (i\geqslant1)$	$CP_i=\overline{Q_{(i-1)}} \ (i\geqslant1)$
减法计数	$CP_i=\overline{Q_{(i-1)}} \ (i\geqslant1)$	$CP_i=Q_{(i-1)} \ (i\geqslant1)$

与同步计数器相比，异步计数器电路结构相对简单，但异步计数器输出状态的变化需要经过多个触发器的延迟时间才能稳定下来。例如，在图 5.15 所示的异步三位二进制计数器中，输出从 111 变为 000 时，就需要三个触发器的延迟时间才能稳定下来；而同步三位

二进制计数器中的各个触发器只要经过一个触发器的延迟时间就能稳定下来，所以同步计数器的计数速度比异步计数器快得多；而且异步计数器在计数过程中存在过渡状态，容易出现因触发器先后翻转而产生的干扰毛刺，造成计数错误，因此在计数要求较高的场合，一般多采用同步计数器。

5.3.2　集成异步计数器

　　常见的集成异步计数器芯片型号一般有 74LS191、74LS196、74LS290、74LS293 等几种，它们的功能和应用方法基本相同，区别在于其具体的管脚排列顺序不同和具体参数存在差异。

　　下面以集成计数器芯片 74LS290 为例介绍其电路结构、功能和典型应用。

1. 集成异步计数器芯片 74LS290

　　74LS290 逻辑电路如图 5.17 所示。

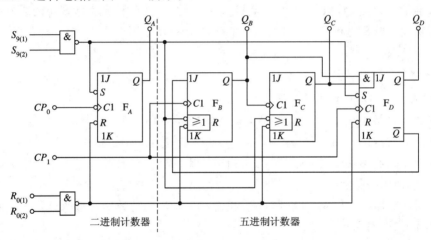

图 5.17　集成计数器 74LS290 逻辑电路图

　　分析 74LS290 逻辑电路可知：此电路是异步时序电路，结构上分为二进制计数器和五进制计数器两部分。二进制计数器由触发器 F_A 组成，CP_0 为二进制计数器计数脉冲输入端，由 Q_A 端输出。五进制计数器由触发器 F_B、F_C、F_D 组成，CP_1 为五进制计数器计数脉冲输入端，由 $Q_B Q_C Q_D$ 端输出。若将 Q_A 和 CP_1 相连，以 CP_0 为计数脉冲输入端，则构成 8421 BCD 码十进制计数器，"二-五-十进制型集成计数器"由此得名。

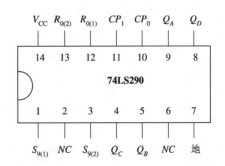

图 5.18　74LS290 芯片的管脚排列图

　　74LS290 芯片的管脚排列如图 5.18 所示。其中，$S_{9(1)}$、$S_{9(2)}$ 称为置"9"端，$R_{0(1)}$、$R_{0(2)}$ 称为置"0"端；CP_0、CP_1 端为计数时钟输入端，$Q_D Q_C Q_B Q_A$ 为输出端，NC 表示空脚。

　　74LS290 逻辑功能如表 5.8 所示。

表 5.8 74LS290 逻辑功能表

$S_{9(1)}$	$S_{9(2)}$	$R_{0(1)}$	$R_{0(2)}$	CP_0	CP_1	Q_D	Q_C	Q_B	Q_A
1	1	$\times$	$\times$	$\times$	$\times$	1	0	0	1
0	$\times$	1	1	$\times$	$\times$	0	0	0	0
$\times$	0	1	1	$\times$	$\times$	0	0	0	0
$S_{9(1)} \cdot S_{9(2)} = 0$ $R_{0(1)} \cdot R_{0(2)} = 0$				$CP\downarrow$	0	二进制			
				0	$CP\downarrow$	五进制			
				$CP\downarrow$	Q_A	8421 十进制			
				Q_D	$CP\downarrow$	5421 十进制			

置"9"功能：当 $S_{9(1)} = S_{9(2)} = 1$ 时，不论其他输入端状态如何，计数器输出 $Q_D Q_C Q_B Q_A = 1001$，而 $(1001)_2 = (9)_{10}$，故又称异步置数功能。

置"0"功能：当 $S_{9(1)}$ 和 $S_{9(2)}$ 不全为 1，即 $S_{9(1)} \cdot S_{9(2)} = 0$，并且 $R_{0(1)} = R_{0(2)} = 1$ 时，不论其他输入端状态如何，计数器输出 $Q_D Q_C Q_B Q_A = 0000$，故又称异步清零功能或复位功能。

计数功能：当 $S_{9(1)}$ 和 $S_{9(2)}$ 不全为 1，并且 $R_{0(1)}$ 和 $R_{0(2)}$ 不全为 1，输入计数脉冲 CP 时，计数器开始计数。

2. 任意 (N) 进制计数器

1）构成十进制以内任意计数器

二进制计数器：CP 由 CP_0 端输入，Q_A 端输出，如图 5.19(a)所示。

五进制计数器：CP 由 CP_1 端输入，$Q_D Q_C Q_B$ 端输出，如图 5.19(b)所示。

十进制计数器(8421 码)：Q_A 和 CP_1 相连，以 CP_0 为计数脉冲输入端，$Q_D Q_C Q_B Q_A$ 端输出，如图 5.19(c)所示。

十进制计数器(5421 码)：Q_D 和 CP_0 相连，以 CP_1 为计数脉冲输入端，$Q_A Q_D Q_C Q_B$ 端输出，如图 5.19(d)所示。

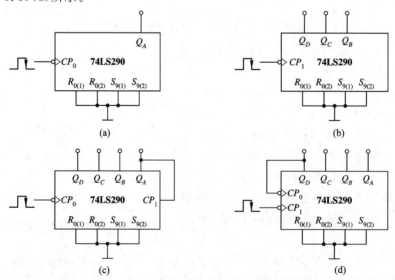

图 5.19 74LS290 构成二进制、五进制和十进制计数器

(a) 二进制；(b) 五进制；(c) 十进制(8421 码)；(d) 十进制(5421 码)

利用一片 74LS290 集成计数器芯片，可构成从二进制到十进制之间任意进制的计数器。74LS290 构成二进制、五进制和十进制计数器如图 5.19 所示。若构成十进制以内其他进制，可以采用直接清零法，六进制计数器电路如图 5.20 所示。其余进制计数器请读者自行分析。

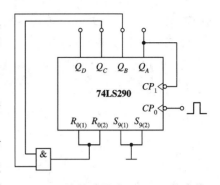

直接清零法是利用芯片的置"0"端和与门，将 N 值所对应的二进制代码中等于"1"的输出反馈到置"0"端 $R_{0(1)}$ 和 $R_{0(2)}$ 来实现 N 进制计数的，其计数过程中会出现过渡状态。

图 5.20　直接清零法 74LS290 构成的
六进制计数器

2）构成多位任意进制计数器

构成计数器的进制数与需要使用芯片片数要相适应。例如，用 74LS290 芯片构成二十四进制计数器，$N=24$，就需要两片 74LS290；先将每块 74LS290 均连接成 8421 码十进制计数器，再决定哪块芯片计高位（十位）$(2)_{10}=(0010)_{8421}$，哪块芯片计低位（个位）$(4)_{10}=(0100)_{8421}$，将低位芯片的输出端 Q_3 和高位芯片输入端 CP_0 相连，采用直接清零法实现二十四进制计数。需要注意的是其中的与门的输出要同时送到每块芯片的置"0"端 $R_{0(1)}$、$R_{0(2)}$，实现电路如图 5.21 所示。

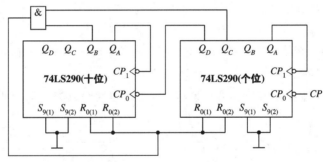

图 5.21　8421 BCD 码二十四进制计数器

【思考题】

1. 试分析图 5.17 所示的 74LS290 逻辑电路中的异步五进制计数器的逻辑功能。

2. 采用直接清零法实现任意进制计数器时，用 74LS290 芯片和用 74LS161 芯片有什么异同之处？

5.4　寄 存 器

寄存器按功能可分为数据寄存器和移位寄存器。

5.4.1　数据寄存器

数据寄存器又称数据缓冲储存器或数据锁存器，其功能是接收、存储和输出数据，主要由触发器和控制门组成。n 个触发器可以储存 n 位二进制数据。数据寄存器按其接收数据的方式又分为双拍式和单拍式两种。

1. 双拍式数据寄存器

(1) 电路组成。双拍式三位数据寄存器的电路组成如图 5.22 所示。

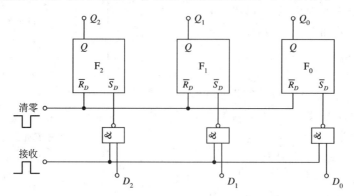

图 5.22 双拍式三位数据寄存器

(2) 工作原理。在接收存放输入数据时，需要两拍才能完成：

第一拍，在接收数据前，送入清零负脉冲至触发器的置零端 $\overline{R_D}$ 端，使触发器输出为零，完成输出清零功能。

第二拍，触发器清零之后，当接收脉冲为高电平"1"有效时，输入数据 $D_2 D_1 D_0$，经与非门送至对应触发器而寄存下来，在第二拍完成接收数据任务。

此类寄存器如果在接收寄存数据前不清零，就会出现接收存放数据错误。

2. 单拍式数据寄存器

(1) 电路组成。单拍式四位二进制数据寄存器的电路组成如图 5.23 所示。

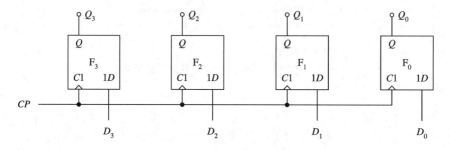

图 5.23 单拍式四位二进制数据寄存器

(2) 工作原理。接收寄存数据只需一拍即可，无须先进行清零。当接收脉冲 CP 有效时，输入数据 $D_3 D_2 D_1 D_0$ 直接存入触发器，故称为单拍式数据寄存器。

5.4.2 移位寄存器

移位寄存器除了接收、存储、输出数据以外，同时还能将其中寄存的数据按一定方向进行移动。移位寄存器有单向和双向移位寄存器之分。

1. 单向移位寄存器

单向移位寄存器只能将寄存的数据在相邻位之间单方向移动。按移动方向分为左移移位寄存器和右移移位寄存器两种类型。

右移移位寄存器电路如图 5.24 所示。

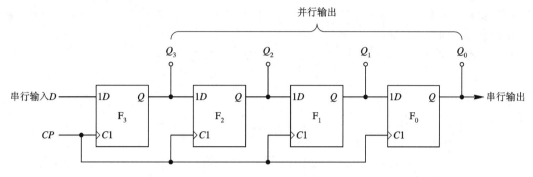

图 5.24　右移移位寄存器

功能分析：

（1）写电路的对应关系：

时钟方程：

$$CP_0 = CP_1 = CP_2 = CP_3 = CP \uparrow$$

驱动方程：

$$D_0 = Q_1^n \qquad D_1 = Q_2^n \qquad D_2 = Q_3^n \qquad D_3 = D$$

（2）D 触发器特征方程为

$$Q^{n+1} = D \ (CP \uparrow)$$

将对应的时钟方程、驱动方程分别代入 D 触发器特征方程，进行化简变换可得状态方程：

$$Q_0^{n+1} = Q_1^n \ (CP \uparrow) \qquad Q_1^{n+1} = Q_2^n \ (CP \uparrow)$$
$$Q_2^{n+1} = Q_3^n \ (CP \uparrow) \qquad Q_3^{n+1} = D \ (CP \uparrow)$$

（3）假定电路初态为零，而此电路输入数据 D 在第一、二、三、四个 CP 脉冲时依次为 1、0、1、1，根据状态方程可得到对应的电路输出 $D_3 D_2 D_1 D_0$ 的变化情况，如表 5.9 所示。

根据表 5.9 可画出时序图如图 5.25 所示。

表 5.9　右移移位寄存器输出变化

CP	输入数据 D	右移移位寄存器输出			
		Q_3	Q_2	Q_1	Q_0
0	0	0	0	0	0
1	1	1	0	0	0
2	0	0	1	0	0
3	1	1	0	1	0
4	1	1	1	0	1

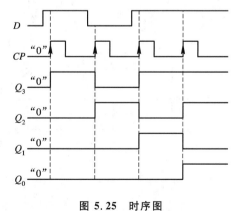

图 5.25　时序图

（4）确定该时序电路的逻辑功能。由时钟方程可知该电路是同步电路。

从表 5.9 和图 5.25 可知：在图 5.24 所示右移移位寄存器电路中，随着 CP 脉冲的递增，触发器输入端依次输入数据 D，称为串行输入，输入一个 CP 脉冲，数据向右移动一位。输出有两种方式：数据从最右端 Q_0 依次输出，称为串行输出；由 $Q_3Q_2Q_1Q_0$ 端同时输出，称为并行输出。串行输出需要经过八个 CP 脉冲才能将输入的四个数据全部输出，而并行输出只需四个 CP 脉冲。

左移移位寄存器电路如图 5.26 所示，请读者自行分析其功能。

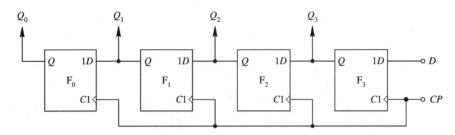

图 5.26 左移移位寄存器

通过分析图 5.24 和图 5.26 所示电路可知：数据串行输入端在电路最左侧为右移，反之为左移，两种电路在实质上是相同的。无论左移、右移，串行输入数据必须先送离输入端最远的触发器要存放的数据，如表 5.9 所示；否则会出现数据存放错误。列状态表要按照电路结构图中从左到右各变量的实际顺序来排列，画时序图时，要结合状态表先画离数据输入端 D 端最近的触发器的输出。

2. 双向移位寄存器

既可将数据左移、又可右移的寄存器称为双向移位寄存器。图 5.27 所示为四位双向移位寄存器。

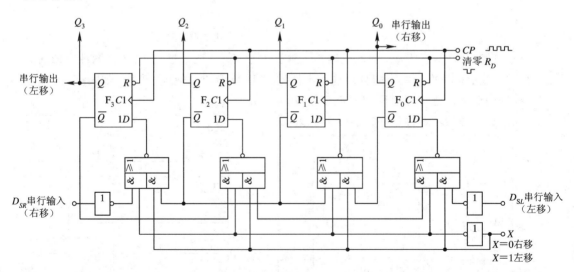

图 5.27 四位双向移位寄存器

在图 5.27 中，X 是工作方式控制端。当 $X=0$ 时，实现数据右移寄存功能；当 $X=1$ 时，实现数据左移寄存功能；D_{SL} 是左移串行输入端，而 D_{SR} 是右移串行输入端。具体的双向移位功能，请读者自行分析。

3. 移位寄存器的应用

1) 实现数据传输方式的转换

在数字电路中，数据的传送方式有串行和并行两种，而移位寄存器可实现数据传送方式的转换。如图 5.24 所示，既可将串行输入转换为并行输出，也可将串行输入转换为串行输出。

2) 构成移位型计数器

（1）环形计数器。环形计数器是将单向移位寄存器的串行输入端和串行输出端相连，构成一个闭合的环，如图 5.28(a)所示。

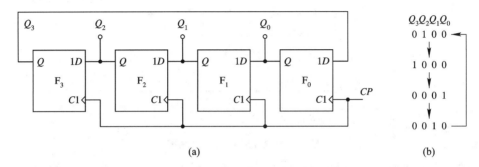

图 5.28　环形计数器

（a）逻辑电路图；（b）状态图

实现环形计数器时，电路必须预先设置适当的初态，且输出 $Q_3Q_2Q_1Q_0$ 端初始状态不能完全一致（即不能全为"1"或"0"），这样电路才能实现计数，环形计数器的进制数 N 与移位寄存器内的触发器个数 n 相等，即 $N=n$，状态变化如图 5.28(b)所示（电路中初态为 0100）。

（2）扭环形计数器。扭环形计数器是将单向移位寄存器的串行输入端和串行反相输出端相连，构成一个闭合的环，如图 5.29（a）所示。

实现扭环形计数器时，电路不必设置初态。扭环形计数器的进制数 N 与移位寄存器内的触发器个数 n 满足 $N=2n$ 的关系，图 5.29(a)所示电路包括四个触发器，设初态为 0000，电路状态循环变化，循环过程包括八个状态，可实现八进制计数。状态变化如图 5.29(b)所示。

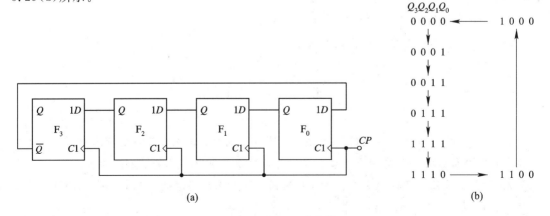

图 5.29　扭环形计数器

（a）逻辑电路图；（b）状态图

4. 集成移位寄存器

集成移位寄存器从结构上可分为 TTL 型和 CMOS 型；按寄存数据位数，可分为四位、八位、十六位等等；按移位方向，可分为单向和双向两种。

74LS194 是双向四位 TTL 型集成移位寄存器，具有双向移位、并行输入、保持数据和清除数据等功能。其管脚排列图如图 5.30 所示。其中 $\overline{CR}$ 端为异步清零端，优先级别最高；S_1、S_2 控制寄存器的功能；D_{SL} 为左移数据输入端；D_{SR} 为右移数据输入端；A、B、C、D 为并行数据输入端。表 5.10 是 74LS194 的功能表。

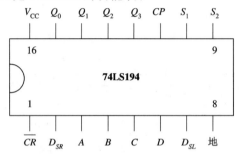

图 5.30　74LS194 管脚排列图

功能应用：如图 5.31 所示，利用 74LS194 可实现数据传送方式的串-并行转换。

表 5.10　74LS194 的功能表

$\overline{CR}$	S_1	S_2	CP	功　能
0	×	×	×	清零
1	0	0	×	保持
1	0	1	↑	左移
1	1	0	↑	右移
1	1	1	↑	并行输入

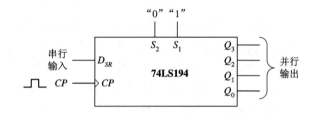

图 5.31　利用 74LS194 实现串-并行转换

【思考题】

1. 如何利用 JK 触发器构成单向移位寄存器？
2. 环形计数器设置初态时可以通过哪几种方法？

本 章 小 结

1. 时序逻辑电路是数字系统中非常重要的逻辑电路，与组合逻辑电路既有联系，又有区别，基本分析方法一般有四个步骤，常用的时序逻辑电路有计数器和寄存器。

2. 计数器按照 CP 脉冲的工作方式分为同步计数器和异步计数器，各有优缺点，学习的重点是集成计数器的特点和功能应用。

3. 寄存器按功能可分为数据寄存器和移位寄存器，移位寄存器既能接收、存储数据，又可将数据按一定方式移动。

习　题

一、填空题

1. 时序逻辑电路的特点是_____。

2. 由 n 级移位寄存器构成扭环形计数器，则其为_____进制计数器，若构成环形计数器则为_____进制计数器。

3. 由 4 个触发器构成计数器，则最多可构成_____进制计数器。

4. 如果采用四位单向移位寄存器，将四位二进制数串行输入并保存起来需要_____个 CP 脉冲才能完成。

二、名词解释

1. 时序逻辑电路
2. 计数器
3. 寄存器

三、简述题

1. 分析时序逻辑电路的基本步骤是哪几步？

2. 计数器和寄存器同属于时序逻辑电路，其不同点主要有哪些？

四、综合分析题

1. 分析题 5.1 图所示时序电路的逻辑功能，假设电路初态为 000，如果在 CP 的前六个脉冲内，D 端依次输入数据 1，0，1，0，0，1，则电路输出在此六个脉冲内是如何变化的？

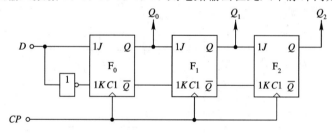

题 5.1 图　时序电路

2. 某时序电路由三个主从 JK 触发器(下降沿触发)和若干门电路构成。已知各触发器的时钟方程和驱动方程如下所示：

时钟方程：

$$CP_0 = CP\downarrow \qquad CP_1 = Q_1\downarrow \qquad CP_2 = CP\downarrow$$

驱动方程：

$$J_0 = \overline{Q_2} \qquad K_0 = 1$$
$$J_1 = 1 \qquad K_1 = 1$$
$$J_2 = Q_1 \cdot Q_0 \qquad K_2 = 1$$

试画出对应的逻辑电路图，并分析其逻辑功能。

3. 分析题 5.2 图(a)所示时序电路的逻辑功能。根据题 5.2 图(b)所示输入信号波形，画出对应的输出 Q_1、Q_0 的输出波形。

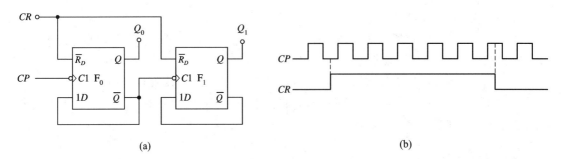

(a)   (b)

题 5.2 图

（a）逻辑电路图；（b）输入波形图

4. 分析题 5.3 图所示时序电路的逻辑功能。

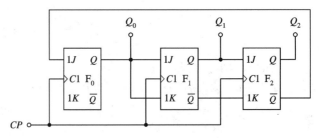

题 5.3 图　时序电路

5. 已知计数器的输出端 Q_2、Q_1、Q_0 的输出波形如题 5.4 图所示，试画出对应的状态图，并分析该计数器为几进制计数器。

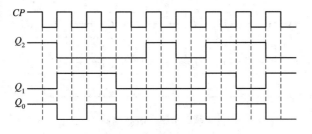

题 5.4 图　计数器输出波形

6. 分析题图 5.5 所示电路构成的是几进制计数器，其中的 74LS161 芯片为十六进制加法计数器。

7. 环形计数器电路如图 5.28(a)所示，若电路初态 $Q_3Q_2Q_1Q_0$ 预置为 1001，随着 CP 脉冲的输入，试分析其输出状态的变化，并画出对应的状态图。

8. 扭环形计数器电路如图 5.29(a)所示，若电路初态 $Q_3Q_2Q_1Q_0$ 预置为 0110，随着 CP 脉冲的输入，试分析其输出状态的变化，并画出对应的状态图。

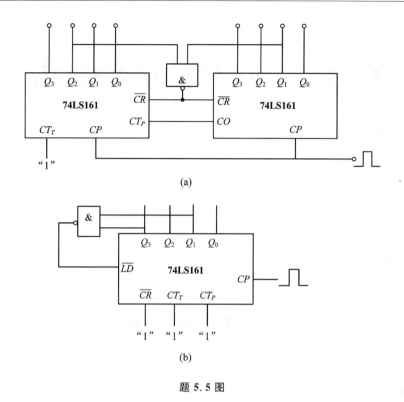

题 **5.5** 图

五、实践应用题

1. 采用直接清零法,将集成计数器 T4290(T4290 芯片的管脚排列如图 5.18 所示)构成三进制计数器和九进制计数器,画出逻辑电路图。

2. 采用直接清零法,将集成计数器 74LS161(74LS161 芯片的管脚排列如图 5.10 所示)构成十三进制计数器,画出逻辑电路图。

3. 采用预置复位法,将集成计数器 74LS161(74LS161 芯片的管脚排列如图 5.10 所示)构成七进制计数器,画出逻辑电路图。

4. 采用进位输出置最小数法,将集成计数器 74LS161(74LS161 芯片的管脚排列如图 5.10 所示)构成十二进制计数器,画出逻辑电路图。

5. 采用级联法,将集成计数器 74LS290(74LS290 芯片的管脚排列如图 5.18 所示)构成三十六进制计数器,画出逻辑电路图。

6. 采用级联法,将集成计数器 74LS161(74LS161 芯片管脚排列如图 5.10 所示)构成一百零八进制计数器,画出逻辑电路图。

7. 利用双向四位 TTL 型集成移位寄存器 74LS194,构成环形计数器和扭环形计数器,画出逻辑电路图。(74LS194 管脚排列图如图 5.30 所示。)

第6章　存储器和可编程逻辑器件

知识目标：

了解存储器的分类和工作原理。

能力目标：

掌握存储器的扩展及使用。

素质目标：

具有辩证思维和逻辑分析的意识和能力，科学务实的工作作风。

知识重点：

存储器的存储原理。

知识难点：

存储器的应用。

建议学时：

理论 2 学时，共 2 学时。

6.1 存 储 器

6.1.1 概述

存储器是数字系统中用于存储信息的部件，可以存放各种程序、数据和资料。当前，随着集成技术的发展，数字系统中已大量使用半导体存储器。半导体存储器按照内部信息的存取方式不同分为只读存储器(ROM)和随机存取存储器(RAM)两大类。

6.1.2 只读存储器(ROM)

只读存储器(ROM)有掩膜 ROM、可编程 ROM、可改写 ROM。掩膜只读存储器(ROM)是在制造时把信息存放在此存储器中，使用时不再重新写入，需要时读出即可；它只能读取所存储的信息，而不能改变已存内容，并且在断电后不丢失其中存储内容，故又称固定只读存储器。ROM 主要由地址译码器、存储矩阵和输出缓冲器三部分组成，如图6.1 所示。

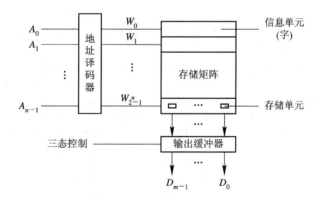

图 6.1　ROM 框图

ROM 的每个存储单元中固定存放着由若干位组成的二进制数码——称为"字"。为了读取不同存储单元中所存的字，将各单元编上代码——称为地址。输入不同地址，就能在存储器输出端读出相应的字，即"地址"的输入代码与"字"的输出数码有固定的对应关系。如图 6.1 所示的 ROM 有 2^n 个存储单元，每个单元存放一个字，一共可以存放 2^n 个字；每字有 m 位，即其容量为 $2^n \times m$(字线×位线)。ROM 中地址译码器实现了地址输入变量的"与"运算，存储矩阵实现了字线的"或"运算，即形成了各个输出逻辑函数。因此，ROM 实际上是由与阵列和或阵列构成的电路，与阵列相当于地址译码器，或阵列相当于存储矩阵，如图 6.2 所示。如有一个容量为 4 字× 4 位的 ROM，它就有 $2(4=2^2)$ 根地址线，4 根字线，4 根位线，如图 6.3 所示。

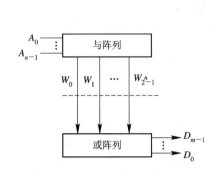

图 6.2 ROM 阵列框图

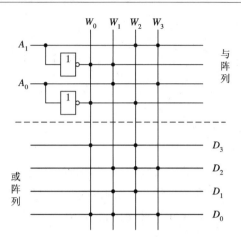

图 6.3 4×4 ROM 的阵列图

ROM 的存储矩阵可以由二极管、三极管和 MOS 管来实现。二极管矩阵 ROM 如图 6.4 所示，W_0、W_1、W_2、W_3 是字线，D_0、D_1、D_2、D_3 是位线，ROM 的容量即为字线×位线，所以图 6.4 所示 ROM 的容量为 $4×4＝16$，即存储体有 16 个存储单元。

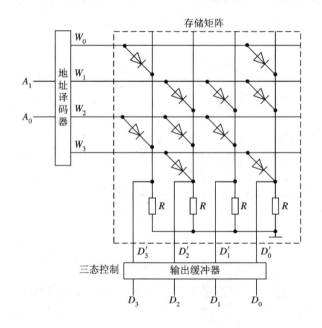

图 6.4 二极管 ROM 结构图

1. 如何读字

当地址码 $A_1A_0＝00$ 时，译码输出使字线 W_0 为高电平，与其相连的二极管都导通，把高电平"1"送到位线上，于是 D_3、D_0 端得到高电平"1"，W_0 和 D_1、D_2 之间没有接二极管，故 D_1、D_2 端是低电平"0"。这样，在 $D_3D_2D_1D_0$ 端读到一个字 1001，它就是该矩阵第一行的字输出。在同一时刻，由于字线 W_1、W_2、W_3 都是低电平，与它们相连的二极管都不导通，所以不影响读字结果。

当地址码 $A_1A_0＝01$ 时，字线 W_1 为高电平，在位线输出端 $D_3D_2D_1D_0$ 读到字 0111，对应矩阵第二行的字输出。同理分析地址码为 10 和 11 时，输出端将读到矩阵第三、第四行的字输出分别为 1110、0101。任何时候，地址译码器的输出决定了只有一条字线是高电平，所以在 ROM 的输出端只会读到惟一对应的一个字。由上可看出，在对应的存储单元内存入 1 还是 0，是由接入或不接入相应的二极管来决定的。如要在第 0 个字的第一位存入 0，就不在 W_0 与 D_3 之间接入二极管；反之就接入二极管。

2．如何实现组合逻辑电路

如图 6.3 所示，ROM 中的地址译码器形成了输入变量的最小项，即实现了逻辑变量的"与"运算；ROM 中的存储矩阵实现了最小项的或运算，即形成了各个逻辑函数；与阵列中的垂直线 W_i 代表与逻辑，交叉圆点代表与逻辑的输入变量；或阵列中的水平线 D 代表或逻辑，交叉圆点代表字线输入。

由上可知，用 ROM 实现组合逻辑电路或逻辑函数时，需列出真值表或最小项表达式，然后画出 ROM 的符号矩阵图。根据用户提供的符号矩阵图，便可生产所需的 ROM。利用 ROM 不仅可实现逻辑函数(特别是多输出函数)，而且可以实现组合逻辑电路。

例 1　用 ROM 实现一位二进制全加器。

解　全加器的真值表如表 6.1 所示，A、B 为两个加数，C_{i-1} 为低位进位，S 为本位的和，C_i 为本位的进位。

由表 6.1 可写出最小项表达式为：
$$S = \overline{A}\,\overline{B}C_{i-1} + \overline{A}B\overline{C}_{i-1} + A\overline{B}\,\overline{C}_{i-1} + ABC_{i-1}$$
$$C_i = \overline{A}BC_{i-1} + A\overline{B}C_{i-1} + AB\overline{C}_{i-1} + ABC_{i-1}$$

根据上式，可画出全加器的 ROM 阵列图如图 6.5 所示，C_{i-1} 为低位进位，C_i 为本位进位。

表 6.1　全加器真值表

A	B	C_{i-1}	S	C_i
0	0	0	0	0
0	0	1	1	0
0	1	0	1	0
0	1	1	0	1
1	0	0	1	0
1	0	1	0	1
1	1	0	0	1
1	1	1	1	1

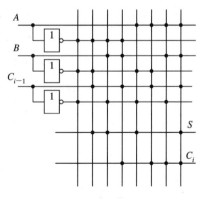

图 6.5　全加器阵列图

例 2 用 ROM 实现下列逻辑函数：

$$F_1 = A\bar{B} + \bar{A}B$$

$$F_2 = AB + \overline{AB}$$

$$F_3 = AB$$

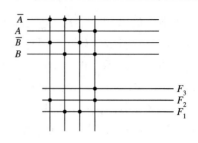

解 由表达式画出 ROM 的阵列图如图 6.6 所示。

图 6.6 例 2 的 ROM 阵列图

6.1.3 可编程只读存储器

上述 ROM 由厂家制造时借助金属掩化膜工艺完成了编程，所以制造好以后，其内容是不可改变的。而可编程 ROM 常称 PROM 则不一样，它不是由厂家而是由用户自行编程的。

PROM 在出厂时，存储体的内容为全 0 或全 1，用户可根据需要将某些内容改写，也就是编程。常用的双极型工艺 ROM，采用烧毁熔断丝的方法使三极管由导通变为截止，使三极管不起作用，存储器变为"0"信息；而未被熔断熔丝的地方，即表示为"1"信息。PROM 只实现一次编写的目的，写好后就不可更改。

如果想对一个 ROM 芯片反复编程，多次使用，需用可擦除编程 ROM 即 EPROM。常用的 MOS 工艺制造的 EPROM 用注入电荷的办法编程，此过程可逆，当用紫外光照射以后，旧内容被擦除。擦除后的芯片内容可能是全 1，也可能是全 0，视制造工艺而不同，之后可再次编程。

6.1.4 ROM 容量的扩展

1. ROM 的信号引线

如图 6.7 所示，除了地址线和数据线(字输出线)外，ROM 还有地线(GND)、电源线(V_{CC})以及用来控制 ROM 工作的控制线为芯片使能控制线($\overline{CS}$)，使能输出控制线称片选线。当 $\overline{CS} = 1$ 时，芯片处于等待状态，ROM 不工作，输出呈高阻态；当 $\overline{CS} = 0$ 时，ROM 工作。

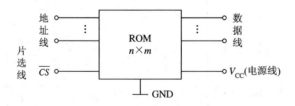

图 6.7 ROM 的信号引线

2. ROM 容量的扩展

一个存储器的容量就是字线与位线(即字长或位数)的乘积。当所采用的 ROM 容量不满足需要时，可将容量进行扩展。扩展又分为字扩展和位扩展。

位扩展(即字长扩展)：位扩展比较简单，只需要用同一地址信号控制 n 个相同字数的 ROM，即可达到扩展的目的。由 256×1 ROM 扩展为 256×8 ROM 的存储器，如图 6.8 所示，即将八块 256×1 ROM 的所有地址线、$\overline{CS}$（片选线）分别对应并接在一起，而每一片的
位输出作为整个 ROM 输出的一位。

256×8 ROM 需 256×1 ROM 的芯片数为

$$N = \frac{总存储容量}{一片存储容量} = \frac{256 \times 8}{256 \times 1} = 8$$

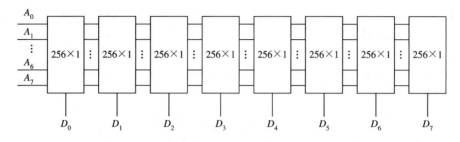

图 6.8　ROM 位扩展

字扩展：如图 6.9 所示是由四片 1024×8 *ROM* 扩展为 4096×8 ROM。图中，每片
ROM 有 10 根地址输入线，其寻址范围为 $2^{10} = 1024$ 个信息单元，每一单元为八位二进制
数。这些 ROM 均有片选端。当其为低电平时，该片被选中才工作；为高电平时，对应
ROM 不工作，各片 ROM 的片选端由 2 线/4 线译码器控制；译码器的输入是系统的高位
地址 A_{11}、A_{10}，其输出是各片 ROM 的片选信号，若 $A_{11}A_{10} = 10$，则 ROM(3) 片的 $\overline{CS}$ 有效
为"0"，各片 ROM 的片选信号无效为"1"，故选中第三片，只有该片的信息可以读出，送到
位线上，读出的内容则由低位地址 $A_9 \sim A_0$ 决定，四片 ROM 轮流工作，完成字扩展。字扩
展的方法将地址线、输出线对应连接，片选线分别与译码器的输出连接。

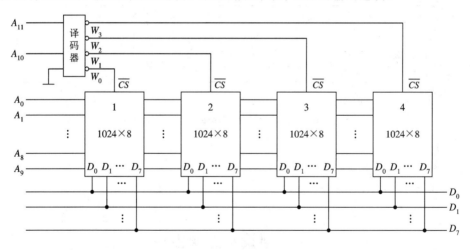

图 6.9　ROM 字扩展

【思考题】

1. 存储器有哪几种？它们的存储容量如何计算？

2. 256×8 的存储器有多少根地址线、字线、位线？

3. 存储器进行位扩展、字扩展时如何连接？

6.2 随机存取存储器(RAM)

随机存取存储器 RAM 可以在任意时刻、任意选中的存储单元进行信息的存入(写)或取出(读)的信息操作。当电源断电时,这种存储器存储的信息便消失。随机存取存储器一般由存储矩阵、地址译码器、片选控制和读/写控制电路等组成。其容量也为字线×位线,同样可以利用 I/O(输入/输出)线、R/W(读/写)线及 $\overline{CS}$(片选)线来实现容量的扩展,如图 6.10 所示为 256×8 RAM 扩展成 1024×8 RAM,其连接方法与 ROM 的相同,只是多了读/写控制端(R/W)。

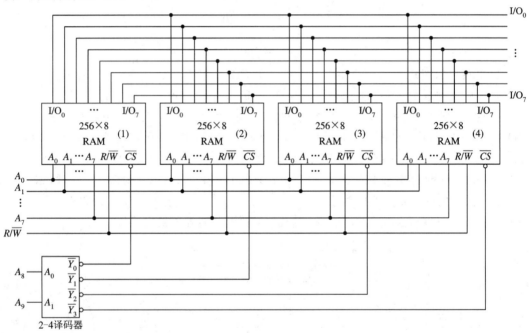

图 6.10 256×8 RAM 扩展成 1024×8 存储器

【思考题】

1. 随机存取存储器与只读存储器有什么不同?
2. 扩展为 1024×8 存储器需要多少块 256×4 的存储器?

6.3 可编程逻辑器件

可编程逻辑器件是一种由用户自己定义功能的逻辑器件。可编程器件按集成度分有低密度 PLD(LDPLD)和高密度 PLD(HDPLD)两类。LDPLD 主要产品有 PROM、现场可编程逻辑阵列(FPLA, Field Programmable Logic Array)、可编程阵列逻辑(PAL, Programmable Array)、可编程逻辑阵列 PLA 和通用阵列(GAL, Generic Array Logic)等几种。这些器件结构简单,具有成本低、速度高、设计简便等优点,但其规模较小(通常每片只有数百门),

难以实现复杂的逻辑。HDPLD 是 20 世纪 80 年代中期发展起来的产品，它包括可擦除、可编程逻辑器件（EPLD，Erasable Programmable Logic Device）、复杂可编程逻辑器件（CPLD，Complex Programmable Logic Device）和现场可编程门阵列 FPGA，Field Array）等类型的 PLD。

可编程逻辑器件采用的可编程元件有四类：

① 一次性编程的熔丝或反熔丝元件。

② 紫外线擦除、电可编程序的 EPROM（UVE-PROM）即 VUCMOS 工艺结构。

③ 电擦除、电可编程存储单元，一类是 E^2CMOS 工艺结构；另一类是快闪（Flash）存储单元。

④ 静态存储器（SRAM）的编程元件。这些元件中，电擦除、电可编程的 E^2PROM 和快闪（Flash）存储单元的 PLD 以及 DRAM 的 PLD 目前使用最广泛。

E^2PROM 和 Flash 存储单元的 PLD 可以编程 100 次以上，其优点是系统断电后，编程信息不丢失。这类器件分为在编程器上编程的 PLD 和在系统编程（In System Programmable，简称 ISP）的 PLD。ISP 器件不需要编程器，可以先装配在印制板上，通过电缆进行编程，因而调试和维修都很方便。

可编程逻辑器件的出现使数字系统的设计方法发生了崭新的变化。传统的系统设计方法采用 SSI、MSI 标准通用器件以对电路进行设计。由于器件的种类、数量多，连线复杂，因而制成的系统往往体积大、可靠性差。现采用可编程逻辑器件设计系统时，则可以利用电子设计自动化（EDA，Electronic Desingn Automation）工具来完成，从而极大地提高了设计效率和设计灵活性。

近年来，可编程逻辑器件和 EDA 技术发展十分迅速，可编程逻辑器件已在国内外计算机的硬件、工业控制、智能仪表、家用电器等各个领域得到广泛应用，成为电子产品设计变革的主流器件。当前任何一种具有竞争力的电子产品，多数都采用了可编程器件，而可编程逻辑器件的设计与改进必须借助于 EDA 工具，因此掌握可编程逻辑器件和 EDA 技术已成为当今硬件系统设计者的重要手段。

6.3.1　可编程逻辑阵列（PLA）

1. 实现组合逻辑电路

可编程逻辑器件都包含一个与阵列和一个或阵列，二者都是可编程的，故可以实现非标准式的各种电路。用 PLA 实现组合逻辑电路时，首先将逻辑函数进行化简，再将化简后的逻辑函数表达式中各乘积项填入逻辑阵列图中。

例 3　用 PLA 实现一位二进制全加器。

解　由全加器真值表，用卡诺图化简得最简逻辑表达式为：

$$S = \overline{A}\overline{B}C + \overline{A}B\overline{C} + A\overline{B}\overline{C} + ABC$$

$$C_i = AB + AC + BC$$

式中：A、B 为两个加数，C 为低位进位，S 为本位和，C_i 为本位向高位的进位。

在 S 及 C_i 表达式中共有七个乘积项，它们是：

$$P_0 = \overline{A}\overline{B}C,\ P_1 = \overline{A}B\overline{C},\ P_2 = A\overline{B}\overline{C},\ P_3 = ABC,\ P_4 = AB,\ P_5 = AC,\ P_6 = BC$$

用这些乘积项组成 S 和 C_i 表达式如下：

$$S = P_0 + P_1 + P_2 + P_3$$

$$C_i = P_4 + P_5 + P_6$$

根据上式，可画出由 PLA 实现全加器的阵列结构图如图 6.11 所示。

2. 实现时序逻辑电路

例 4 用 PLA 实现具有七段显示输出的十进制计数器，即从 $(0)_{10} \sim (9)_{10}$。

解 十进制计数的状态转换表(8421 BCD 码)如表 6.2 所示。由表可得四个 JK 触发器的卡诺图如图 6.12 所示，其化简结果为：

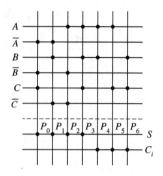

图 6.11　用 PLA 实现一位二进制全加器

$$J_4 = Q_1^n Q_2^n Q_3^n \qquad K_4 = Q_1^n$$

$$J_3 = Q_1^n Q_2^n \qquad K_3 = Q_1^n Q_2^n$$

$$J_2 = Q_1^n \overline{Q}_4^n \qquad K_2 = Q_1^n$$

$$J_1 = K_1 = 1$$

表 6.2　8421 BCD 十进制计数器状态转换

Q_4^n	Q_3^n	Q_2^n	Q_1^n	Q_4^{n+1}	Q_3^{n+1}	Q_2^{n+1}	Q_1^{n+1}
0	0	0	0	0	0	0	1
0	0	0	1	0	0	1	0
0	0	1	0	0	0	1	1
0	0	1	1	0	1	0	0
0	1	0	0	0	1	0	1
0	1	0	1	0	1	1	0
0	1	1	0	0	1	1	1
0	1	1	1	1	0	0	0
1	0	0	0	1	0	0	1
1	0	0	1	0	0	0	0
1	0	1	0	$\times$	$\times$	$\times$	$\times$
1	0	1	1	$\times$	$\times$	$\times$	$\times$
1	1	0	0	$\times$	$\times$	$\times$	$\times$
1	1	0	1	$\times$	$\times$	$\times$	$\times$
1	1	1	0	$\times$	$\times$	$\times$	$\times$
1	1	1	1	$\times$	$\times$	$\times$	$\times$

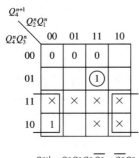

$$Q_4^{n+1} = Q_1^n Q_2^n Q_3^n \overline{Q_4^n} + \overline{Q_1^n} Q_4^n$$

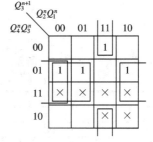

$$Q_3^{n+1} = Q_1^n Q_2^n \overline{Q_3^n} + \overline{Q_1^n} Q_3^n + \overline{Q_2^n} Q_3^n = Q_1^n Q_2^n \overline{Q_3^n} + \overline{Q_1^n} Q_2^n Q_3^n$$

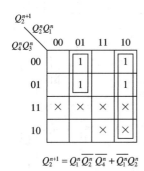

$$Q_2^{n+1} = Q_1^n \overline{Q_2^n}\, \overline{Q_4^n} + \overline{Q_1^n} Q_2^n$$

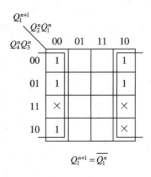

$$Q_1^{n+1} = \overline{Q_1^n}$$

图 6.12　十进制计数器的卡诺图

十进制七段显示译码器的功能表如表 6.3 所示。

表 6.3　十进制七段译码表

计数器输出				显示数字	a	b	c	d	e	f	g
0	0	0	0	0	1	1	1	1	1	1	0
0	0	0	1	1	0	1	1	0	0	0	0
0	0	1	0	2	1	1	0	1	1	0	1
0	0	1	1	3	1	1	1	1	0	0	1
0	1	0	0	4	0	1	1	0	0	1	1
0	1	0	1	5	1	0	1	1	0	1	1
0	1	1	0	6	1	0	1	1	1	1	1
0	1	1	1	7	1	1	1	0	0	0	0
1	0	0	0	8	1	1	1	1	1	1	1
1	0	0	1	9	1	1	1	1	0	1	1

由表 6.3 可得七段（$a\sim g$）表达式为：

$$a = \sum m(0, 2, 3, 5, 6, 7, 8, 9)$$

$$b = \sum m(0, 1, 2, 3, 4, 7, 8, 9)$$

$$c = \sum m(0, 1, 3, 4, 5, 6, 7, 8, 9)$$

$$d = \sum m(0, 2, 3, 5, 6, 8, 9)$$

$$e = \sum m(0, 2, 6, 8)$$

$$f = \sum m(0, 4, 5, 6, 8, 9)$$

$$g = \sum m(2, 3, 4, 5, 6, 8, 9)$$

根据上式可得 PLA 阵列图如图 6.13 所示。

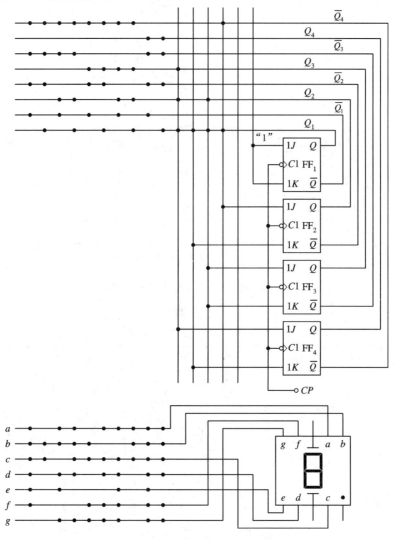

图 6.13　用 PLA 实现七段显示十进制计数器

【思考题】

1. 可编程逻辑器件有几种？

2. PLA 的与或阵列与 ROM 的与或阵列有什么区别？

3. 用 PLA 如何实现逻辑函数及组合电路？

6.3.2　可编程阵列逻辑(PAL)

PAL 也是在 PROM 基础上发展起来的一种可编程逻辑器件，是 20 世纪 70 年代末由美国 MMI 公司首先推出的。PAL 采用了熔丝编程方式、双极型工艺制造，因而器件的工作速度很高(可达十几 ns)。PAL 器件由可编程的与阵列、固定的或阵列和输出电路三部分组成。由于它们是与阵列可编程,而且输出结构种类很多,因而给逻辑设计带来很大的灵活性。

1. PAL 的输出结构

PAL 基本结构与 PLA 相似,所不同的是 PAL 结构中,与门阵列是可编程的,而或门阵列是固定连接的。也就是说,每个输出是若干个乘积项之和,其中乘积项的数目是固定的,如图 6.14 所示,每个输出对应的乘积项为两个。在 PAL 的现有产品中,最多的乘积项可达 8 个。

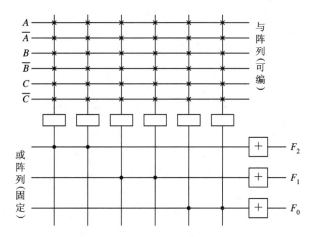

图 6.14　PAL 基本结构

2. PAL 的几种输出结构

PAL 具有多种输出结构。组合逻辑常采用"专用输出的基本门阵列结构",其输出结构如图 6.15 所示。图中,若输出部分采用或非门输出时,为低电平有效器件;若采用或门输出时,为高电平有效器件。有的器件还用互补输出的或门,故称为互补型输出,这种输出结构只适用于实现组合逻辑函数。目前常用的产品有 PAL10H8(10 输入,8 输出,高电平有效)、PAL10L8(10 输入,8 输出,低电平有效)、PAL16C1(16 输入,1 输出,互补型)等。

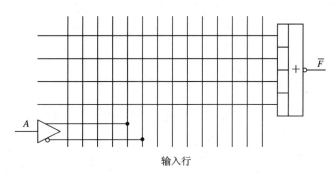

图 6.15　专用输出门阵列结构

PAL 实现时序逻辑电路功能时,其输出结构如图 6.16 所示,输出部分采用了一个 D 触发器,其输出通过选通三态缓冲器送到输出端,构成时序逻辑电路。

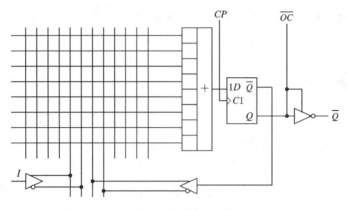

图 6.16　时序输出结构

3. PAL 的特点

PAL 和 SSI、MSI 通用标准器件相比有许多优点：

① 提高了功能密度，节省了空间。通常一片 PAL 可以代替 2～4 片 MSI。同时 PAL 只有 20 多种型号，但可以代替 90% 的通用 SSI、MSI 器件，因而进行系统设计时可以大大减少器件的种类。

② 提高了设计的灵活性，且编程和使用都比较方便。

③ 有上电复位功能，可以防止非法复制。

PAL 的主要缺点是由于它采用双极型熔丝工艺（PROM 结构），只能一次性编程，因而使用者仍要承担一定的风险。此外，PAL 器件输出电路结构的类型繁多，因此也给设计和使用带来一些不便。

【思考题】

1. PAL 与 PLA 有什么区别？

2. PAL 有什么特点？

6.3.3　通用阵列逻辑(GAL)

通用阵列逻辑 GAL 是 Lattice 公司于 1985 年首先推出的新型可编程逻辑器件。GAL 是 PAL 的第二代产品，它的基本逻辑和 PAL 相似，但它采用了 ECMOS 工艺，可编程的 I/O 结构，使之成为用户可以重复修改芯片的逻辑功能，在不到 1 秒钟时间内即可完成芯片的擦除及编程的逻辑器件，是理想的逻辑器件。

按门阵列的可编程结构，GAL 可分成两大类：一类是与 PAL 基本结构相似的普通型 GAL 器件，其与门阵列是可编程的，或门阵列是固定连接的，如 GAL16V8；另一类是与 FPLA 器件相类似的新一代 GAL 器件，其与门阵列及或门阵列都是可编程的，如 GAL39V18。

如图 6.17 所示是 GAL16V8 的逻辑电路图，它有 16 个输入引脚（其中八个为固定输入引脚）和八个输出引脚。其内部结构是由八个输入缓冲器，八个输出反馈/输入缓冲器，八个输出三态缓冲器，八个输出逻辑宏单元 OLMC，8×8 个与门构成的与门阵列以及时钟和输出选通信号输入缓冲器等组成。

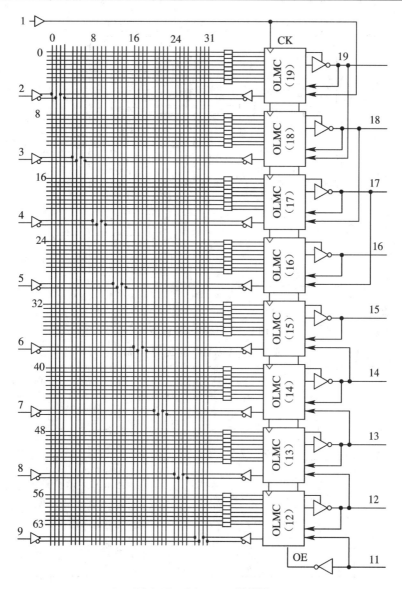

图 6.17　GAL16V8 逻辑图

一个 OLMC 由与阵列输出组成，其内部结构如图 6.18 所示，每个 OLMC 包括或门阵列中的一个或门，或门的每一个输入对应一个乘积项，因此或门的输出为有关乘积项之和。图中的异或门用于控制输出信号的极性，当 $XOR(n)$ 端为 1 时，异或门起反相器作用，反之为同相器，$XOR(n)$ 对应于结构控制字中的一位，n 为引脚号；D 触发器对异或门的输出状态起记忆作用，使 GAL 适用于时序逻辑电路。

每个 OLMC 中有四个多路开关 MUX，FIMUX 用于控制第一乘积项；TSMUX 用于选择输出三态缓冲器的选通信号；FMUX 决定反馈信号的来源；OMUX 用于选择输出信号是组合逻辑的还是寄存逻辑的。多路开关状态取决于结构控制字中的 AC_0 和 $AC_1(n)$ 位的值。例如，TSMUX 的控制信号是 AC_0 和 $AC_1(n)$，当 $AC_0 \cdot AC_1(n) = 11$ 时，表示多路开关 TSMUX 的数据输入端 11 被选通，表示三态门的选通信号是第一乘积项。表 6.4 列出有关控制信号与 OLMC 的配置关系。

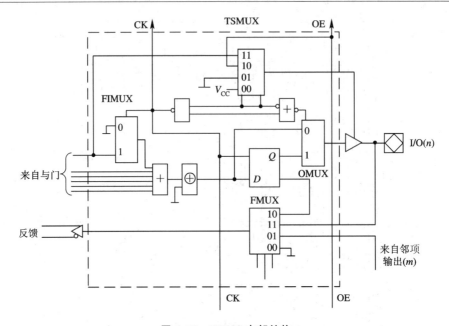

图 6.18　OLMC 内部结构

表 6.4　OLMC 的配置控制

SYN	AC_0	$AC_1(n)$	$XOR(n)$	配置功能	输出极性
1	0	1		输入模式	
1	0	0	0	所有输出	低有效
1	0	0	1	是组合的	高有效
1	1	1	0	所有输出	低有效
1	1	1	1	是组合的	高有效
0	1	1	0	组合输出	低有效
0	1	1	1	寄存输出	高有效
0	0	0	0	寄存输出	低有效
0	0	0	1		高有效

表 6.4 中 SYN、AC_0、$AC_1(n)$ 和 $XOR(n)$ 都是结构控制字中可编程位。$SYN=0$ 时，GAL 器件有寄存输出能力；$SYN=1$ 时，GAL 为一个纯粹组合逻辑器件。在两个宏单元 OLMC(12) 和 OLMC(19) 中，SYN 还代替了 $AC_1(m)$，而 SYN 代替了 AC_0，以仿真 PAL 的型号。$XOR(n)$ 位决定着每个输出的极性，当 $XOR(n)=0$ 时，输出低电平有效；当 $XOR(n)=1$ 时，输出高电平有效。

GAL 器件具有了许多优良特性，但其应用取决于开发环境——硬件工具 Logic Lab 编程器及软件工具 GALLAB 和 CUPL。对开发工具的使用这里不再介绍。可参阅专门的书籍。

【思考题】

1. 比较 PAL、PLA、GAL 的异同。

2. GAL 的种类有哪些？

3. GAL 有什么特点？其输出逻辑宏单元能实现哪些逻辑功能？

本 章 小 结

1. 存储器是数字计算机和其他数字装置中非常重要的组成部分，其功能是存放数据、指令等信息。

2. 存储器有只读存储器 ROM、随机存取存储器 RAM 两大类。

3. 可编程逻辑器件 PLD 的出现，使数字系统的设计过程和电路结构都大大简化，同时也使电路的可靠性得到提高。

4. PLD 器件主要有 PLA、PAL、GAL 等。

5. PLD 都是由与阵列和或阵列构成的。PLA 的与或阵列都是可编程的；PAL 的与阵列是可编程的，而或阵列是固定的；GAL 两种实现方式都有，但其编程只有在开发软件和硬件的支持下才能完成。

6. GAL 是各种 PLD 器件的理想产品，输出具有可编程的逻辑宏单元，可以由用户定义所需的输出状态，具有速度快、功耗低、集成度高等特点。

习 题

一、填空题

1. 只读存储器英文简写_____，其特点是只能_____而不能_____；随机读取存储器英文简写_____，其特点是既能_____而又能_____。

2. 可编程逻辑器件都包含一个_____阵列和一个_____阵列，二者都是可编程的。

3. PAL 基本结构与 PLA 相似，由可编程的_____阵列、固定的_____阵列和输出电路三部分组成。

二、简述题

1. 存储器的存储容量如何表示？

2. 存储器的基本组成有哪些单元电路？

3. 如何扩展 ROM 的容量？

三、实践应用题

1. 用 ROM 实现 8421 BCD 码转换为余三码电路。

2. 用 ROM 实现全减器。

3. 用 PLA 实现加法器。

4. 用 PLA 实现下列逻辑函数：

(1) $F_1 = AB\overline{C} + \overline{A}C + A\overline{B}C$

(2) $F_2 = \overline{A}B + AC + ABD + BCD$

5. 用 PLA 实现余三码转换为 8421 BCD 码电路。

第7章　脉冲产生与变换电路

知识目标：

1. 了解定时器的结构组成、功能及主要参数；
2. 理解集成定时器主要应用电路的电路特点。

能力目标：

掌握集成定时器主要应用电路的工作原理及使用方法。

素质目标：

养成踏实肯干、勤学好问的工作习惯。

知识重点：

集成定时器主要应用电路的功能。

知识难点：

集成定时器主要应用电路的功能分析及应用。

建议学时：

理论 6 学时，实践 2 学时，共 8 学时。

7.1 概　　述

在数字系统中，除了有数字信号"1"和"0"以外，一般还存在同步脉冲控制信号（CP 信号），它是具有一定幅度和一定频率的矩形波。

通常得到矩形波的方法很多，目前应用较多的是利用 555 定时器来实现。

555 定时器配以外部元件，既可以产生矩形波，又可以转换信号波形，还能构成多种实际应用电路。图 7.1 所示电路是利用 555 定时器构成的晶体管简易测试仪。

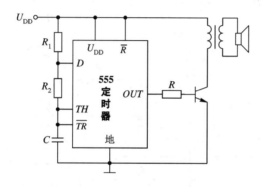

图 7.1　晶体管简易测试仪

在图 7.1 所示电路中，555 定时器和外接的电阻、电容构成振荡器，产生一定频率的振荡信号。当接入被测的 NPN 型三极管时，被测管放大输入的振荡信号，并将其输出送给扬声器，根据扬声器的发声可对被测管性能进行简易的定性测试。若扬声器无声，则说明管子已损坏；若扬声器声音小，则说明管子的放大倍数 β 较小；若扬声器声音大，则说明管子的放大倍数 β 较大。

7.2　555 定 时 器

7.2.1　555 定时器分类

555 定时器又称时基电路。555 定时器按照内部元件分为双极型（又称 TTL 型）和单极型两种。双极型内部采用的是晶体管；单极型内部采用的则是场效应管。

555 定时器按单片电路中包括定时器的个数分为单时基定时器和双时基定时器。

常见的 555 定时器型号有 5G555（属于单时基双极型定时器，其管脚排列如图 7.2 所示）、CC7555（属于单时基 CMOS 型定时器）、5G556（属于双时基双极型

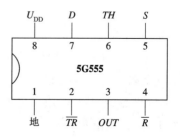

图 7.2　单时基双极型 555 定时器
5G555 管脚排列图

定时器)和 CC7556(属于双时基 CMOS 型定时器)。

7.2.2 555定时器的电路组成

5G555 定时器内部电路如图 7.3 所示，一般由分压器、比较器、触发器和开关及输出等四部分组成。

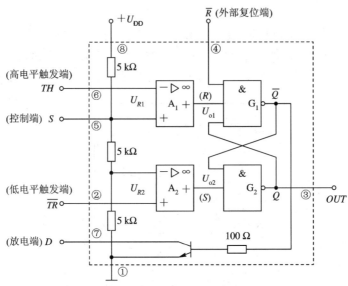

图 7.3　5G555 定时器内部电路

1. 分压器

分压器由三个等值的电阻串联而成，将电源电压 U_{DD} 分为三等分，作用是为比较器提供两个参考电压 U_{R1}、U_{R2}，若控制端 S 悬空或通过电容接地，则：

$$U_{R1} = \frac{2}{3}U_{DD}$$

$$U_{R2} = \frac{1}{3}U_{DD}$$

若控制端 S 外加控制电压 U_S，则：

$$U_{R1} = U_S$$

$$U_{R2} = \frac{U_S}{2}$$

2. 比较器

比较器是由两个结构相同的集成运放 A_1、A_2 构成的。A_1 用来比较参考电压 U_{R1} 和高电平触发端电压 U_{TH}：当 $U_{TH} > U_{R1}$ 时，集成运放 A_1 输出 $U_{o1} = 0$；当 $U_{TH} < U_{R1}$ 时，集成运放 A_1 输出 $U_{o1} = 1$。A_2 用来比较参考电压 U_{R2} 和低电平触发端电压 $U_{\overline{TR}}$：当 $U_{\overline{TR}} > U_{R2}$ 时，集成运放 A_2 输出 $U_{o2} = 1$；当 $U_{\overline{TR}} < U_{R2}$ 时，集成运放 A_2 输出 $U_{o2} = 0$。

3. 基本 RS 触发器

当 $RS = 01$ 时，$Q = 0$，$\overline{Q} = 1$；当 $RS = 10$ 时，$Q = 1$，$\overline{Q} = 0$。

4. 开关及输出

放电开关由一个晶体三极管组成，其基极受基本 RS 触发器输出端 $\bar{Q}$ 控制。当 $\bar{Q}=1$ 时，三极管导通，放电端 D 通过导通的三极管为外电路提供放电的通路；当 $\bar{Q}=0$ 时，三极管截止，放电通路被截断。

与双极型定时器相比，单极型定时器多了输出缓冲级，一般它由射极输出器或源极输出器构成，主要作用是提高驱动负载的能力和隔离负载对定时器的影响。

7.2.3　555 定时器的功能

以单时基双极型国产 5G555 定时器为例，其功能如表 7.1 所示。

表 7.1　5G555 定时器功能表

U_R	U_{TH}	$U_{\overline{TR}}$	OUT	放电端 D
0	×	×	0	与地导通
1	$>\dfrac{2}{3}U_{DD}$	$>\dfrac{1}{3}U_{DD}$	0	与地导通
1	$<\dfrac{2}{3}U_{DD}$	$>\dfrac{1}{3}U_{DD}$	保持原状态不变	保持原状态不变
1	$<\dfrac{2}{3}U_{DD}$	$<\dfrac{1}{3}U_{DD}$	1	与地断开

从单时基双极型定时器 5G555 的功能表可见：

(1) 只要外部复位端 $\bar{R}$ 接低电平或接地，即 $\bar{R}=0$，则不论高电平触发端 U_{TH} 和低电平触发端 $U_{\overline{TR}}$ 输入何种电平，输出端 OUT 均为低电平，并且放电端 D 通过导通的三极管接地，所以定时器正常工作时，应将外部复位端 $\bar{R}$ 接高电平。

(2) 外部复位端 $\bar{R}$ 接高电平，控制端 S 悬空或通过电容接地时：

若 $U_{TH}>\dfrac{2}{3}U_{DD}$ 且 $U_{\overline{TR}}>\dfrac{1}{3}U_{DD}$，$RS=01$，$Q=0$，$\bar{Q}=1$，使 $OUT=0$，放电端 D 通过导通的三极管接地。

若 $U_{TH}<\dfrac{2}{3}U_{DD}$ 且 $U_{\overline{TR}}>\dfrac{1}{3}U_{DD}$，$RS=11$，$Q$ 和 $\bar{Q}$ 均保持不变，使 OUT 和放电端 D 保持原来的状态不变。

若 $U_{TH}<\dfrac{2}{3}U_{DD}$ 且 $U_{\overline{TR}}<\dfrac{1}{3}U_{DD}$，$RS=10$，$Q=1$，$\bar{Q}=0$，使 $OUT=1$，放电端 D 与地之间断路。

(3) 外部复位端 $\bar{R}$ 接高电平，控制端 S 外接控制电压 U_S 时：

若 $U_{TH}>U_S$ 且 $U_{\overline{TR}}>\dfrac{1}{2}U_S$，$RS=01$，$Q=0$，$\bar{Q}=1$，使 $OUT=0$，放电端 D 通过导通的三极管接地。

若 $U_{TH}<U_S$ 且 $U_{\overline{TR}}>\dfrac{1}{2}U_S$，$RS=11$，$Q$ 和 $\bar{Q}$ 均保持不变，OUT 和放电端 D 保持原来的状态不变。

若 $U_{TH}<U_S$ 且 $U_{\overline{TR}}<\dfrac{1}{2}U_S$，$RS=10$，$Q=1$，$\overline{Q}=0$，使 $OUT=1$，放电端 D 与地之间断路。

所以，S 端外加控制电压 U_S 可以改变两个参考电压 U_{R1}、U_{R2} 的大小。

7.2.4 555 定时器的主要参数

双极型定时器与单极型定时器相比，虽然两者在内部组成结构上存在较大差别，但是其外部引脚和外部功能完全相同，可以互换使用，但需注意其技术参数的异同。5G555（单时基双极型定时器）和 CC7555（单时基 CMOS 型定时器）的主要参数对比如表 7.2 所示。

表 7.2 5G555 和 CC7555 的主要参数

参 数	单位	CMOS 型 CC7555	TTL 型 5G555
电源电压 U_{DD}	V	3～18	4.5～16
静态电源电流 I_{DD}	mA	0.12	10
定时精度	%	2	1
高电平触发端电压 U_{TH}		$\dfrac{2}{3}U_{DD}$	$\dfrac{2}{3}U_{DD}$
高电平触发端电流 I_{TH}	μA	0.000 05	0.1
低电平触发端电压 $U_{\overline{TR}}$		$\dfrac{1}{3}U_{DD}$	$\dfrac{1}{3}U_{DD}$
低电平触发端电流 $I_{\overline{TR}}$	μA	0.000 05	0.5
复位端复位电压 $U_{\overline{TR}}$	V	1	1
复位端复位电流 $I_{\overline{TR}}$	μA	0.1	400
放电端放电电流 $I_{\overline{TR}}$	mA	10～50	200
输出端驱动电流 $I_{\overline{TR}}$	mA	1～20	200
最高工作频率	kHz	500	500

从表 7.2 可见：

（1）二者的工作电源电压范围不同。

（2）双极型定时器输入输出电流较大，驱动能力强，可直接驱动负载，适宜于有稳定电源的场合使用。

（3）单极型定时器输入阻抗高，工作电流小，功耗低且精度高，多用于需要节省功耗的领域。

特别需要指出的是，CMOS 型定时器在储存、使用中要防止静电危害，注意多余输入端的处理，而双极型定时器则不必考虑这些因素。

【思考题】

1. 555 定时器主要由哪几部分组成？每部分各起什么作用？

2. 双极型定时器与 CMOS 型定时器有什么异同？

7.3 555 定时器的基本应用电路

555 定时器的应用非常广泛，主要有三种基本电路形式：施密特触发器、单稳态触发器和多谐振荡器。

7.3.1 施密特触发器

施密特触发器是一种脉冲信号变换电路，用来实现整形和鉴波。它可以将符合特定条件的输入信号变为对应的矩形波，这个特定条件是：输入信号的最大幅度 $U_{\max}$ 要大于施密特触发器中 555 定时器的参考电压 U_{R1}。当定时器控制端 S 悬空或通过电容接地时，$U_{R1} = \dfrac{2}{3}U_{DD}$；当定时器控制端 S 外接控制电压 U_S 时，则 $U_{R1} = U_S$。

1. 电路结构

由 555 定时器构成的施密特触发器如图 7.4 所示，定时器外接直流电源和地；高电平触发端 TH 和低电平触发端 $\overline{TR}$ 直接连接，作为信号输入端；外部复位端 $\overline{R}$ 接直流电源 U_{DD}（即 $\overline{R}$ 接高电平），控制端 S 通过滤波电容接地。

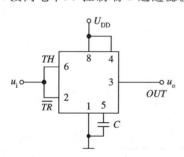

图 7.4 施密特触发器

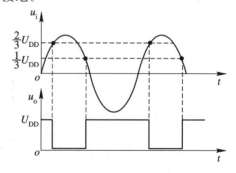

图 7.5 施密特触发器输入/输出波形

2. 工作原理

设输入信号 u_i 为最常见的正弦波，正弦波幅度大于 555 定时器的参考电压 $U_{R1} = \dfrac{2}{3}U_{DD}$（控制端 S 通过滤波电容接地），电路输入/输出波形如图 7.5 所示。输入信号 U_i 从零时刻起，信号幅度开始从零逐渐增加并呈正弦形变化。

当 u_i 处于 $0 < u_i < \dfrac{1}{3}U_{DD}$ 上升区间时，根据 555 定时器功能表 7.1 可知 $OUT = \text{"1"}$。

当 u_i 处于 $\dfrac{1}{3}U_{DD} < u_i < \dfrac{2}{3}U_{DD}$ 上升区间时，根据 555 定时器功能表 7.1 可知 OUT 仍保持原状态"1"不变。

当 u_i 一旦处于 $u_i \geqslant \dfrac{2}{3}U_{DD}$ 区间时，根据 555 定时器功能表 7.1 可知 OUT 将由"1"状态变为"0"状态，此刻对应的 U_i 值称为复位电平或上限阈值电压。

当 u_i 处于 $\frac{1}{3}U_{DD}<u_i<\frac{2}{3}U_{DD}$ 下降区间时,根据 555 定时器功能表 7.1 可知 OUT 保持原来状态"0"不变。

当 u_i 一旦处于 $U_i\leqslant\frac{1}{3}U_{DD}$ 区间时,根据 555 定时器功能表 7.1 可知 OUT 又将"0"状态变为"1"状态,此时对应的 u_i 值称为置位电平或下限阈值电压。

从图 7.5 输入输出波形分析中,可以发现置位电平和复位电平二者是不等的,二者之间的电压差称为回差电压,用 ΔU_T 表示,即 $\Delta U_T=U_{R1}-U_{R2}$。

若控制端 S 悬空或通过电容接地,$U_{R1}=\frac{2}{3}U_{DD}$ 而 $U_{R2}=\frac{1}{3}U_{DD}$,则

$$\Delta U_T=U_{R1}-U_{R2}=\frac{1}{3}U_{DD}$$

若控制端 S 外接控制电压 U_S,$U_{R1}=U_S$ 而 $U_{R2}=\frac{1}{2}U_S$,则

$$\Delta U_T=U_{R1}-U_{R2}=\frac{1}{2}U_S$$

图 7.6 所示为 S 端悬空或通过电容接地的施密特触发器电压传输特性,同时也反映了回差电压的存在,而这种现象称为电路传输滞后特性。回差电压越大,施密特触发器的抗干扰性越强,但施密特触发器的灵敏度也会相应降低。

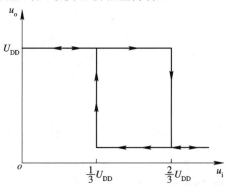

图 7.6 施密特触发器电压传输特性

同理,若施密特触发器输入其他波形的信号,只要输入信号的最大幅度 U_{max} 大于施密特触发器核心 555 定时器的参考电压 U_{R1},那么总能在输出端得到对应的矩形波。

当施密特触发器输入一定时,其输出可以保持 OUT 为"0"或"1"的稳定状态,所以施密特触发器又称为双稳态电路。

3. 典型应用

(1)波形变换。将任何符合特定条件的输入信号变为对应的矩形波输出信号。

请读者自行分析施密特触发器输入满足特定条件三角波时的输出波形,再分析输入三角波不满足特定条件时的施密特触发器的输出波形。

(2)幅度鉴别。因为施密特触发器存在复位电平 U_{R1},只有输入信号的幅度大于 555 定时器的参考电压 U_{R1} 时,输出端才一定会出现 OUT 为"0"的状态,可以由输出状态是否出现 OUT 为"0"的状态判断输入信号幅度是否超过一定值,如图 7.7 所示。

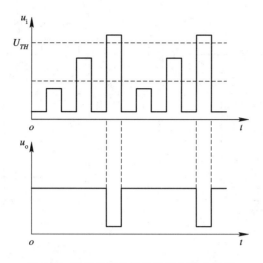

图 7.7 利用施密特触发器进行幅度鉴别

（3）脉冲整形。脉冲信号在传输过程中，如果受到干扰，其波形会产生变形，这时可利用施密特触发器进行整形，将变形的矩形波变为规则的矩形波，如图 7.8 所示。

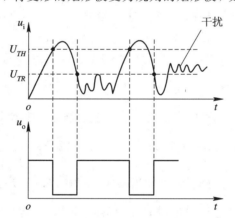

图 7.8 利用施密特触发器进行脉冲整形

7.3.2 单稳态触发器

单稳态触发器也有两个状态：一个是稳定状态，另一个是暂稳状态。当无触发脉冲输入时，单稳态触发器处于稳定状态；当有触发脉冲时，单稳态触发器将从稳定状态变为暂稳定状态，暂稳状态在保持一定时间后，能够自动返回到稳定状态。

1. 电路结构

单稳态触发器如图 7.9(a) 所示。电路由一个 555 定时器和若干电阻、电容构成。定时器外接直流电源和地，高电平触发端 TH 和放电端 D 直接连接，低电平触发端 $\overline{TR}$ 作为触发信号输入端接输入电压 u_i，外部复位端 $\overline{R}$ 接直流电源 U_{DD}（即 $\overline{R}$ 接高电平），控制端 S 通过滤波电容 C_0 接地。

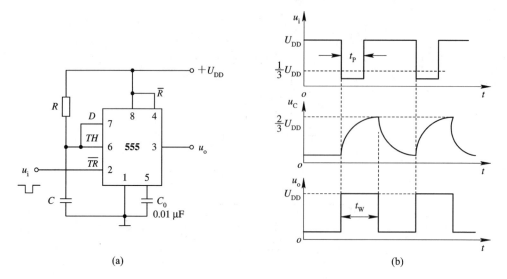

图 7.9 单稳态触发器

(a) 电路；(b) 输入输出波形

2. 工作原理

当单稳态触发器无触发脉冲信号时，输入端 U_i="1"，当直流电源 $+U_{DD}$ 接通以后，电路经过一段过渡时间后，OUT 端最后稳定输出"0"，放电端 D 通过导通的三极管接地，电容 C 两端电压为零。因高电平触发端 TH 和放电端 D 直接连接，所以高电平触发端 TH 接地，即 $U_{TH}=0<U_{R1}=\dfrac{2}{3}U_{DD}$，而 $U_{\overline{TR}}=U_i$="1"$>\dfrac{1}{3}U_{DD}$，根据 555 定时器功能可知，此时电路保持原态"0"不变，这种状态即是单稳态触发器的稳定状态，如图 7.9(b)所示。

当单稳态触发器有触发脉冲信号(即 U_i="0"$<\dfrac{1}{3}U_{DD}$)时，由于 $U_{\overline{TR}}=U_i$="0"$<\dfrac{1}{3}U_{DD}$，并且 $U_{TH}=0<U_{R1}=\dfrac{2}{3}U_{DD}$，则触发器输出由"0"变为"1"，三极管由导通变为截止，放电端 D 与地断开；直流电源 $+U_{DD}$ 通过电阻 R 向电容 C 充电，电容两端电压按指数规律从零开始增加(充电时间常数 $\tau=RC$)；经过一个脉冲宽度时间，负脉冲消失，输入端 U_i 恢复为"1"，即 $U_{\overline{TR}}=U_i$="1"$>\dfrac{1}{3}U_{DD}$，由于电容两端电压 $U_C<\dfrac{2}{3}U_{DD}$，而 $U_{TH}=U_C<\dfrac{2}{3}U_{DD}$，所以输出保持原状态"1"不变，这种状态即是单稳态触发器的暂稳状态。

当电容持续充电至电容两端电压 $U_C\geqslant\dfrac{2}{3}U_{DD}$ 时，$U_{TH}=U_C\geqslant\dfrac{2}{3}U_{DD}$，又有 $U_{\overline{TR}}>\dfrac{1}{3}U_{DD}$，那么输出就由暂稳状态"1"自动返回稳定状态"0"。

如果继续有触发脉冲输入，就会重复上面的过程，如图 7.9(b)所示。

3. 暂稳状态时间(输出脉冲宽度)

暂稳状态持续的时间又称输出脉冲宽度，用 t_W 表示。它由电路中电容两端的电压来决定，可以用三要素法求得 $t_W\approx1.1RC$。

当一个触发脉冲使单稳态触发器进入暂稳定状态以后，在随后 t_W 时间内的其他触发脉冲对触发器就不起作用了；只有当触发器处于稳定状态时，输入的触发脉冲才起作用。

4. 典型应用

1）定时

单稳态触发器可以构成定时电路；与继电器或驱动放大电路配合，可实现自动控制、定时开关的功能，一个典型定时电路如图 7.10 所示。

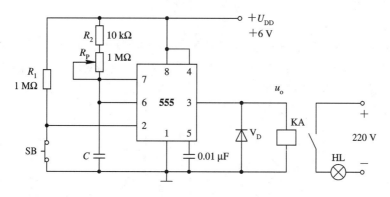

图 7.10　定时电路

当电路接通＋6 V 电源后，经过一段时间进入稳定状态，定时器输出 OUT 为低电平，常开继电器 KA（当继电器无电流通过时，常开接点处于断路状态）无通过电流，故形不成导电回路，灯泡 HL 不亮。

当按下按钮 SB 时，低电平触发端 TR（外部信号输入端 U_i）由接＋6 V 电源变为接地，相当于输入一个负脉冲，使电路由稳定状态转入暂稳状态，输出 OUT 为高电平，继电器 KA 通过电流，使常开接点闭合，形成导电回路，灯泡 HL 发亮，灯泡 HL 保持发亮一定时间后会自动熄灭；暂稳定状态的出现时刻灯开始亮是由按钮 SB 何时按下决定的，它的持续时间 t_w（也是灯亮时间）则是由电路参数决定的，若改变电路中的电阻 $R_w R_2$ 与 R_P 之和或 C，均可改变 t_w。

典型延时电路如图 7.11 所示，与定时电路相比，其区别主要是相关电阻和电容连接的位置不同。电路中的继电器 KA 为常断继电器，二极管 V_D 的作用是限幅保护。当开关 SA 闭合时，直流电源接通，555 定时器开始工作，若电容初始电压为零，因电容两端电压不能突变，而 $U_{DD}=U_C+U_R$，所以 $U_{TH}=U_{\overline{TR}}=U_R=U_{DD}-U_C=U_{DD}$，$OUT=$ "0"，继电器常开接点保持断开；同时电源开始向电容充电，电容两端电压不断上升，而电阻两端电压对应

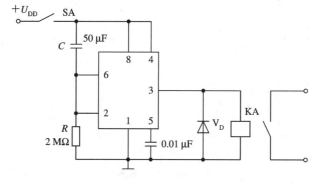

图 7.11　延时电路

下降，当 $U_c \geqslant \frac{2}{3}U_{DD}$，即 $U_{TH} = U_{\overline{TR}} = U_R \leqslant \frac{1}{3}U_{DD}$ 时，$OUT = "1"$，继电器常开接点闭合；电容充电至 $U_c = U_{DD}$ 时结束，此时电阻两端电压为零，电路输出 OUT 保持为"1"，从开关 SA 按下到继电器 KA 闭合相距的这段时间称为延时时间，延时时间长短主要由电路中的 R 和 C 值决定。

2）分频

当一个触发脉冲使单稳态触发器进入暂稳状态时，在此脉冲以后时间 t_W 内，如果再输入其他触发脉冲，则对触发器的状态不再起作用；只有当触发器处于稳定状态时，输入的触发脉冲才起作用，分频电路正是利用这个特性将高频率信号变换为低频率信号，电路如图 7.12 所示。

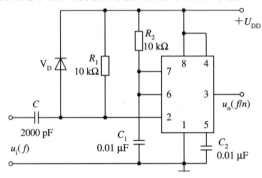

图 7.12　分频电路

7.3.3　多谐振荡器

多谐振荡器的功能是产生一定频率和一定幅度的矩形波信号。其输出状态不断在"1"和"0"之间变换，所以它又称为无稳态电路。

1. 由 555 定时器构成的多谐振荡器

1）电路结构

如图 7.13(a)所示，高电平触发端 TH 和低电平触发端 $\overline{TR}$ 直接连接，无外部信号输入端，放电端 D 也接在两个电阻之间。

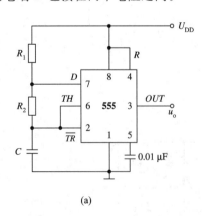

(a)

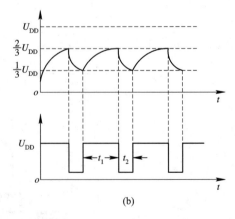

(b)

图 7.13　多谐振荡器

（a）电路；（b）输入输出波形

2）工作原理

如图 7.13(b)所示，假定零时刻电容初始电压为零，零时刻接通电源后，因电容两端电压不能突变，则有 $U_{TH}=U_{\overline{TR}}=U_C=0<\frac{1}{3}U_{DD}$，$OUT=$"1"，放电端 D 与地断路，直流电源通过电阻 R_1、R_2 向电容充电，电容电压开始上升；当电容两端电压 $U_C\geqslant\frac{2}{3}U_{DD}$ 时，$U_{TH}=U_{\overline{TR}}=U_C\geqslant\frac{2}{3}U_{DD}$，那么输出就由一种暂稳状态（$OUT=$"1"而放电端 D 与地断路）自动返回另一种暂稳状态（$OUT=$"0"而放电端 D 接地），由于充电电流从放电端 D 入地，电容不再充电，反而通过电阻 R_2 和放电端 D 向地放电，电容电压开始下降；当电容两端电压 $U_C\leqslant\frac{1}{3}U_{DD}$ 时，$U_{TH}=U_{\overline{TR}}=U_C\leqslant\frac{1}{3}U_{DD}$，那么输出就由 $OUT=$"0"变为 $OUT=$"1"，同时放电端 D 由接地变为与地断路；电源通过 R_1、R_2 重新向 C 充电，重复上述过程。

通过分析可知，电容充电时，$OUT=$"1"，而电容放电时，$OUT=$"0"，电容不断地充放电，输出相应的矩形波。

多谐振荡器无外部信号输入，却能输出矩形波，其实质是一种能量形式变换器——将直流形式的电能变为矩形波形式的电能。

3）振荡周期

振荡周期 $T=t_1+t_2$。t_1 代表充电时间（电容两端电压从 $\frac{1}{3}U_{DD}$ 上升到 $\frac{2}{3}U_{DD}$ 所需时间），$t_1\approx0.7(R_1+R_2)C$，t_2 代表放电时间（电容两端电压从 $\frac{2}{3}U_{DD}$ 下降到 $\frac{1}{3}U_{DD}$ 所需时间），$t_2\approx0.7R_2C$。因而有

$$T=t_1+t_2\approx0.7(R_1+2R_2)C$$

对于矩形波，除了用幅度、周期来衡量以外，还存在一个占空比参数 q，$q=\dfrac{脉宽\ t_P}{周期\ T}$，且 $0<q<1$，t_P 指输出一个周期内高电平所占时间。故图 7.13(a)所示电路输出矩形波的 $q=\dfrac{t_1}{T}=\dfrac{t_1}{t_1+t_2}=\dfrac{R_1+R_2}{R_1+2R_2}$。

4）改进电路

图 7.13(a)所示电路只能产生占空比大于 0.5 的矩形波，而图 7.14 所示电路可以产生占空比处于 0 和 1 之间的矩形波。这是因为它的充放电的路径不同，并且电路的充放电时间可以根据需要调整。（调节电位器或滑动电阻器）R_P 即可改变 R_A 和 R_B 值，从而改变充电时间和放电时间。）

输出矩形波的占空比 q 为

$$q=\frac{R_A}{R_A+R_B}$$

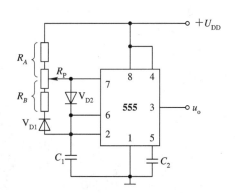

图 7.14　可调占空比的多谐振荡器

2. 石英晶体振荡器

前面介绍的多谐振荡器，其产生的振荡信号频率不仅取决于时间常数 RC，而且还取决于阈值电平，由于其易受温度、电源电压等外界条件的影响，因而振荡信号的频率稳定性较差，不适用于对频率稳定性要求较高的场合，如计算机中的时钟脉冲、石英电子钟、数字测量仪器仪表等等，这些地方需要得到频率稳定性和频率准确度均很高的脉冲信号，一般采用的是石英晶体构成的振荡电路，简称晶振电路。

石英晶体 J 电路符号如图 7.15(a)所示，它是将切成薄片的石英晶体置于两平板之间构成的，在电路中相当于一个高 Q(品质因数)选频网络，其电抗频率特性如图 7.15(b)所

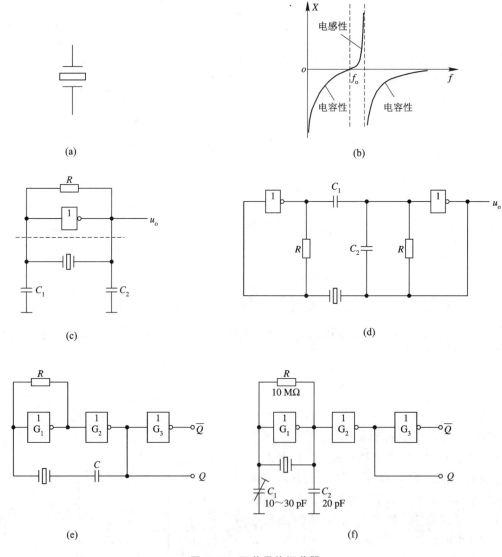

图 7.15　石英晶体振荡器

（a）石英晶体的电路符号；（b）石英晶体的电抗频率特性；

（c）石英晶体典型振荡电路 1；（d）石英晶体典型振荡电路 2；

（e）石英晶体典型振荡电路 3；（f）频率可以微调的石英晶体振荡电路

示。从图 7.15(b)中可知：当外加电压信号的频率和石英晶体固有的谐振频率 f_0 一致时，石英晶体的阻抗值最小，频率为 f_0 的电压信号最容易通过它，所以一般将石英晶体接入振荡电路的反馈电路中，构成正反馈，以形成自激震荡。因为石英晶体只允许频率与其谐振频率 f_0 相同的电压信号顺利通过自身，而 $f \neq f_0$ 的其他信号则被大大衰减，因而该电路的振荡频率主要取决于石英晶体本身的谐振频率 f_0，而与外接的电阻、电容无关，从而使振荡电路产生的振荡信号具有很高的频率稳定性（$\Delta f_0 / f_0$），一般可达到 $10^{-6} \sim 10^{-8}$；如果采用高质量的石英晶体，并将晶体置于恒温状态，频率稳定性（$\Delta f_0 / f_0$）甚至能达到 10^{-11}。

图 7.15(c)、(d)、(e)、(f)所示的是一些常见的典型石英晶体振荡电路：

图 7.15(c)中的 R 主要起到偏置作用，用来使非门（又称反相器）工作在线性放大区，其阻值对于 TTL 非门通常取在 0.7 kΩ 到 2 kΩ 之间，而对于 CMOS 非门则常取在 10 MΩ 到 100 MΩ 之间。石英晶体等效于一个电感器，与电容 C_1 和 C_2 一起构成电容三点式振荡电路，其输出信号的频率稳定，但信号波形并不理想，需要将图中的 U_0 再通过一个非门，才能得到理想的矩形波信号。

在图 7.15(d)中，偏置电阻 R 与非门并联，作用是使对应的非门工作在线性放大区；电容 C_1 用于两个非门之间的耦合，C_1 取值应使其在通过频率为 f_0 信号时的容抗可忽略不计；而 C_2 的作用则是抑制高次谐波，以保证稳定的频率输出，C_2 取值应满足条件 $2\pi RC_2 f_0 \approx 1$。

图 7.15(e)所示的石英晶体振荡电路类似于 RC 振荡器。

图 7.15(f)所示的晶振电路的输出信号频率可以进行微调。石英晶体与电容 C_1 和 C_2 一起构成 π 型单元电路，当改变 C_1 的容值大小时，会使石英晶体的电抗频率特性在 X 轴方向出现平移，从而达到微调 f_0 的目的。不论石英晶体振荡电路采用哪种具体电路形式，其电路输出信号频率通常选择为 32768 Hz，这是因为 $32768 = 2^{15}$，将此频率的输出信号经过 15 次二分频器后，即可得到 1 Hz 的时钟脉冲信号，作为计时或测量的基准信号。

7.3.4 555 定时器的具体应用电路

1. 压控振荡器

压控振荡器的功能是将控制电压转换为对应频率的矩形波。

压控振荡器的电路如图 7.16 所示。

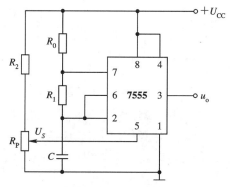

图 7.16 压控振荡器

　　将图 7.16 所示的压控振荡器电路与图 7.13(a)所示多谐振荡器电路相对比，二者基本相似，主要区别在于 555 定时器的外部控制端 S 的接法不同。在图 7.16 所示电路中，通过 R_P 分压经 S 端输入的电压 U_S 就是要进行转换的控制电压，工作原理与多谐振荡器相同，但是电路中的电容充放电是在电压 U_S 和 $U_S/2$ 之间进行的，输入输出波形如图 7.17 所示。

　　如果调节 R_P 滑动端，即可改变 S 端输入电压 U_S 的具体数值，电容的充放电时间就会随之改变，输出矩形波的周期也会改变，从而实现电压转换为对应频率的矩形波，即输入电压控制输出信号的频率。

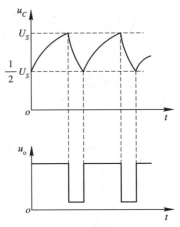

图 7.17　压控振荡器的输入输出波形

2. 波形产生电路

　　555 定时器如果加上适当的外部电路，还可以产生锯齿波、三角波、脉冲等信号。自举式锯齿波产生器电路如图 7.18 所示。

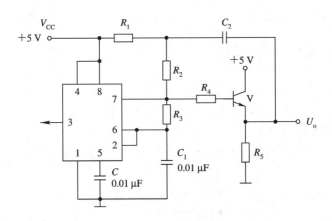

图 7.18　自举式锯齿波产生器

　　此电路将 555 定时器接成多谐振荡器形式，在电容 C_1 上得到锯齿波电压波形，需要指出的是电容 C_2 的正反馈作用，即在射随器 V 输出锯齿波的同时，输出通过电容 C_2 正反馈至电阻 R_2 上端，所以在电容 C_1 充电时，R_2 上电压保持不变，使 C_1 充电电流不变，保证了锯齿波的线形度。

3. 时控电路

在工业控制中，周围环境往往存在大量的干扰信号（如由高频火花、电磁波、继电器的开关等产生），必须要提高控制所用定时电路的抗干扰能力。

图 7.19 所示为一个抗干扰定时电路。电路中的 V_3 和稳压管 V_{DW_1} 组成降压稳压电路，对 24 V 工业电压源进行滤波稳压；V_1 和 V_{DW_2} 等组成高阈值反相器，可以提高触发脉冲的幅值至 24 V，从而抑制幅度较小的干扰脉冲；V_{D_2} 和连接的阻容元件，可以滤除较窄的触发脉冲；V_{D1}、V_{D2} 和 V_4 组成继电器驱动电路，避免负载（继电器）对定时器的影响。

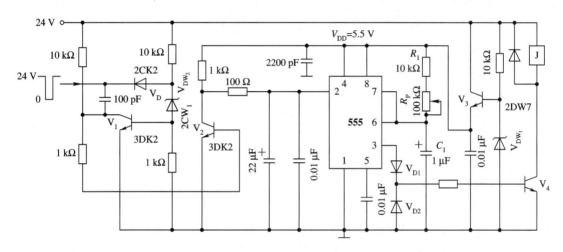

图 7.19　抗干扰的定时电路

【思考题】

1. 555 定时器应用电路的基本形式有哪几种？
2. 如何区分 555 定时器实际应用电路属于哪一种基本形式？

本 章 小 结

1. 555 定时器主要由比较器、基本 RS 触发器、门电路构成。基本应用形式有三种：施密特触发器、单稳态触发器和多谐振荡器。

2. 施密特触发器具有电压滞回特性，某时刻的输出由当时的输入决定，即不具备记忆功能。当输入电压处于参考电压 U_{R1} 和 U_{R2} 之间时，施密特触发器保持原来的输出状态不变，所以具有较强的抗干扰能力。

3. 在单稳态触发器中，输入触发脉冲只决定暂稳态的开始时刻，暂稳态的持续时间由外部的 RC 电路决定，从暂稳态回到稳态时不需要输入触发脉冲。

4. 多谐振荡器又称无稳态电路。在状态的变换时，触发信号不需要由外部输入，而是由其电路中的 RC 电路提供；状态的持续时间也由 RC 电路决定。

习 题

一、填空题

1. 555 定时器是一种比较常用的集成电路,应用电路有三种基本形式:_____电路、_____电路、_____电路。

2. 施密特触发器是一种_____电路,可用来实现_____、_____、_____。

3. 单稳态触发器有两个状态,一个是_____状态,另一个是_____状态,可用来实现_____、_____、_____。

二、名词解释

1. 555 定时器

2. 分频

3. 占空比

三、简述题

1. 双极型定时器与 CMOS 型定时器相比,其主要技术参数有哪些差异?

2. 555 定时器的常见分类方法有哪些?

3. 555 定时器主要由哪些单元电路组成?

四、综合分析题

1. 利用 555 定时器芯片构成一个鉴幅电路,实现题 7.1 图所示的鉴幅功能。图中,$U_{TH}=3.2$ V,$U_{TR}=1.6$ V。要求画出电路图,并标明电路中相关的参数值。

2. 已知施密特触发器的输入波形如题 7.2 图所示。其中,$U_T=20$ V,电源电压 $U_{DD}=18$ V,定时器控制端 S 通过电容接地,试画出施密特触发器对应的输出波形;如果定时器控制端 S 外接控制电压 $U_S=16$ V 时,试画出施密特触发器对应的输出波形。

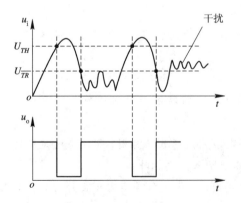

题 7.1 图　鉴幅电路的输入输出波形

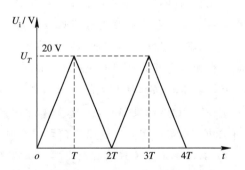

题 7.2 图　施密特触发器的输入波形

3. 多谐振荡器电路如图 7.13(a)所示,图中 C 为 0.2 μF,要求输出矩形波的频率为

1 kHz，占空比为 0.6，试计算电阻 R_1 和 R_2 的数值。若采用图 7.14 所示的电路，当滑动电阻滑动端向上移动时，保持电路其他参数不变，输出矩形波会产生什么变化？

　4．分析题 7.3 图所示 555 定时器断线光电隔离式保护电路的工作原理。

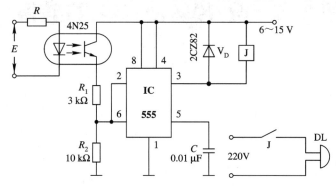

题 7.3 图　断线光电隔离式保护电路

　5．分析题 7.4 图所示 555 定时器换气扇自动控制电路。说明电路中的两个 555 定时器分别是哪一种基本连接形式，各有什么功能。

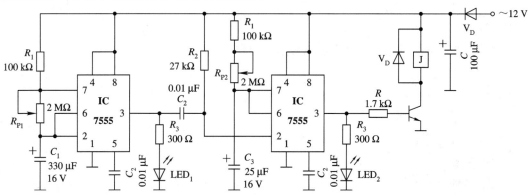

题 7.4 图　换气扇自动控制电路

五、实践应用题

　1．单稳态触发器如图 7.9(a) 所示，图中 R 为 20 kΩ，C 为 0.5 μF，试计算此触发器的暂稳态持续时间。

　2．利用 555 定时器构成的多谐振荡器电路如题 7.5 图所示，当电位器 R_P 滑到最下端时，试计算：

　（1）相应振荡周期 T；

　（2）对应输出波形的占空比 q。

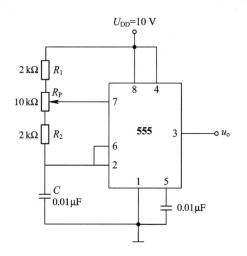

题 7.5　多谐振荡器电路

第 8 章　数/模转换和模/数转换

知识目标：

　　1. 了解 ADC 和 DAC 的工作原理；

　　2. 熟悉 ADC 和 DAC 的技术指标。

能力目标：

　　掌握 ADC 和 DAC 的使用方法。

素质目标：

　　养成爱护工具设备、保护环境的良好职业习惯。

知识重点：

　　ADC 和 DAC 的应用。

知识难点：

　　ADC 和 DAC 的原理。

建议学时：

　　理论 4 学时，实践 2 学时，共 6 学时。

8.1　概　　述

随着数字电子技术的迅速发展，用数字电路来处理模拟信号的情况更加普及。这就涉及到模拟信号与数字信号间的相互转换：从模拟信号到数字信号的转换称模/数转换（又称 A/D 转换），完成 A/D 转换的电路称 A/D 转换器（简称 ADC）；从数字信号到模拟信号的转换称数/模转换（又称 D/A 转换），完成 D/A 转换的电路称 D/A 转换器（简称 DAC）。

例如，要用计算机对生产过程进行实时控制，首先将有关的物理量经传感器变成电压、电流等电模拟量，再经模/数转换变成数字信号，送计算机进行处理，处理后的结果又经数/模转换变成电压、电流等电模拟量，由执行元件实行控制。其控制过程原理方框图如图 8.1 所示。可见，ADC 和 DAC 是数字系统和模拟系统相互联系的桥梁，是数字系统的重要组成部分。

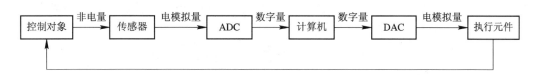

图 8.1　计算机对生产过程进行实时控制原理示意图

8.2　数/模转换器(DAC)

8.2.1　DAC 的基本工作原理

DAC 用于将输入的二进制数字量转换为与该数字量成比例的电压或电流。其组成框图如图 8.2 所示。图中，数据锁存器用来暂时存放输入的数字量，这些数字量控制模拟电子开关，将参考电压源 U_{REF} 按位切换到电阻译码网络中变成加权电流，然后经运放求和，输出相应的模拟电压，完成 D/A 转换过程。

DAC 的类型有：权电阻网络 DAC、T 型电阻网络 DAC、倒 T 型电阻网络 DAC 等。权电阻网络 DAC 电路结构简单，但电阻网络中，各电阻阻值以 2^n 变化，大小不一，不易保证精度，因此很少采用。T 型电阻网络 DAC 电路结构简单，速度高，电阻网络由 R 和 $2R$ 两种阻值的电阻构成，故精度较高。此电路不足之处是：在动态过程中，输出端有可能产生相当大的尖峰脉冲，即输出的模拟电压的瞬时值有可能比稳态值大很多，会引起较大的动态误差。倒 T 型电阻网络 DAC 结构简单，速度高，精度高，且无 T 型电阻网络 DAC 在动态过程中出现的尖峰脉冲。因此，倒 T 型电阻网络 DAC 是目前转换速度较高且使用较多的一种。

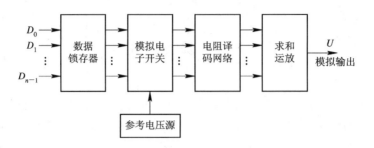

图 8.2　DAC 方框图

8.2.2　倒 T 型电阻网络 DAC

如图 8.3 所示为一个四位倒 T 型电阻网络 DAC(按同样结构可将它扩展到任意位)，它由数据锁存器(图中未画)、模拟电子开关(S)、R-$2R$ 倒 T 型电阻网络、运算放大器(A)和基准电压 U_{REF} 组成。

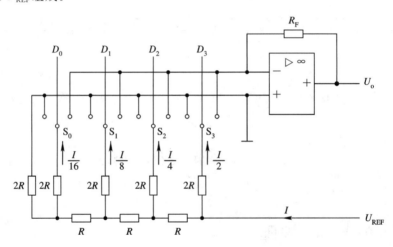

图 8.3　倒 T 型电阻网络 D/A 转换器

模拟电子开关 S_3、S_2、S_1、S_0 分别受数据锁存器输出的数字信号 D_3、D_2、D_1、D_0 控制。当某位数字信号为 1 时，相应的模拟电子开关接至运算放大器的反相输入端(虚地)；若为 0 则接同相输入端(接地)。开关 $S_3 \sim S_0$ 是在运算放大器求和点(虚地)与地之间转换，因此不管数字信号 D 如何变化，流过每条支路的电流始终不变，从参考电压 U_R 输入的总电流也是固定不变的。

图 8.3 所示电路从 U_{REF} 向左看，其等效电路如图 8.4 所示，等效电阻为 R，因此总电流 $I=U_{REF}/R$。

流入每个 $2R$ 电阻的电流从高位到低位依次为 $I/2$、$I/4$、$I/8$、$I/16$，流入运算放大器反相输入端的电流为

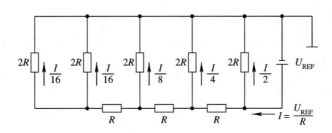

图 8.4　倒 T 型电阻网络简化等效电路

$$I_\Sigma = D_3 \frac{I}{2} + D_2 \frac{I}{4} + D_1 \frac{I}{8} + D_0 \frac{I}{16}$$

$$= \frac{U_{REF}}{2^4 R}(D_3 \times 2^3 + D_2 \times 2^2 + D_1 \times 2^1 + D_0 \times 2^0)$$

所以运算放大器的输出电压为

$$U_o = -I_\Sigma R_F = -\frac{U_{REF} R_F}{2^4 R}(D_3 \times 2^3 + D_2 \times 2^2 + D_1 \times 2^1 + D_0 \times 2^0)$$

若 $R_F = R$，则有

$$U_o = -\frac{U_{REF}}{2^4}(D_3 \times 2^3 + D_2 \times 2^2 + D_1 \times 2^1 + D_0 \times 2^0)$$

推广到 n 位 DAC，则有

$$U_o = -\frac{U_{REF}}{2^n}(D_{n-1} \times 2^{n-1} + D_{n-2} \times 2^{n-2} + \cdots + D_1 \times 2^1 + D_0 \times 2^0)$$

例 1　如图 8.3 所示，若 $U_R = 10$ V，求对应 $D_3 D_2 D_1 D_0$ 分别为 1010、0110 和 1100 时输出电压值。（对应 $D_3 D_2 D_1 D_0$ 为 0110 和 1100 时自行练习。）

解　当 $D_3 D_2 D_1 D_0 = 1010$ 时，

$$U_o = -\frac{U_{REF}}{2^4}(D_3 \times 2^3 + D_2 \times 2^2 + D_1 \times 2^1 + D_0 \times 2^0)$$

$$= -\frac{10}{2^4}(2^3 + 2^1) = -\frac{10}{16} \times 10 = -6.25 \text{ V}$$

8.2.3　DAC 的主要技术指标

1. 分辨率

DAC 的分辨率是说明 DAC 输出最小电压的能力。它是指最小输出电压（对应的输入数字量仅最低位为 1）与最大输出电压（对应的输入数字量各有效位全为 1）之比：

$$分辨率 = \frac{1}{2^n - 1}$$

式中，n 表示输入数字量的位数。可见，n 越大，分辨最小输出电压的能力也越强。

例如，$n = 8$，DAC 的分辨率为

$$分辨率 = \frac{1}{2^8 - 1} = 0.0039$$

2. 转换精度

转换精度是指 DAC 实际输出模拟电压值与理论输出模拟电压值之差。显然，这个差值越小，电路的转换精度越高。

3. 建立时间(转换速度)

建立时间是指 DAC 从输入数字信号开始到输出模拟电压或电流达到稳定值时所用的时间。

8.2.4　集成 DAC 举例

根据 DAC 的位数、速度不同，集成电路可以有多种型号。DAC0832 是常用的集成 DAC，它是用 CMOS 工艺制成的双列直插式单片八位 DAC，可以直接与 Z80、8080、8085、MCS51 等微处理器相连接。其结构框图和管脚排列图如图 8.5 所示。

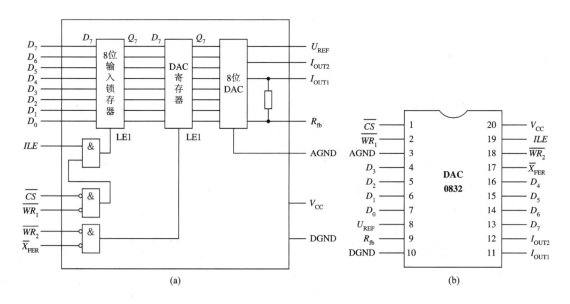

图 8.5　集成 DAC0832

(a) 结构框图；(b) 管脚排列图

DAC0832 由八位输入寄存器、八位 DAC 寄存器和八位 D/A 转换器三大部分组成。它有两个分别控制的数据寄存器，可以实现两次缓冲，所以使用时有较大的灵活性，可根据需要接成不同的工作方式。DAC0832 中采用的是倒 T 型 $R\text{-}2R$ 电阻网络，无运算放大器，是电流输出，使用时需外接运算放大器。芯片中已经设置了 R_{fb}，只要将 9 号管脚接到运算放大器输出端即可。但若运算放大器增益不够，还需外接反馈电阻。

DAC0832 芯片上各管脚的名称和功能说明如下：

$\overline{CS}$：片选信号，输入低电平有效。

ILE：输入锁存允许信号，输入高电平有效。

$\overline{WR_1}$：输入数据选通信号，输入低电平有效。

$\overline{WR_2}$：数据传送选通信号，输入低电平有效。

$\overline{X_{FER}}$：数据传送控制信号，输入低电平有效。

$D_0 \sim D_7$：八位输入数据信号。

I_{OUT1}：DAC 输出电流 1。此输出信号一般作为运算放大器的一个差分输入信号(一般接反相端)。

I_{OUT2}：DAC 输出电流 2。它为运算放大器的另一个差分输入信号(一般接地)。

U_{REF}：参考电压输入。一般 U_{REF} 可在 -10 V 到 $+10$ V 范围内选取。

V_{CC}：数字部分的电源输入端。U_{CC} 可在 $+5$ V 到 $+15$ V 范围内选取。

DGND：数字电路地。

AGND：模拟电路地。

结合图 8.5(a)可以看出转换器进行各项功能时，对控制信号电平的要求如表 8.1 所示。

表 8.1

功 能	控 制 条 件					说 明
	$\overline{CS}$	ILE	$\overline{WR_1}$	$\overline{X_{FER}}$	$\overline{WR_2}$	
数据 $D_7 \sim D_0$ 输入到寄存器 1	0	1	×	—	—	$\overline{WR_1}=0$ 时存入数据 $\overline{WR_1}=1$ 时锁定
数据由寄存器 1 转送到寄存器 2	—	—	—	0	×	$\overline{WR_2}=0$ 时存入数据 $\overline{WR_2}=1$ 时锁定
从输出端取模拟量	—	—	—	—	—	无控制信号，随时可取

DAC0832 的使用有三种工作方式：双缓冲器型、单缓冲器型和直通型。如图 8.6 所示。

双缓冲器型如图 8.6(a)所示。首先 $\overline{WR_1}$ 接低电平，将输入数据先锁存在输入寄存器中。当需要 D/A 转换时，再将 $\overline{WR_2}$ 接低电平，将数据送入 DAC 寄存器中并进行转换，工作方式为两级缓冲方式。

单缓冲器型如图 8.6(b)所示。DAC 寄存器处于常通状态，当需要 D/A 转换时，将 $\overline{WR_1}$ 接低电平，使输入数据经输入寄存器直接存入 DAC 寄存器中并进行转换。工作方式为单缓冲方式，即通过控制一个寄存器的锁存，达到使两个寄存器同时选通及锁存。

直通型如图 8.6(c)所示。两个寄存器都处于常通状态，输入数据直接经两寄存器到 DAC 进行转换，故工作方式为直通型。

实际应用时，要根据控制系统的要求来选择工作方式。

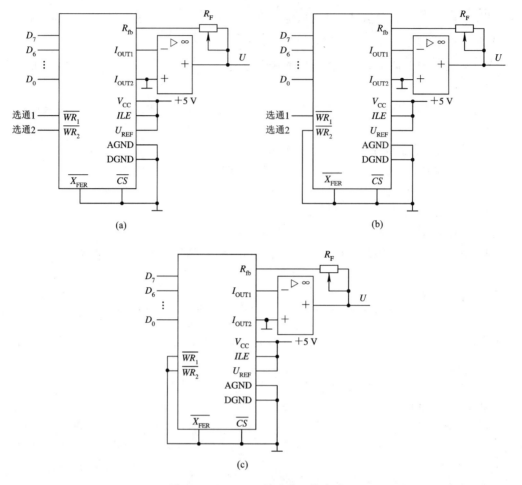

图 8.6 DAC0832 的三种工作方式

（a）双缓冲器型；（b）单缓冲器型；（c）直通型

【思考题】

1. 什么是 D/A 转换？DAC 框图中各部分的作用是什么？

2. 常见的 DAC 有几种？其特点分别是什么？

3. DAC0832 的三种工作方式是什么？

8.3 模/数转换器(ADC)

8.3.1 ADC 的基本工作原理

A/D 转换是将模拟信号转换为数字信号。转换过程通过取样、保持、量化和编码四个步骤完成。通常取样和保持是利用同一个电路连续进行的，量化和编码也是在转换过程中同时实现的。

1. 取样和保持

取样（又称抽样或采样）是将时间上连续变化的模拟信号转换为时间上离散的模拟信

号，即转换为一系列等间隔的脉冲。脉冲的幅值取决于输入模拟量，其过程如图 8.7 所示。图中，U_i 为模拟输入信号，CP 为取样信号，U_o 为取样后输出信号。

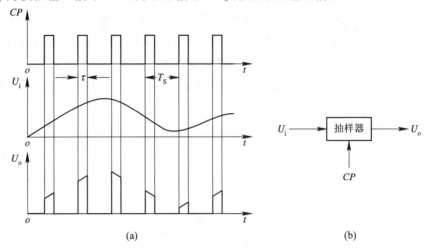

图 8.7　取样过程

取样电路实质上是一个受控开关。在取样脉冲 CP 有效期 τ 内，取样开关接通，使 $U_o=U_i$；在其他时间（$T_s-\tau$）内，输出 $U_o=0$。因此，每经过一个取样周期，在输出端便得到输入信号的一个取样值。

为了不失真地用取样后的输出信号 U_o 来表示输入模拟信号 U_i，取样频率 f_s 必须满足 $f_s \geqslant 2f_{max}$（此式为取样定理）。其中，f_{max} 为输入信号 U_i 的上限频率（即最高次谐波分量的频率）。模拟信号经取样后输出一系列的断续脉冲。取样脉冲宽度一般是很短暂的，而 ADC 把取样信号转换成数字信号需要一定的时间，这就需要将这个断续的脉冲信号保持一定时间以便进行转换。如图 8.8(a) 所示是一种常见的取样—保持电路，它由取样开关、保持电容和缓冲放大器组成。

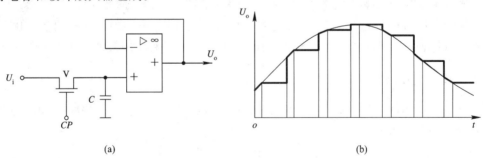

图 8.8　取样—保持电路和输入输出波形
(a) 电路；(b) 输入输出波形

在图 8.8(a) 中，利用场效应管做模拟开关。在取样脉冲 CP 到来的时间 τ 内，开关接通，输入模拟信号 $U_i(t)$ 向电容 C 充电，当电容 C 的充电时间常数 $t_C \ll \tau$ 时，电容 C 上的电压在时间 τ 内跟随 $U_i(t)$ 变化。取样脉冲结束后，开关断开，因电容的漏电很小且运算放大器的输入阻抗又很高，所以电容 C 上电压可保持到下一个取样脉冲到来为止。运算放大器构成跟随器，具有缓冲作用，以减小负载对保持电容的影响。在输入一连串取样脉冲后，输出电压 $U_o(t)$ 波形如图 8.8(b) 所示。

2. 量化和编码

输入的模拟信号经取样—保持后,得到的是阶梯形模拟信号。阶梯幅度的变化也将会有无限个数值,很难用数字量表示出来,因此必须将阶梯形模拟信号的幅度等分成 n 级,每级规定一个基准电平值,然后将阶梯电平分别归并到最邻近的基准电平上。这种分级归并、近似取整的过程称为量化。量化中的基准电平称为量化电平,取样保持后未量化的电平 U_o 值与量化电平 U_q 值之差称为量化误差 δ,即 $\delta = U_o - U_q$。量化的方法一般有两种:只舍不入法和有舍有入法(或称四舍五入法)。用二进制数码来表示各个量化电平的过程称为编码。图 8.9 表示了两种不同的量化编码方法。

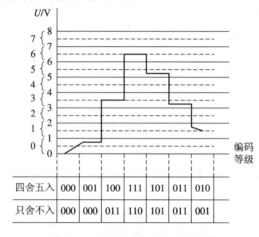

四舍五入	000	001	100	111	101	011	010
只舍不入	000	000	011	110	101	011	001

图 8.9 两种量化编码方法的比较

ADC 可分为直接 ADC 和间接 ADC 两大类。在直接 ADC 中,输入模拟信号直接被转换成相应的数字信号,如计数型 ADC、逐次逼近型 ADC 和并行比较型 ADC 等,其特点是工作速度高,转换精度容易保证,调准也比较方便。而在间接 ADC 中,输入模拟信号先被转换成某种中间变量(如时间、频率等),然后再将中间变量转换为最后的数字量,如单次积分型ADC、双积分型 ADC 等,其特点是工作速度较低,但转换精度可以做得较高,且抗干扰性强,一般在测试仪表中用得较多。下面介绍常用的两种 ADC 和一种常用的集成电路组件。

8.3.2 逐次逼近型 ADC

逐次逼近型 ADC 的结构框图如图 8.10 所示,包括四个部分:比较器、DAC、逐次逼近寄存器和控制逻辑。

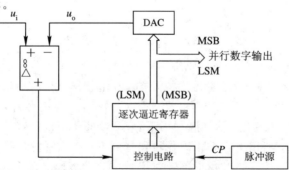

图 8.10 逐次逼近型 ADC 方框图

逐次逼近型 ADC 是将大小不同的参考电压与输入模拟电压逐步进行比较,比较结果以相应的二进制代码表示。转换前先将寄存器清零。转换开始后,控制逻辑将寄存器的最高位置为 1,使其输出为 100…0。这个数码被 D/A 转换器转换成相应的模拟电压 U_o,送到比较器与输入 U_i 进行比较。若 $U_o > U_i$,说明寄存器输出数码过大,故将最高位的 1 变成 0,同时将次高位置为 1;若 $U_o \leq U_i$,说明寄存器输出数码还不够大,则应将这一位的 1 保留,依次类推将下一位置 1 进行比较,直到最低位为止。比较结束,寄存器中的状态就是转化后的数字输出,此比较过程与用天平称量一个物体重量时的操作一样,只不过使用的砝码重量依次减半。

例 2 一个四位逐次逼近型 ADC 电路,输入满量程电压为 5 V,现加入的模拟电压 $U_i = 4.58$ V。求:

(1) ADC 输出的数字是多少?

(2) 误差是多少?

解 (1)第一步:使寄存器的状态为 1000,送入 DAC,由 DAC 转换为输出模拟电压

$$U_o = \frac{U_m}{2} = \frac{5}{2} = 2.5 \text{ V}$$

因为 $U_o < U_i$,所以寄存器最高位的 1 保留。

第二步:寄存器的状态为 1100,由 DAC 转换输出的电压

$$U_o = \left(\frac{1}{2} + \frac{1}{4}\right) U_m = 3.75 \text{ V}$$

因为 $U_o < U_i$,所以寄存器次高位的 1 也保留。

第三步:寄存器的状态为 1110,由 DAC 转换输出的电压

$$U_o = \left(\frac{1}{2} + \frac{1}{4} + \frac{1}{8}\right) U_m = 4.38 \text{ V}$$

因为 $U_o < U_i$,所以寄存器第三位的 1 也保留。

第四步:寄存器的状态为 1111,由 DAC 转换输出的电压

$$U_o = \left(\frac{1}{2} + \frac{1}{4} + \frac{1}{8} + \frac{1}{16}\right) U_m = 4.69 \text{ V}$$

因为 $U_o > U_i$,所以寄存器最低位的 1 去掉,只能为 0。

所以,ADC 输出数字量为 1110。

(2)转换误差为

$$4.58 - 4.38 = 0.2 \text{ V}$$

逐次逼近型 ADC 的数码位数越多,转换结果越精确,但转换时间也越长。这种电路完成一次转换所需时间为 $(n+2) T_{CP}$。式中,n 为 ADC 的位数,T_{CP} 为时钟脉冲周期。

8.3.3 双积分型 ADC

双积分型 ADC 是一种间接的 ADC。其基本工作原理是先将输入的模拟信号转换成与其成正比的时间间隔,再在这个时间间隔内用计数器对频率不变的计数脉冲进行计数,所得的数字量正比于输入模拟电压的平均值。

双积分型 ADC 的原理图如图 8.11 所示。它由积分器、检零比较器、时钟控制门和计数器等部分组成。

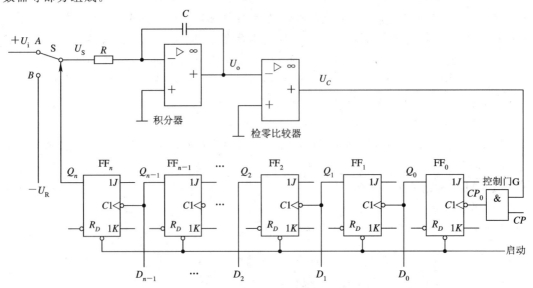

图 8.11 双积分 ADC 型原理图

转换过程开始时，所有触发器被清零。由于触发器 F_n 输出 $Q_n=0$，使开关 S 打到 A 点接输入电压 $+U_i$，积分器从原始状态 0 V 开始对 U_i 进行积分。其输出电压 U_o 如式(8.1)所示。

$$U_o = -\frac{1}{RC} \int_0^t U_i \, \mathrm{d}t \tag{8.1}$$

U_o 以正比于 U_i 的斜率线性下降。同时，由于 $U_o<0$，检零比较器输出 $U_C=1$，计数控制门 G 被打开，n 位二进制计数器开始计数，一直到 $t=T_1=2^n T_{CP}$(T_{CP} 为时钟周期)时，n 级计数器被计满溢出，触发器 $F_{n-1} \cdots F_1 F_0$ 状态回到 $0 \cdots 00$，而 F_n 由 0 翻转为 1。由于 $Q_n=1$，开关由 A 点转向 B，即将 $-U_R$ 送积分器进行积分。设到达 T_1 时积分器的输出电压为 U_P，则根据式(8.1)可求得式(8.2)。

$$U_P = -\frac{1}{RC} \int_0^{T_1} U_i \, \mathrm{d}t = -\frac{U_i T_1}{RC} = -\frac{2^n T_{CP}}{RC} U_i \tag{8.2}$$

S 转至 B 点后，积分器开始对基准电压 $-U_R$ 进行积分。积分器的输出为

$$U_o(t) = U_P - \frac{1}{RC} \int_{T_1}^t -U_R \, \mathrm{d}t = -\frac{2^n T_{CP}}{RC} U_i + \frac{U_R}{RC}(t - T_1) \tag{8.3}$$

只要 $U_o \leqslant 0$，U_C 就为 1，门 G 必然打开，计数器从 0 开始第二次计数，一直计到 $t=T_1+T_2$ 时，$U_o>0$ 为止。这时，$U_C=0$。门 G 关闭，计数器停止计数。假设 T_2 区间内计数器记录了 N 个脉冲，则有

$$T_2 = N T_{CP} \tag{8.4}$$

由式(8.3)，求 $U_o(t)|_{t=T_1+T_2}$ 可得

$$U_o(t)|_{t=T_1+T_2} = -\frac{2^n T_{CP}}{RC} U_i + \frac{U_R}{RC}(T_1 + T_2 - T_1) = 0$$

$$-\frac{2^n T_{CP}}{RC}U_i + \frac{U_R}{RC} \cdot N \cdot T_{CP} = 0$$

所以 $$N = \frac{2^n}{U_R}U_i \qquad (8.5)$$

由式(8.5)可见,计数器记录的脉冲数 N 与输入电压 U_i 成正比,从计数器输出就得到了转换结果,实现了 A/D 转换。图 8.12 为双积分 ADC 各处的工作波形图。

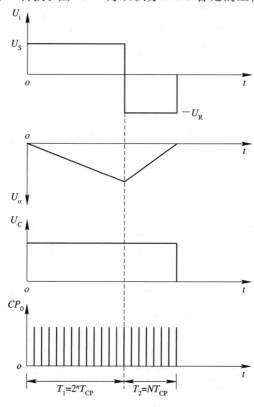

图 8.12 双积分 ADC 各处波形图

由以上分析可以看出,由于双积分型 ADC 在转换过程中进行了两次积分,因而转换结果不受积分时间常数的影响,且在输入端使用了积分器,故它对交流噪声的干扰有很强的抑制能力。它的不足之处是工作速度较低,因此这种转换器多用于像数字电压表等对转换速度要求不高的场合。

8.3.4 ADC 的主要技术指标

1. 分辨率

ADC 的分辨率指 A/D 转换器对输入模拟信号的分辨能力。常以输出二进制码的位数 n 来表示。

$$分辨率 = \frac{1}{2^n}FSR$$

式中,FSR 是输入的满量程模拟电压。

所以,A/D 转换器的分辨率是指 ADC 可以分辨的最小模拟电压。例如,输入的模拟电压满量程为 10 V，八位 ADC 可以分辨的最小模拟电压是 $10/2^8 = 37.06$ mV，而同量程 10 位 ADC 可以分辨的最小模拟电压是 $10/2^{10} = 9.76$ mV。可见 ADC 的位数越多，它的分辨率就越高。

2. 转换速度

转换速度是指完成一次 A/D 转换所需的时间。转换时间是从接到模拟信号开始，到输出端得到稳定的数字信号所经历的时间。转换时间越短，说明转换速度越高。双积分型 ADC 的转换速度最慢需几百毫秒左右；逐次逼近型 ADC 的转换速度较快，需几十微秒；并联型 ADC 的转换速度最快，仅需几十纳秒时间。

3. 相对精度

在理想情况下，所有的转换点应在一条直线上。相对精度是指实际的各个转换点偏离理想特性的误差，一般用最低有效位来表示。

此外，还有一些参数，如：输入模拟电压范围及输入电阻、输出数字信号的逻辑电平及带负载能力、温度系数、电源抑制、电源功率消耗等。

8.3.5 集成 ADC 举例

集成 ADC 品种很多，ADC0809 是常见的集成 ADC。它是采用 CMOS 工艺制成的八位八通道单片 A/D 转换器，采用逐次逼近型 ADC，适用于分辨率较高而转换速度适中的场合。

ADC0809 的结构框图及管脚排列图如图 8.13 所示。它由八路模拟开关、地址锁存与译码器、ADC、三态输出锁存缓冲器组成。

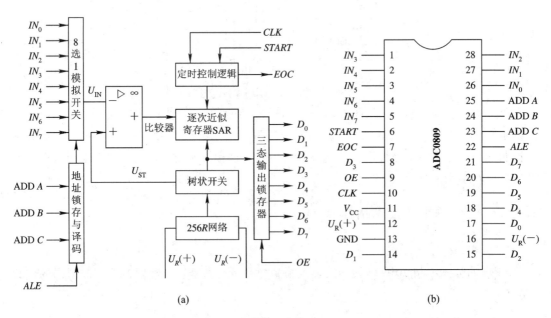

图 8.13 ADC0809

（a）结构框图；（b）管脚排列图

芯片上各引脚的名称和功能如下：

$IN_0 \sim IN_7$：八路单端模拟输入电压的输入端。

$U_R(+)$、$U_R(-)$：基准电压的正、负极输入端。由此输入基准电压，其中心点应在 $U_{CC}/2$ 附近，偏差不应超过 0.1 V。

$START$：启动脉冲信号输入端。当需启动 A/D 转换过程时，在此端加一个正脉冲，脉冲的上升沿将所有的内部寄存器清零，下降沿时开始 A/D 转换过程。

ADD A、ADD B、ADD C：模拟输入通道的地址选择线。

ALE：地址锁存允许信号，高电平有效。当 $ALE=1$ 时，将地址信号有效锁存，并经译码器选中其中一个通道。

CLK：时钟脉冲输入端。

$D_0 \sim D_7$：转换器的数码输出线，D_7 为高位，D_0 为低位。

OE：输出允许信号，高电平有效。当 $OE=1$ 时，打开输出锁存器的三态门，将数据送出。

EOC：转换结束信号，高电平有效。在 $START$ 信号上升沿之后 1~8 个时钟周期内，EOC 信号输出变为低电平，标志转换器正在进行转换，当转换结束，所得数据可以读出时，EOC 变为高电平，作为通知接受数据的设备取该数据的信号。

结合图 8.13 电路框图可将 ADC0809 的工作时序总结如图 8.14 所示。

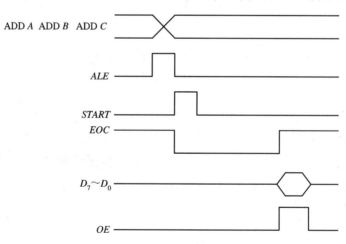

图 8.14　ADC0809 工作时序图

【思考题】

1. 什么是 A/D 转换？常见的 ADC 有几种？其特点分别是什么？

2. A/D 转换的过程是什么？为什么 ADC 需要采用保持电路？

3. 在双积分 ADC 中，若 $U_i > U_R$，问转换过程中将产生什么现象？

本　章　小　结

1. 本章介绍了 D/A 转换和 A/D 转换的基本概念和转换原理。D/A 转换是将数字量转换为相应的模拟量；A/D 转换则是将模拟量转换为相应的数字量。

2. DAC 的原理是利用线性电阻网络来分配数字量各位的权,使输出电流与数字量成正比,然后利用运算放大器转换成模拟电压输出。在 DAC 中,介绍了运用很广泛的倒 T 型电阻网络 DAC 的工作原理。

3. ADC 的电路形式多种多样,但其工作原理均是将输入的模拟电压与基准电压相比较(直接或间接比较)转换成数字量输出。在 ADC 中,介绍了逐次逼近型、双积分型两种 ADC。

4. 为了能对单片集成 ADC 和 DAC 有感性认识,分别介绍了 DAC0832 型、ADC0809 型集成电路芯片。对于单片集成器件,只要着重理解它们的外特性、使用方法等即可。

习 题

一、填空题

1. 数/模转换电路是将输入的_____信号转换为_____信号输出,并使两种量成正比例的功能电路,简称_____。

2. 逐次逼近 ADC 的基本原理是,通过对输入模拟量不断地逐次_____、_____从而产生一个由高位到低位的数字量。

二、判断题

1. ADC 的转换时间是指输入模拟量到输出数字量的时间。

2. ADC 的分辨率与输出二进制的位数成正比。

三、选择题

1. DAC 通常是指( )。

(a) 数模转换器   (b) 模数转换器

(c) 多谐振荡器   (d) 计数器

2. DAC 的功能是( )。

(a) 将二进制数码转换为模拟信号   (b) 将模拟信号转换为二进制代码

(c) 将十进制代码转换为二进制代码   (d) 将十进制代码转换为模拟量

四、综合分析题

1. 在八位倒 T 型电阻网络 DAC 中,已知 $U_{REF} = 10\ V$,试求出输入的数字量为 01111101 时输出模拟电压 U_O。

2. 一个八位逐次逼近型 ADC 满值输入电压为 10 V,时钟脉冲频率为 2.5 MHz,试求:

(1) 转换时间是多少?

(2) $U_i = 3.4\ V$ 时,输出的数字量是多少?

第 9 章 数字电子技术实验

知识目标：

1. 能够熟练使用各实验所用仪器；
2. 掌握常用集成电路和芯片的逻辑功能。

能力目标：

1. 能够完成各种集成芯片的功能验证；
2. 能够根据要求选择集成电路或芯片实现功能。

素质目标：

勤思考，多动手；强化团队合作精神。

知识重点：

常用集成电路和芯片的功能测试。

知识难点：

常用集成电路和芯片的应用。

建议学时：

建议每个实验 2 学时（实验十三是仿真电路测试，其中包含多个仿真电路，建议授课教师根据内容来安排）。

在前面章节已经学习了数字电路常见的电路和集成芯片，本章集中讲解对应的实验内容。通过学习本章的内容，不仅可以验证电路和集成芯片的功能，还可以对电路进行应用和扩展练习，进一步巩固所学知识，并将理论与实践相结合，提高学生的动手能力。

9.1　实验一：TTL 与非门逻辑功能测试及应用

1. 实验目的

(1) 学会测试 TTL 与非门的逻辑功能。

(2) 掌握 TTL 与非门逻辑功能的应用。

2. 实验器材

(1) 综合实验台。

(2) 集成芯片 74LS00。

(3) 导线。

3. 实验预习

(1) TTL 与非门的管脚排列及逻辑功能。

(2) TTL 与非门的应用。

(3) 预习本次实验内容，写出预习报告。

4. 实验注意事项

(1) 确认电路连接无误后再打开电源。

(2) 改变电路时，必须断电操作。

(3) 更换芯片后，需确认芯片方向正确才能继续进行实验。

(4) 实验要求两人一组同时进行，以保证仪器设备及人身安全。

5. 实验内容及步骤

1) TTL 与非门逻辑功能测试

与非门逻辑功能验证电路按图 9.1 接线。

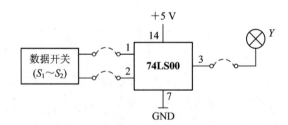

图 9.1　与非门逻辑功能验证

按表 9.1 的要求，改变输入端 A、B 的状态，观察电平指示灯的状态，将结果记录在表 9.1 第一栏(Y)中。

表 9.1　TTL 与非门逻辑功能测试及应用

输　　入		输　　出			
A	B	Y	F_1	F_2	F_3
0	0				
0	1				
1	0				
1	1				

2）与非门逻辑功能应用

应用一：按图 9.2(a)所示接线。按表 9.1 的要求，改变输入端 A、B 的状态，观察电平指示灯的状态，将结果记录在表 9.1 中输出的第二栏（F_1）中。

应用二：按图 9.2(b)所示接线。按表 9.1 的要求，改变输入端 A、B 的状态，观察电平指示灯的状态，将结果记录在表 9.1 中输出的第三栏（F_2）中。

应用三：按图 9.2(c)所示接线。按表 9.1 的要求，改变输入端 A、B 的状态，观察电平指示灯的状态，将结果记录在表 9.1 中输出的第四栏（F_3）中。

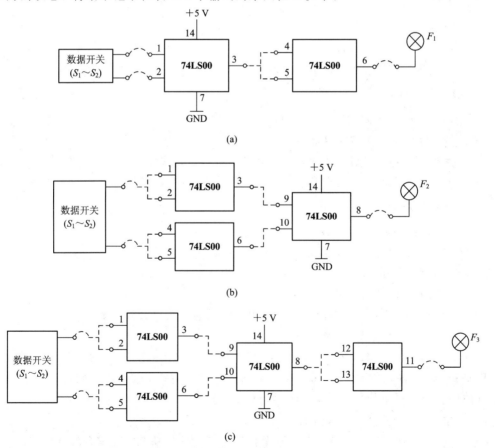

图 9.2　与非门逻辑功能应用

6. 实验报告要求

(1) 实验数据处理及结果分析,总结所测电路的功能。

(2) 在实现 TTL 与非门应用时,多余输入端应如何处理?在不同情况下你认为用哪种处理方法较好?

(3) 实验收获及建议。

9.2　实验二:组合逻辑电路的设计

1. 实验目的

(1) 掌握组合逻辑电路的设计方法。

(2) 用实验验证所设计电路的逻辑功能。

2. 实验器材

(1) 综合实验台。

(2) 集成芯片 74LS00、74LS10、74LS20、74LS04。

(3) 导线。

3. 实验预习

(1) 组合逻辑电路的设计方法。

(2) 预习本次实验内容,写出预习报告。

4. 实验注意事项

(1) 确认电路连接无误后再打开电源。

(2) 改变电路时,必须断电操作。

(3) 更换芯片后,需确认芯片方向正确才能继续进行实验。

(4) 实验要求两人一组同时进行,以保证仪器设备及人身安全。

5. 实验内容及步骤

1) 三变量多数表决器的设计

用与非门设计一个三变量多数表决器,其功能为:三个变量 A、B、C 中,有两个或三个表示同意,则表决通过,否则为不通过。

(1) 根据要求设计出逻辑电路图。

(2) 用 74LS00 和 74LS20 验证所设计电路的功能是否符合设计要求。

2) 故障灯控制电路的设计

用与非门设计一个故障灯控制电路,其功能为:某车间有红、黄两个故障指示灯,用来表示三台设备的工作情况。当有一台设备出现故障时,黄灯亮;当两台设备出现故障时,红灯亮;当三台设备都出现故障时,红灯、黄灯都亮。

(1) 根据要求设计出逻辑电路图。

(2) 用 74LS10、74LS20 和 74LS04 验证所设计电路的功能是否符合设计要求。

3）半加器逻辑功能验证

用与非门验证半加器的逻辑功能。所谓半加器，是指只考虑两个加数本身，而不考虑来自低位进位的逻辑电路。

（1）根据要求画出逻辑电路图。

（2）用 74LS00 和 74LS04 验证所设计电路的功能是否符合设计要求。

6. 实验报告要求

（1）总结设计思路，画出设计之后的实验连接电路。

（2）总结在实验台上实现组合逻辑电路时出现的问题和解决的方法。

（3）实验收获及建议。

9.3　实验三：通用译码器逻辑功能测试及应用

1. 实验目的

（1）熟悉通用译码器的逻辑功能。

（2）掌握译码器实现组合逻辑函数的方法。

（3）掌握通用译码器的扩展。

2. 实验器材

（1）综合实验台。

（2）集成芯片 74LS138、74LS20。

（3）导线。

3. 实验预习

（1）通用译码器的工作原理。

（2）74LS138 的管脚排列及逻辑功能。

（3）通用译码器的扩展方法。

（4）译码器实现组合逻辑电路的方法。

（5）预习本次实验内容，写出预习报告。

4. 实验注意事项

（1）确认电路连接无误后再打开电源。

（2）改变电路时，必须断电操作。

（3）更换芯片后，需确认芯片方向正确才能继续进行实验。

（4）实验要求两人一组同时进行，以保证仪器设备及人身安全。

5. 实验内容及步骤

1）通用译码器逻辑功能测试

74LS138 逻辑功能验证电路按图 9.3 所示接线。

按表 9.2 的要求，改变输入端的状态，观察电平指示灯的状态变化，将结果记录在表 9.2 中。

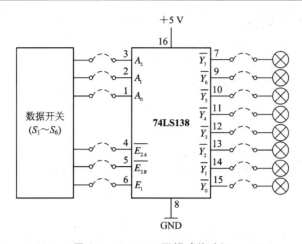

图 9.3 74LS138 逻辑功能验证

表 9.2 74LS138 逻辑功能测试结果

输			入			输			出				
E_1	$\overline{E_{2A}}$	$\overline{E_{2B}}$	A_2	A_1	A_0	$\overline{Y_7}$	$\overline{Y_6}$	$\overline{Y_5}$	$\overline{Y_4}$	$\overline{Y_3}$	$\overline{Y_2}$	$\overline{Y_1}$	$\overline{Y_0}$
0	×	×	×	×	×								
×	1	×	×	×	×								
×	×	1	×	×	×								
1	0	0	0	0	0								
1	0	0	0	0	1								
1	0	0	0	1	0								
1	0	0	0	1	1								
1	0	0	1	0	0								
1	0	0	1	0	1								
1	0	0	1	1	0								
1	0	0	1	1	1								

2）通用译码器的功能扩展

图 9.4 是 3 线-8 线译码器 74LS138 扩展为 4 线-16 线译码器的级联原理图，请自己接线并测试其功能。

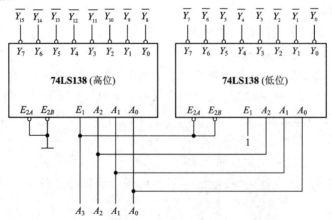

图 9.4 3 线-8 线译码器的功能扩展原理图

3）用译码器实现组合逻辑函数

图 9.5(a)是利用 74LS138 实现组合逻辑电路功能 $F=\overline{AB}+\overline{AC}$ 的原理图，图 9.5(b)是实验接线图，请自己列出真值表，并测试其功能。

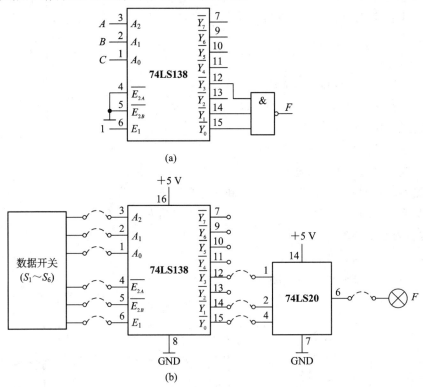

(a)

(b)

图 9.5　74LS138 实现组合逻辑函数

（a）原理图；（b）实验接线图

4）译码器的应用

房间里有一盏电灯 L，有 A、B、C 三处控制开关，要求三处开关中的任何一处都能将该灯点亮和熄灭。请设计一个控制该灯的逻辑控制电路，用 74LS138 芯片和门电路来实现。连接电路，并验证其功能。

6. 实验报告要求

（1）整理实验报告，分析实验结果与理论是否相符。

（2）74LS138 译码器的使能端起什么作用？级联时应如何正确使用？

（3）实验收获及建议。

9.4　实验四：编码、译码及数码显示

1. 实验目的

（1）加深理解编码、译码和显示的基本原理。

（2）掌握编码、译码和显示的实际配合应用。

（3）掌握显示译码器的功能使用方法。

2．实验器材

（1）综合实验台。

（2）集成芯片 74LS147、74LS04、74LS48、LC 5011 - 11。

（3）导线。

3．实验预习

（1）编码器、译码器和显示器的工作原理。

（2）预习本次实验内容，写出预习报告。

4．实验注意事项

（1）确认电路连接无误后再打开电源。

（2）改变电路时，必须断电操作。

（3）更换芯片后，需确认芯片方向正确才能继续进行实验。

（4）实验要求两人一组同时进行，以保证仪器设备及人身安全。

5．实验内容及步骤

1）显示译码器试灯功能测试

74LS48 试灯功能验证电路按图 9.6 所示接线。

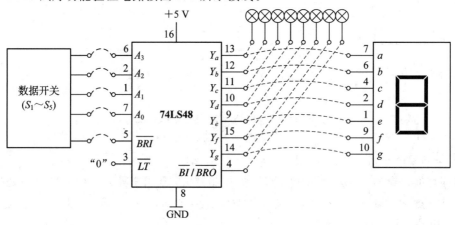

图 9.6　74LS48 试灯功能验证

按表 9.3 的要求，改变输入端的状态，观察电平指示灯和显示器的状态变化，将结果记录在表 9.3 中。

表 9.3　74LS48 试灯功能测试结果

输　　入						输　　出								
$\overline{LT}$	$\overline{BRI}$	A_3	A_2	A_1	A_0	$\overline{BI}/\overline{BRO}$	Y_a	Y_b	Y_c	Y_d	Y_e	Y_f	Y_g	显示
0	×	×	×	×	×									

2）显示译码器灭零功能测试

74LS48 灭零功能验证电路按图 9.7 所示接线。

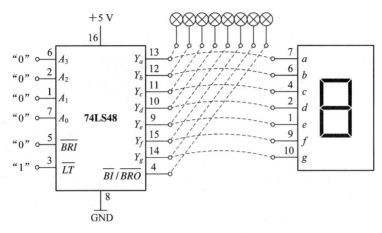

图 9.7　74LS48 灭零功能验证

按表 9.4 的要求，改变输入端的状态，观察电平指示灯和显示器的状态变化，将结果记录在表 9.4 中。

表 9.4　74LS48 灭零功能测试结果

输　　入						输　　出								
$\overline{LT}$	$\overline{BRI}$	A_3	A_2	A_1	A_0	$\overline{BI}/\overline{BRO}$	Y_a	Y_b	Y_c	Y_d	Y_e	Y_f	Y_g	显示
1	0	0	0	0	0									

3）显示译码器消隐功能测试

74LS48 消隐功能验证电路按图 9.8 所示接线。

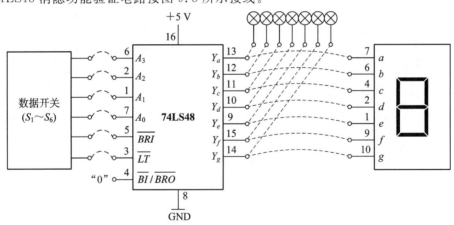

图 9.8　74LS48 消隐功能验证

按表 9.5 的要求，改变输入端的状态，观察电平指示灯和显示器的状态变化，将结果记录在表 9.5 中。

表 9.5　74LS48 消隐功能测试

输　　入						输　　出								
$\overline{LT}$	$\overline{BRI}$	A_3	A_2	A_1	A_0	$\overline{BI}/\overline{BRO}$	Y_a	Y_b	Y_c	Y_d	Y_e	Y_f	Y_g	显示
×	×	×	×	×	×	0								

4) 显示译码器的译码显示功能测试

74LS48 译码显示功能验证电路按图 9.9 所示接线。

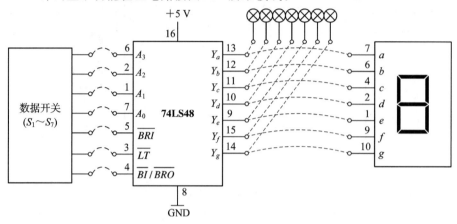

图 9.9　74LS48 译码显示功能验证

按表 9.6 的要求，改变输入端的状态，观察电平指示灯和显示器的状态变化，将结果记录在表 9.6 中。

表 9.6　74LS48 译码显示功能测试结果

输　　　　　入							输　　　　　　　　出							
$\overline{LT}$	$\overline{BRI}$	A_3	A_2	A_1	A_0	$\overline{BI}/\overline{BRO}$	Y_a	Y_b	Y_c	Y_d	Y_e	Y_f	Y_g	显示
1	1	0	0	0	0	1								
1	×	0	0	0	1	1								
1	×	0	0	1	0	1								
1	×	0	0	1	1	1								
1	×	0	1	0	0	1								
1	×	0	1	0	1	1								
1	×	0	1	1	0	1								
1	×	0	1	1	1	1								
1	×	1	0	0	0	1								
1	×	1	0	0	1	1								
1	×	1	0	1	0	1								
1	×	1	0	1	1	1								
1	×	1	1	0	0	1								
1	×	1	1	0	1	1								
1	×	1	1	1	0	1								
1	×	1	1	1	1	1								

5) 编码、译码、显示电路功能测试

编码、译码与显示电路按图 9.10 所示接线，自拟表格，记录测试结果。

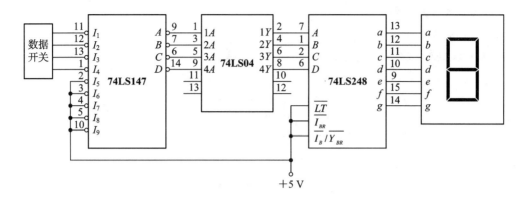

图 9.10　编码、译码、显示电路

6. 实验报告要求

（1）试分析连接电路中为什么使用非门？

（2）如果要显示 1~5 共五个数，输入端如何连接？显示的优先级如何？

（3）实验收获及建议。

9.5　实验五：数据选择器逻辑功能测试及应用

1. 实验目的

（1）熟悉数据选择器的逻辑功能。

（2）掌握数据选择器功能的扩展。

（3）学习用数据选择器实现组合逻辑电路的方法。

2. 实验器材

（1）综合实验台。

（2）集成芯片 74LS151、74LS32。

（3）导线。

3. 实验预习

（1）数据选择器的工作原理。

（2）74LS151 的管脚排列及逻辑功能。

（3）数据选择器的扩展方法。

（4）数据选择器实现组合逻辑电路的方法。

（5）预习本次实验内容，写出预习报告。

4. 实验注意事项

（1）确认电路连接无误后再打开电源。

（2）改变电路时，必须断电操作。

（3）更换芯片后，需确认芯片方向正确才能继续进行实验。

（4）实验要求两人一组同时进行，以保证仪器设备及人身安全。

5. 实验内容及步骤

1) 数据选择器逻辑功能测试

74LS151 逻辑功能验证电路按图 9.11 所示接线。

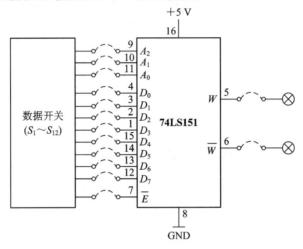

图 9.11　74LS151 逻辑功能验证

按表 9.7 的要求，改变输入端的状态，观察电平指示灯的状态变化，将结果记录在表 9.7 中。

表 9.7　74LS151 逻辑功能测试结果

输　　入				输　　出	
$\overline{E}$	A_2	A_1	A_0	W	$\overline{W}$
1	×	×	×		
0	0	0	0		
0	0	0	1		
0	0	1	0		
0	0	1	1		
0	1	0	0		
0	1	0	1		
0	1	1	0		
0	1	1	1		

2) 数据选择器的功能扩展

74LS151 是 8 选 1 数据选择器，两片级联能实现 16 选 1 的功能，图 9.12 是级联原理图，请自己画出实验接线图并测试其功能。

3) 用数据选择器实现组合逻辑函数

举重比赛中有三个裁判，一个主裁判，两个副裁判。各人面前有一个按钮，当三个裁判同时按下按钮，或者主裁判和一个副裁判同时按下按钮时，表示"试举成功"的灯就会亮。试用 74LS151 芯片实现此功能的逻辑电路。

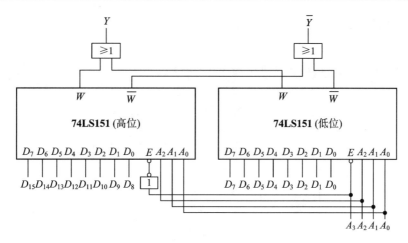

图 9.12　74LS151 的功能扩展原理图

（1）根据要求分析出逻辑表达式和电路图。

（2）连接电路，测试电路逻辑功能。

6. 实验报告要求

（1）如何用数据选择器实现组合逻辑电路的功能？

（2）实验收获及建议。

9.6　实验六：触发器逻辑功能测试及应用

1. 实验目的

（1）验证基本的 RS 触发器的逻辑功能。

（2）掌握集成触发器的使用方法，进一步理解触发信号的区别。

（3）掌握触发器之间转换的方法。

2. 实验器材

（1）综合实验台。

（2）集成芯片 74LS00、74LS112、74LS74。

（3）导线。

3. 实验预习

（1）触发器的工作原理。

（2）74LS112、74LS74 的管脚排列及逻辑功能。

（3）触发器功能转换。

（4）预习本次实验内容，写出预习报告。

4. 实验注意事项

（1）确认电路连接无误后再打开电源。

（2）改变电路时，必须断电操作。

（3）更换芯片后，需确认芯片方向正确才能继续进行实验。

（4）实验要求两人一组同时进行，以保证仪器设备及人身安全。

5. 实验内容及步骤

1）基本 RS 触发器逻辑功能测试

基本的 RS 触发器逻辑功能验证电路按图 9.13 所示接线。

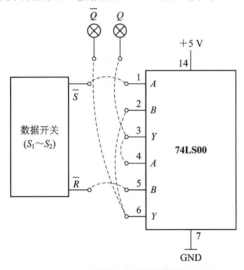

图 9.13　基本 RS 触发器逻辑功能验证

按表 9.8 的要求，改变输入端的状态，观察电平指示灯的状态变化，将结果记录在表 9.8 中。

表 9.8　基本 RS 触发器逻辑功能测试结果

输 入		输 出	
$\overline{S}$	$\overline{R}$	Q	$\overline{Q}$
0	1		
1	0		
1	1		
0	0		

2）集成 JK 触发器逻辑功能测试

74LS112 逻辑功能验证电路按图 9.14 所示接线。

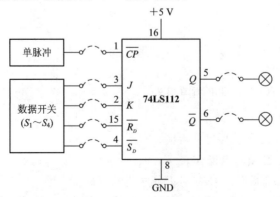

图 9.14　74LS112 逻辑功能验证

按表 9.9 的要求，改变输入端的状态，观察电平指示灯的状态变化，将结果记录在表 9.9 中。

表 9.9　74LS112 逻辑功能测试结果

输　　　　入					输　　　出	
$\overline{S_D}$	$\overline{R_D}$	CP	J	K	Q	$\overline{Q}$
0	1	×	×	×		
1	0	×	×	×		
0	0	×	×	×		
1	1	↓	0	0		
		↓	0	1		
		↓	1	0		
		↓	1	1		

3）集成 D 触发器逻辑功能测试

74LS74 逻辑功能验证电路按图 9.15 所示接线。

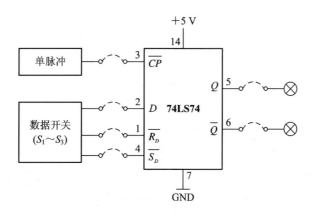

图 9.15　74LS74 逻辑功能验证

按表 9.10 的要求，改变输入端的状态，观察电平指示灯的状态变化，将结果记录在表 9.10 中。

表 9.10　74LS74 逻辑功能测试

输　　　　入				输　　　出	
$\overline{S_D}$	$\overline{R_D}$	CP	D	Q	$\overline{Q}$
0	1	×	×		
1	0	×	×		
0	0	×	×		
1	1	0	↑		
		1	↑		

4）触发器功能转换

（1）把 JK 触发器转换为 D 触发器。画出电路原理图，连接电路，测试其功能，自拟表格，记录测试结果。

（2）把 JK 触发器转换为 T 触发器。画出电路原理图，连接电路，测试其功能，自拟表格，记录测试结果。

5）触发器的应用

（1）D 触发器作计数器，按图 9.16 接线，自拟表格，记录测试结果。

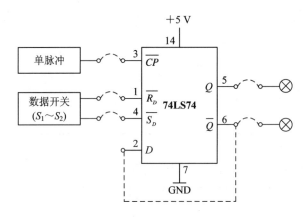

图 9.16　D 触发器的应用电路

（2）JK 触发器作计数器，按图 9.17 接线，自拟表格，记录测试结果。

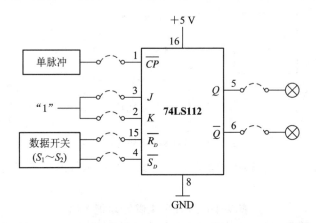

图 9.17　JK 触发器的应用电路

6. 实验报告要求

（1）整理实验报告，分析实验结果与理论是否相符。

（2）画出触发器功能转换的电路连线图，记录测试结果。

（3）转换后触发器的翻转时刻是否与原触发器一致？

（4）实验收获及建议。

9.7 实验七: 同步计数器逻辑功能测试及应用

1. 实验目的

(1) 熟悉同步计数器的逻辑功能。

(2) 掌握同步计数器的逻辑功能测试方法。

(3) 掌握用集成同步计数器构成任意进制的方法。

2. 实验器材

(1) 综合实验台。

(2) 集成芯片 74LS161、74LS00、74LS04。

(3) 导线。

3. 实验预习

(1) 同步计数器的管脚排列及工作原理。

(2) 74LS161 的管脚排列及逻辑功能。

(3) 预习本次实验内容,写出预习报告。

4. 实验注意事项

(1) 确认电路连接无误后再打开电源。

(2) 改变电路时,必须断电操作。

(3) 更换芯片后,需确认芯片方向正确才能继续进行实验。

(4) 实验要求两人一组同时进行,以保证仪器设备及人身安全。

5. 实验内容及步骤

1) 同步计数器控制端功能测试

74LS161 逻辑功能验证电路按图 9.18 所示接线。根据同步计数器的功能表,即表 9.11 所示,改变输入端的状态,观察电平指示灯的状态变化,自制表格记录数据。

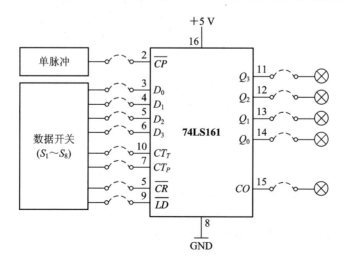

图 9.18 74LS161 逻辑功能验证

2）同步计数器计数功能测试

74LS161逻辑功能验证电路按图9.18所示接线。根据同步计数器的功能表，即表9.11所示，改变输入端的状态，观察电平指示灯的状态变化，自制表格记录数据。

表 9.11　74LS161 功能表

功能	输　　入									输　　出			
	$\overline{CR}$	$\overline{LD}$	CT_P	CT_T	D_3	D_2	D_1	D_0	CP	Q_3	Q_2	Q_1	Q_0
清零	0	×	×	×	×	×	×	×	×	0	0	0	0
预置数	1	0	×	×	D_3	D_2	D_1	D_0	↑	D_3	D_2	D_1	D_0
保持	1	1	0	×	×	×	×	×	×	Q_3	Q_2	Q_1	Q_0
	1	1	×	0									
计数	1	1	1	1	×	×	×	×	↑	4 位二进制加法计数			

3）同步计数器的应用

（1）采用直接清零法，实现六进制计数。按图9.19所示接线，自拟表格，记录测试结果。

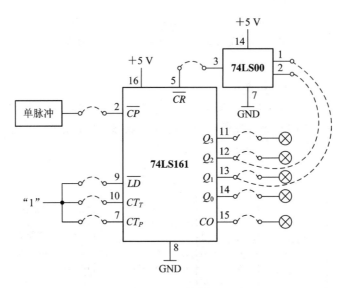

图 9.19　直接清零法

（2）采用预置数法，实现十进制计数器。按图9.20所示接线，自拟表格，记录测试结果。

（3）采用进位输出置最小数法，实现十二进制计数器。按图9.21所示接线，自拟表格，记录测试结果。

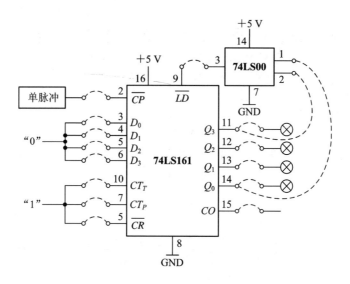

图 9.20　预置数法

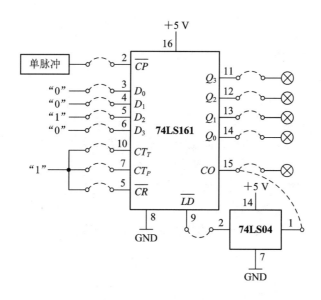

图 9.21　进位输出置最小数法

4）同步计数器的扩展

采用级联法，实现三十六进制计数。画出电路原理图，连接电路，测试其功能，自拟表格，记录测试结果。

6. 实验报告要求

（1）整理实验数据，分析实验结果与理论是否相符。

（2）实验收获及建议。

9.8 实验八：异步计数器逻辑功能测试及应用

1. 实验目的

(1) 熟悉异步计数器的逻辑功能。

(2) 掌握异步计数器的逻辑功能测试方法。

(3) 加深理解计数、译码和显示的基本原理。

(4) 掌握计数、译码和显示的实际配合应用。

2. 实验器材

(1) 综合实验台。

(2) 集成芯片 74LS290、74LS390、74LS48、74LS08、LC5011 - 11。

(3) 导线。

3. 实验预习

(1) 异步计数器的工作原理。

(2) 74LS290 的管脚排列及逻辑功能。

(3) 译码器的工作原理。

(4) 预习本次实验内容，写出预习报告。

4. 实验注意事项

(1) 确认电路连接无误后再打开电源。

(2) 改变电路时，必须断电操作。

(3) 更换芯片后，需确认芯片方向正确才能继续进行实验。

(4) 实验要求两人一组同时进行，以保证仪器设备及人身安全。

5. 实验内容及步骤

1）异步计数器控制端逻辑功能测试

74LS290 控制端逻辑功能验证电路按图 9.22 所示接线。

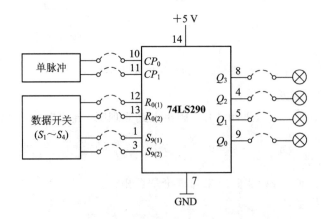

图 9.22　74LS290 控制端逻辑功能验证

改变输入端的状态，观察电平指示灯的状态变化，将结果记录在表 9.12 中。

表 9.12　74LS290 控制端逻辑功能验证结果

输　　入						输　　出			
$S_{9(1)}$	$S_{9(2)}$	$R_{0(1)}$	$R_{0(2)}$	CP_0	CP_1	Q_3	Q_2	Q_1	Q_0
1	1	×	×	×	×				
0	×	1	1	×	×				
×	0	1	1	×	×				

2）异步计数器计数功能测试

74LS290 计数功能验证电路按图 9.23 所示接线。改变输入端的状态，观察电平指示灯的状态变化，自制表格记录数据。

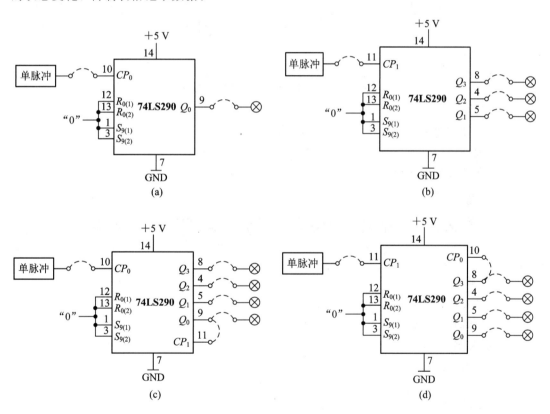

图 9.23　74LS290 计数功能验证

（a）二进制；（b）五进制；（c）十进制（8421 码）；（d）十进制（5421 码）

3）计数、译码和显示电路综合应用

利用 74LS390、74LS48 和 LC5011-11，构成二十四进制计数、译码、显示综合电路。按图 9.24 所示接线，自拟表格，记录测试结果。

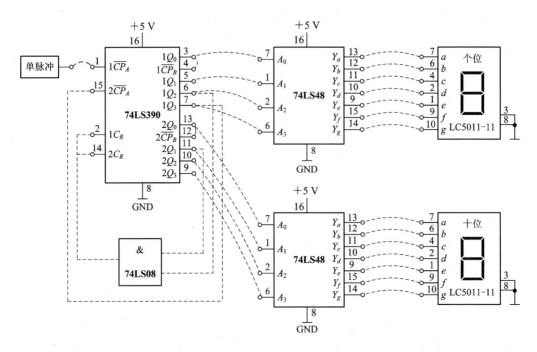

图 9.24　计数、译码、显示综合电路

6. 实验报告要求

(1) 整理实验报告、分析实验结果与理论是否相符。

(2) 综合应用计数、译码、显示电路时，数码管和译码器的选取应注意什么问题?

(3) 实验收获及建议。

9.9　实验九：移位寄存器逻辑功能测试及应用

1. 实验目的

(1) 熟悉移位寄存器的工作原理。

(2) 掌握移位寄存器的使用方法及应用。

2. 实验器材

(1) 综合实验台。

(2) 集成芯片 74LS194、74LS04。

(3) 导线。

3. 实验预习

(1) 移位寄存器的工作原理及应用。

(2) 74LS194 的管脚排列及逻辑功能。

(3) 预习本次实验内容，写出预习报告。

4. 实验注意事项

(1) 确认电路连接无误后再打开电源。

（2）改变电路时，必须断电操作。

（3）更换芯片后，需确认芯片方向正确才能继续进行实验。

（4）实验要求两人一组同时进行，以保证仪器设备及人身安全。

5. 实验内容及步骤

1）*移位寄存器逻辑功能测试*

74LS194 逻辑功能验证电路按图 9.25 所示接线。

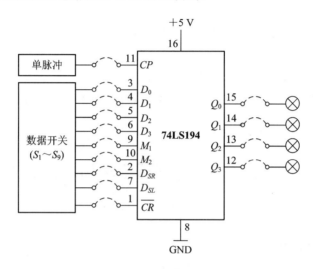

图 9.25　74LS194 逻辑功能验证

根据移位寄存器功能表（表 9.13 所示）中的数据，改变输入端的状态，观察电平指示灯的状态变化，自制表格记录数据。

表 9.13　移位寄存器功能表

功能	输入										输出			
	$\overline{CR}$	M_2	M_1	CP	D_{SR}	D_{SL}	D_0	D_1	D_2	D_3	Q_0	Q_1	Q_2	Q_3
清零	0	×	×	×	×	×	×	×	×	×	0	0	0	0
保持	1	0	0	×	×	×	×	×	×	×	Q_0	Q_1	Q_2	Q_3
送数	1	1	1	↑	×	×	D_0	D_1	D_2	D_3	D_0	D_1	D_2	D_3
右移	1	0	1	↑	×	0	×	×	×	×	0	Q_0	Q_1	Q_2
	1	0	1	↑	×	1					1	Q_0	Q_1	Q_2
左移	1	1	0	↑	0	×	×	×	×	×	Q_1	Q_2	Q_3	0
	1	1	0	↑	1	×					Q_1	Q_2	Q_3	1

2）*移位寄存器的应用*

应用一：用 74LS194 构成四位右移寄存器，连接电路，存入数据 0100，连续给单次脉冲，观察电平指示灯的变化，自制表格记录输出状态。

应用二:用 74LS194 构成四位左移寄存器,把 1101 存入寄存器,测试如果串行输出,需要几个单脉冲,从哪个端子输出?

应用三:用 74LS194 构成环形计数器,自己预置初始状态,在 CP 脉冲的作用下,自制表格记录输出状态,并画出电路连线图。

应用四:用 74LS194 构成扭环形计数器,自己预置初始状态,在 CP 脉冲的作用下,自制表格记录输出状态,并画出电路连线图。

6. 实验报告要求

(1) 整理实验数据,分析实验结果与理论是否相符。

(2) 思考以下问题:

① 用 74LS194 构成的移位寄存器有几种输出方式?

② 用 74LS194 构成的左移寄存器和右移寄存器的本质区别是什么?

(3) 实验收获及建议。

9.10 实验十:555 定时器逻辑功能测试及应用

1. 实验目的

(1) 了解 555 定时器的结构和工作原理。

(2) 熟悉用示波器测量 555 电路的脉冲幅度、周期和脉宽的方法。

(3) 掌握用 555 定时器组成的几种常用的脉冲发生器的方法。

2. 实验器材

(1) 综合实验台。

(2) 集成芯片 NE555。

(3) 示波器。

(4) 电阻、电容。

(5) 导线。

3. 实验预习

(1) 555 定时器的结构和工作原理。

(2) NE555 的管脚排列及逻辑功能。

(3) 555 定时器组成几种常用的脉冲发生器的方法。

(4) 预习本次实验内容,写出预习报告。

4. 实验注意事项

(1) 确认电路连接无误后再打开电源。

(2) 改变电路时,必须断电操作。

(3) 更换芯片后,需确认芯片方向准确无误后才能继续进行实验。

(4) 实验要求两人一组同时进行,以保证仪器设备及人身安全。

5. 实验内容及步骤

1）施密特触发器

施密特触发器电路原理如图 9.26 所示。按图接线，确认接线无误后，接通电源。首先将控制端（5 管脚）悬空，此时的回差电压为 $\frac{1}{3}U_{DD}$，观察输出波形。

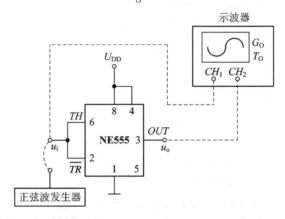

图 9.26　施密特触发器电路原理图

如果控制端（5 管脚）接 U_{DD}，此时的回差电压为 $\frac{1}{2}U_{DD}$，观察输出波形。

2）单稳态触发器

图 9.27 是单稳态触发器电路原理图，触发信号从 2 管脚输入，输出矩形波的暂稳态时间为 $T_w = 1.1RC$，要求输入的触发信号的脉冲宽度小于 T_w，改变 R、C 的大小，观察输出波形并记录输出暂稳态时间。

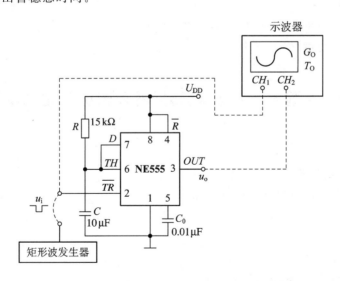

图 9.27　单稳态触发器电路原理图

3）多谐振荡器

图 9.28 是多谐振荡器电路原理图，按图接好连线，用示波器观察电容 C 两端及输出端的波形，测量充电时间（t_1）和放电时间（t_2）的大小，并与计算值比较。

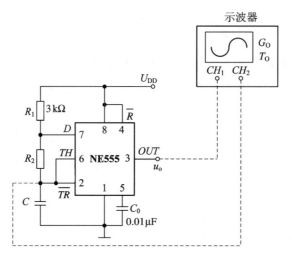

图 9.28　多谐振荡器电路原理图

改变参数 R_2、C 的值，观察波形并填写表 9.14。

表 9.14　多谐振荡器输出理论、实测对照表

参　　　　数		测　量　值		理　　论　　值	
R_2	C	u_o	T	u_o	$T = 0.7(R_1 + 2R_2)$
3 kΩ	0.1 μF				
3 kΩ	0.33 μF				
20 kΩ	0.1 μF				

6. 实验报告要求

(1) 整理实验报告，分析实验结果与理论是否相符。

(2) 实验收获及建议。

9.11　实验十一：数/模转换器逻辑功能测试及应用

1. 实验目的

(1) 了解数/模转换的工作原理。

(2) 掌握 DAC0832 的性能和使用方法。

2. 实验器材

(1) 综合实验台。

(2) 集成芯片 DAC0832、74LS290。

(3) 集成运算放大器 μA741。

(4) 电位器。

(5) 导线。

3. 实验预习

(1) 数/模转换的工作原理。

（2）DAC0832 的管脚排列及逻辑功能。

（3）预习本次实验内容，写出预习报告。

4. 实验注意事项

（1）确认电路连接无误后再打开电源。

（2）改变电路时，必须断电操作。

（3）更换芯片后，需确认芯片方向正确才能继续进行实验。

（4）实验要求两人一组同时进行，以保证仪器设备及人身安全。

5. 实验内容及步骤

1）DAC0832 逻辑功能测试

DAC0832 逻辑功能测试电路按图 9.29 所示接线。

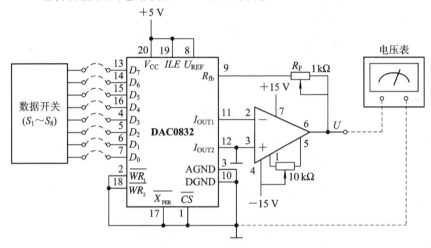

图 9.29　DAC0832 逻辑功能测试

先将输入端置 0，并调节运算放大器的调零电位器，使输出电压为 0，即完成调零。然后，从输入端最低位起，逐位置 1，测量输出模拟电压，并完成表 9.15。

表 9.15　数/模转换结果对照表

输入数字量								输出值	
D_7	D_6	D_5	D_4	D_3	D_2	D_1	D_0	实际值	理论值
0	0	0	0	0	0	0	0		
0	0	0	0	0	0	0	1		
0	0	0	0	0	0	1	1		
0	0	0	0	0	1	1	1		
0	0	0	0	1	1	1	1		
0	0	0	1	1	1	1	1		
0	0	1	1	1	1	1	1		
0	1	1	1	1	1	1	1		
1	1	1	1	1	1	1	1		

2) DAC 的应用

DAC0832 的动态测试电路如图 9.30 所示。将十进制计数器的输出端 DCBA 对应接在 DAC0832 的高 4 位，DAC0832 的低 4 位接地，给计数器加上时钟脉冲，用示波器观察并记录输出电压的波形。

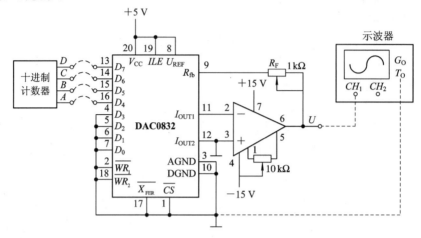

图 9.30 DAC0832 的动态测试

6. 实验报告要求

（1）整理实验报告，分析实验结果与理论是否相符。

（2）比较理论值与实际值之间的误差，并分析原因。

（3）DAC 的转换精度与哪些因素有关？

（4）实验收获及建议。

9.12 实验十二：模/数转换电路逻辑功能测试及应用

1. 实验目的

（1）了解模/数转换的工作原理。

（2）掌握 ADC0809 的性能和使用方法。

2. 实验器材

（1）综合实验台。

（2）集成芯片 ADC0809。

（3）示波器。

（4）导线。

3. 实验预习

（1）模/数转换的工作原理。

（2）ADC0809 的管脚排列及逻辑功能。

（3）预习本次实验内容，写出预习报告。

4. 实验注意事项

（1）确认电路连接无误后再打开电源。

（2）改变电路时，必须断电操作。

（3）更换芯片后，需确认芯片方向正确才能继续进行实验。

（4）实验要求两人一组同时进行，以保证仪器设备及人身安全。

5. 实验内容及步骤

1）ADC0809 逻辑功能测试

ADC0809 逻辑功能测试电路按图 9.31 接线。ADC0809 的 $D_0 \sim D_7$、EOC 分别接发光二极管，A、B、C 接数据开关，$IN_0 \sim IN_7$ 接不同的电压，CLK 接频率大于 1 kHz 的时钟脉冲，START、ALE 接单脉冲。

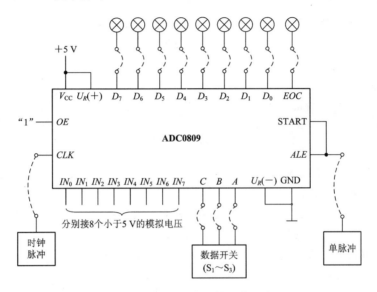

图 9.31　ADC0809 逻辑功能测试

先将 A、B、C 设定为 000，然后按一次 START、ALE 单次脉冲，IN_0 输入端的数据被送入，转换开始。读出输出数据并记录。同理，A、B、C 依次设定为 001~111，自制表格记录结果。

2）ADC 的动态测试

把频率为 1 kHz、幅值为 5 V 的方波信号直接接至输入端 IN_0，A、B、C 设置为 000，然后按一次 START、ALE 单次脉冲，IN_0 输入端的数据被送入，转换开始。观察发光二极管的输出变化。

6. 实验报告要求

（1）整理实验报告，分析实验结果与理论是否相符。

（2）比较理论值与实际值之间的误差，并分析原因。

（3）若模拟电压输入大于 5 V，电路应如何改变？

（4）实验收获及建议。

9.13　实验十三：仿真电路测试

1. 实验目的

（1）熟悉仿真软件 Multisim 2001 的基本操作。

(2) 掌握使用 Multisim 2001 绘制仿真电路的方法。

2. 实验器材

(1) 装有 Windows 操作系统的计算机。

(2) Multisim 2001(或更高版本)。

3. 实验预习

(1) 熟悉 Multisim 2001 的窗口界面。

(2) 各种数字逻辑电路。

4. 实验注意事项

(1) 注意保存电路和测试结果。

(2) 一人一台计算机,保证仪器设备及人身安全。

5. 实验内容及步骤

1) 电路的建立和仿真

建立电路和进行仿真的基本步骤如下:

(1) 新建文件,设置界面参数。

(2) 选择和放置元器件。

(3) 连接导线,组成电路。

(4) 选择和放置虚拟仪器。

(5) 将仪器仪表与电路连接,并对仪器仪表的参数进行设置。

(6) 启动仿真开关,观察结果。

(7) 保存电路和仿真结果。

2) 部分数字逻辑电路仿真图

(1) TTL 与非门逻辑功能测试及应用。如 74LS00 集成门电路的逻辑功能测试与应用见图 9.32 所示。

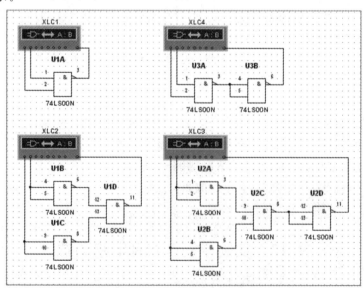

图 9.32 74LS00 逻辑功能测试及应用

（2）组合逻辑电路的设计。组合逻辑电路三变量多数表决器的设计见图 9.33。

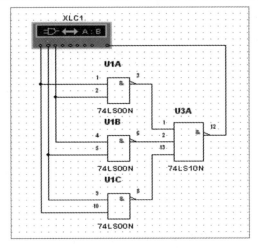

图 9.33　三变量多数表决器

（3）通用译码器逻辑功能测试。译码器 74LS138 的逻辑功能测试示意图如图 9.34 所示。

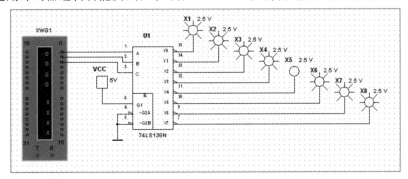

图 9.34　74LS138 逻辑功能测试

（4）编码、译码及数码显示。编码、译码及数码显示器 74LS48D 的逻辑功能测试见图 9.35。

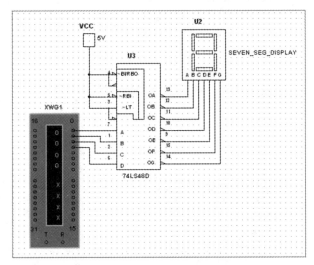

图 9.35　74LS48 逻辑功能测试

（5）数据选择器逻辑功能测试。如数据选择器 74LS151 的逻辑功能测试见图 9.36。

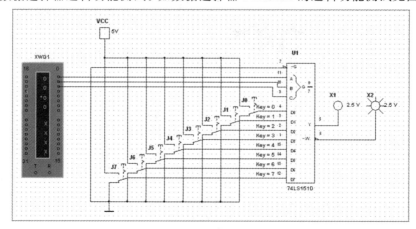

图 9.36　74LS151 逻辑功能测试

（6）触发器逻辑功能测试。如基本 RS 触发器的逻辑功能测试见图 9.37。

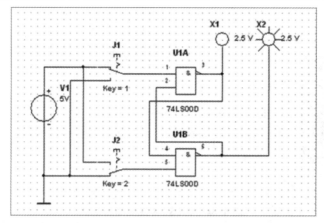

图 9.37　基本 RS 触发器逻辑功能测试

（7）同步计数器逻辑功能测试及应用。如同步计数器 74LS161 的逻辑功能测试见图 9.38。此计数器利用预置数法实现十进制计数的应用如图 9.39 所示。

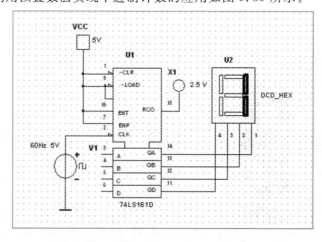

图 9.38　74LS161 逻辑功能测试

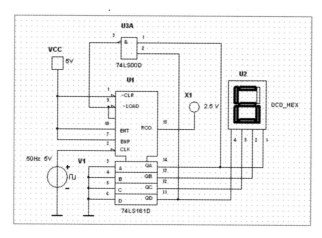

图 9.39 预置数法实现十进制

（8）异步计数器逻辑功能测试。如异步计数器 74LS290 的逻辑功能测试见图 9.40。

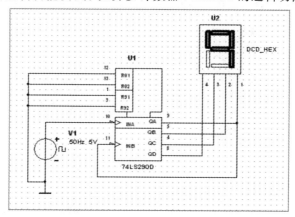

图 9.40 74LS290 逻辑功能测试

（9）555 定时器应用。如 555 定时器在施密特触发器功能测试、单稳态触发器逻辑功能测试以及多谐振荡器逻辑功能测试中的应用分别见图 9.41～图 9.43。

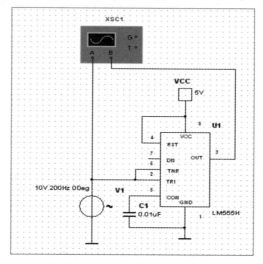

图 9.41 施密特触发器功能测试

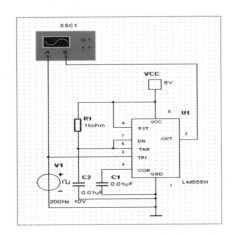

图 9.42 单稳态触发器逻辑功能测试

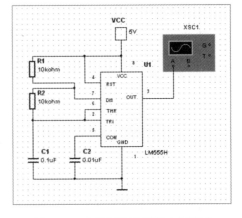

图 9.43 多谐振荡器逻辑功能测试

(10)数/模转换器逻辑功能测试。如 DAC 逻辑功能测试见图 9.44。

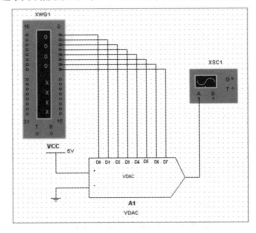

图 9.44 DAC 逻辑功能测试

(11)模/数转换电路逻辑功能测试。如 ADC 逻辑功能测试见图 9.45。

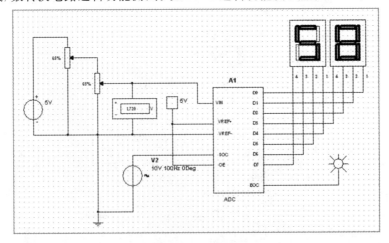

图 9.45 ADC 逻辑功能测试

本 章 小 结

　　本章主要罗列了常见数字电路逻辑功能测试及应用的实验。通过实验内容的学习，可以对各种电路的逻辑功能有较为直观的认识，还能进一步了解各种电路的应用。在最后，还提供了部分电路的仿真电路，与实验相辅相成，可以帮助读者全面掌握各种电路的逻辑功能和应用。

习　　题

一、简述题

　　1. 通过实验，请总结出 $\overline{LT}$、$\overline{BRI}$、$\overline{BI}/\overline{BRO}$ 三个控制端的使用方法。

　　2. 用 74LS290 实现 5421 码十进制时，应注意什么问题？

　　3. 环形计数器初始状态设置有什么要求？

　　4. 555 定时器构成的多谐振荡器，其振荡周期和占空比的改变与哪些因素有关？若只需要改变周期而不改变占空比，应调整哪个元件参数？

二、设计题

　　1. 用下列门电路构成一个非门：

　　(1) 2 输入与非门。

　　(2) 2 输入或非门。

　　2. 设计全加器电路，考虑选择何种芯片较为合适。

第 10 章　数字电子技术综合应用

知识目标：

熟悉并掌握数字钟各部分的工作原理。

能力目标：

1. 能够组装数字钟；
2. 能够解决安装过程中出现的故障及问题。

素质目标：

按照企业 5S 要求和安全生产规范进行操作；善于思考，自主学习。

知识重点：

组装数字钟。

知识难点：

安装过程中出现的故障及问题的解决方法。

建议学时：

建议集中安排一周。

数字时钟是一种采用数字电子技术实现"时""分""秒"数字显示的计时装置，它是一种典型的数字电路。与机械式时钟相比，数字时钟具有更高的准确性和直观性，且无机械装置，使用寿命更长，不仅可以家用，而且可以用于机场、车站、码头、体育场等公共场合，给人们提供准确的时间。

10.1　数字钟的设计要求及工作原理

10.1.1　设计要求

（1）能够准确计时，并以数字形式显示时、分、秒的时间。
（2）小时的计时要求为二十四进制，分和秒的计时要求为六十进制。
（3）具有校准功能。

10.1.2　原理框图

根据数字时钟的设计要求，可将系统划分为几大模块，且它由振荡器、分频器、校时电路、计数器、译码器、显示器等 12 个部分组成，如图 10.1 所示。

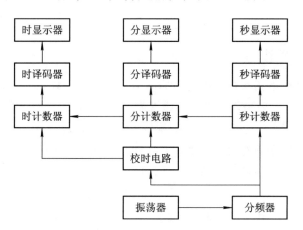

图 10.1　数字钟的原理框图

10.1.3　工作原理

振荡器产生稳定的高频脉冲信号作为数字时钟的时间基准，再经分频器输出标准秒脉冲。秒脉冲计满 60 后向分计数器进位，分计数器计满 60 后向时计数器进位，时计数器按照二十四进制计数规律进行计数。计数器的输出经译码器、显示器后呈现，系统准确完成计时显示功能。计时出现误差时可以用校时电路进行校时、校分调整，也可以根据需要进行定时提醒设定。

10.1.4 数字钟面板

本次组装的数字钟能够显示时、分、秒,可以选用十二小时显示方式或二十四小时显示方式。数字显示时、分,时分之间的冒号用来显示秒,并设有调整时分、定时、闹钟等功能。面板如图 10.2 所示。

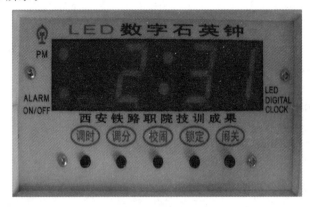

图 10.2 数字钟面板

10.2 数字钟功能

10.2.1 振荡器的设计

振荡器主要用来产生频率稳定的时间标准信号,以保证数字钟的走时准确及稳定。要产生稳定的时标信号,一般采用石英晶体振荡器。

用石英晶体 JT 与两个反相器 G_1 和 G_2 构成振荡电路,如图 10.3 所示。电阻 R_1 和 R_2 的作用是保证两个反相器在静态时都能工作在线性放大区。对 TTL 反相器,常取 $R_1 = R_2 = R = 0.7 \sim 2 \ \text{k}\Omega$,而对于 CMOS 反相器,则常取 $R_1 = R_2 = R = 10 \sim 100 \ \text{k}\Omega$。$C_1$ 和 C_2 作为耦合电容,可取 $C_1 = C_2 = C = 0.05 \ \mu\text{F}$。石英晶体谐振频率 f_0 仅取决于其体积大小、几何形状及材料,与 R、C 无关。在本电路中,取 $f_0 = 32 \ 768 \ \text{Hz}$。在石英晶体多谐振荡器的输出端接反相器 G_3,既起到整形作用,使输出脉冲更接近矩形波,又能起到缓冲隔离作用。

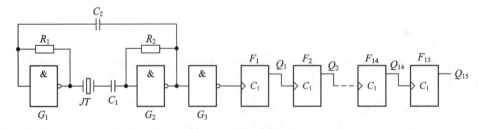

图 10.3 秒脉冲发生器

10.2.2　分频器的设计

　　振荡器产生的时标信号通常频率很高，为了得到 1 Hz 的秒脉冲，需要对振荡器的输出信号进行分频。分频电路由图 10.3 所示的 $F_1 \sim F_{15}$ 组成，$F_1 \sim F_{15}$ 是由 T 触发器构成的异步计数器，每来一个 CP 脉冲，触发器状态将反转一次，使其输出端 Q 的周期是输入 CP 的 2 倍，即 Q 的频率是 CP 的一半（二分频）。石英晶体多谐振荡器产生 $f_0 = 32768$ Hz 的基准信号，经 F_1 后，从 Q_1 输出的 $f_1 = 16\ 384$ Hz，经 F_2 后，从 Q_2 输出的 $f_2 = 8192$ Hz，……经过 15 级二分频后，输出端 Q_{15} 正好可以得到稳定度极高的 1 Hz 的标准脉冲，并以此驱动计数器工作。

　　为获得上述原理中的高精度秒脉冲信号，且减少故障率、提高可靠性，可采用专用时钟集成电路。如果精度要求不高，也可采用由集成电路定时器 555 和 RC 组成的多谐振荡器，采用 555 构成的振荡器来产生秒脉冲。

10.2.3　计数器的设计

1. 六十进制计数器

　　"秒"和"分"计数器采用六十进制，可以由两块中规模集成计数器构成，一块组成十进制，另一块组成六进制，组合起来就构成六十进制计数器，本例采用两个同步十进制加法计数器 74LS160 构成六十进制计数器，如图 10.4 所示。两片的 EP 和 ET 端恒接 1，都工作在计数状态。片(1)为个位计数器，其进位输出信号 C 经反相器作为片(2)的 CP 输入，每当片(1)计到 9(1001)时 C 变为高电平，经反相器后使片(2)的 CP 变为低电平，下一个计数输入脉冲到达后，片(1)计成 0(0000)，C 又回到低电平，经反相后使片(2)的输入端产生一个正跳变，使得片(2)计入 1，当片(2)输出为 5(0101)时，即 $Q_2 Q_0$ 端输出均为 1 时经与非门加到片(2)的置数端，将 0(0000)置入片(2)中，从而得到六十进制计数器。

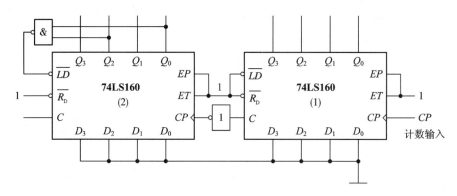

图 10.4　六十进制计数器

2. 二十四进制计数器

　　"时"计数器采用二十四进制，由两个同步十进制加法计数器 74LS160 连接构成。当高位出现 2(0010)状态，低位出现 3(0011)状态，即计到第 24 个来自"分"计数器的进位信号时，将"时"计数器的十位计数器和个位计数器强制置为 0(0000)状态，从而实现从 23 到 0

的二十四进制计数，如图 10.5 所示。

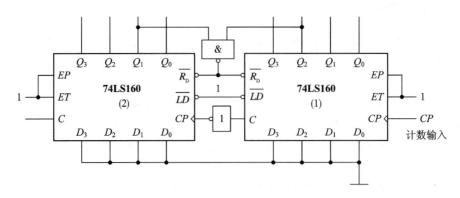

图 10.5　二十四进制计数器

10.2.4　译码显示电路的设计

　　译码电路的功能是将"秒"、"分"、"时"计数器的输出信号译成七段数码管显示要求的电信号，再经数码管或其他驱动显示电路，将相应的数字显示出来。本例采用 CD4511 集成电路，其功能如表 10.1 所示。

表 10.1　CD4511 功能表

输　入							输　出							显示
LE	$\overline{BI}$	$\overline{LT}$	D	C	B	A	a	b	c	d	e	f	g	
×	×	0	×	×	×	×	1	1	1	1	1	1	1	8
×	0	1	×	×	×	×	0	0	0	0	0	0	0	消隐
0	1	1	0	0	0	0	1	1	1	1	1	1	0	0
0	1	1	0	0	0	1	0	1	1	0	0	0	0	1
0	1	1	0	0	1	0	1	1	0	1	1	0	1	2
0	1	1	0	0	1	1	1	1	1	1	0	0	1	3
0	1	1	0	1	0	0	0	1	1	0	0	1	1	4
0	1	1	0	1	0	1	1	0	1	1	0	1	1	5
0	1	1	0	1	1	0	0	0	1	1	1	1	1	6
0	1	1	0	1	1	1	1	1	1	0	0	0	0	7
0	1	1	1	0	0	0	1	1	1	1	1	1	1	8
0	1	1	1	0	0	1	1	1	1	1	0	1	1	9
0	1	1	1	0	1	0	0	0	0	0	0	0	0	消隐
…	…	…	…	…	…	…	0	0	0	0	0	0	0	消隐
0	1	1	1	1	1	1	0	0	0	0	0	0	0	消隐
1	1	1	×	×	×	×	锁　存							

10.2.5 校时电路的设计

校时电路要求分别对数字钟进行时、分、秒的校正，它是数字钟应具备的基本功能。当数字钟接通电源或者计时出现误差时，需要给予及时校正。对校时电路的要求是：在小时校正时不影响分和秒的正常计数；在分校正时不影响小时和秒的正常计数；校正通过开关控制，通过校正电路使校时脉冲直接进入时或分计数器从而快速计数，达到校正的目的。为简单起见，本例直接采用标准秒脉冲进行校时，则只需要进行时、分的快速校正。校时电路如图 10.6 所示。

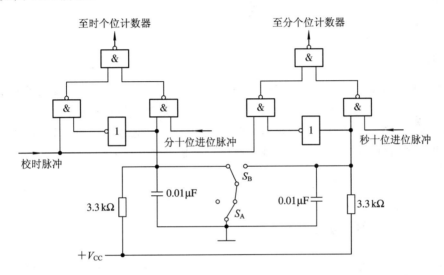

图 10.6 校时电路

校时受两个开关即 S_A、S_B 控制。当开关 S_A 打向左边，即处于悬空状态，数字钟正常计时。当 S_A 打向右边，即与 S_B 接通，则当 S_B 打向左边时，将分十位进位脉冲封锁，接入校时脉冲，可对"时"进行快速校对；当 S_B 打向右边时，将秒十位进位脉冲封锁，接入校时脉冲，可对"分"进行快速校对。

10.3 数字钟组装综合报告

数字钟组装综合报告的要求：
（1）概述数字钟的工作原理。
（2）总结数字钟的安装流程。
（3）总结安装过程中出现的问题及解决方法。
（4）总结组装完成后的心得体会。

本 章 小 结

本章介绍了常见的数字电子综合实训电路——数字钟的工作原理及部分具体电路的设计方法。在具体电路中，介绍了振荡器、分频器、计数器、译码显示电路和校时电路的设计原理，并对成品做了简单介绍。

习　题

一、填空题

1. 数字时钟由（　　）、（　　）、（　　）、（　　）、（　　）、（　　）等部分组成。

2. 振荡器主要用来产生（　）信号，以保证数字钟的走时准确及稳定。

3. 石英晶体振荡器产生 $f_0 = 32\,768$ Hz 的基准信号，经过（　　）级二分频后，输出端 Q_{15} 正好可以得到稳定度极高的 1 Hz 的标准脉冲去驱动计数器工作。

二、简述题

1. 简述数字钟的工作原理。

2. 简述 CD4511 控制端的功能。

附录 常用数字集成电路一览表

类 型	功 能	型 号
与非门	四 2 输入与非门	74LS00，74HC00
	四 2 输入与非门（OC）（OD）	74LS03，74HC03
	四 2 输入与非门（带施密特触发）	74LS132，74HC132
	三 3 输入与非门	74LS10，74HC10
	三 3 输入与非门（OC）	74LS12，74ALS12
	双 4 输入与非门	74LS20，74HC20
	双 4 输入与非门（OC）	74LS22，74ALS22
	8 输入与非门	74LS30，74HC30
或非门	四 2 输入或非门	74LS02，74HC02
	双 5 输入或非门	74LS260
	双 4 输入或非门（带选通端）	7425
非门	六反相器	74LS04，74HC04
	六反相器（OC）（OD）	74LS05，74HC05
与门	四 2 输入与门	74LS08，74HC08
	四 2 输入与门（OC）（OD）	74LS09，74HC09
	三 3 输入与门	74LS11，74HC11
	三 3 输入与门（OC）	74LS15，74ALS15
	双 4 输入与门	74LS21，74HC21
或门	四 2 输入或门	74LS32，74HC32
与或非门	双 2 路 2 - 2 输入与或非门	74LS51，74HC51
	4 路 2 - 3 - 3 - 2 输入与或非门	74LS54，74LS55
	2 路 4 - 4 输入与或非门	
异或门	四 2 输入异或门	74LS86，74HC86
	四 2 输入异或门（OC）	74LS136，74ALS136
缓冲器	六反相缓冲器/驱动器（OC）	7406
	六缓冲/驱动器（OC）（OD）	7407，74HC07
	四 2 输入或非缓冲器	74LS28，74ALS28
	四 2 输入或非缓冲器（OC）	74LS33，74ALS33
	四 2 输入与非缓冲器	74LS37，74ALS37
	双 2 输入与非缓冲器（OC）	74LS38，74ALS38
	双 4 输入与非缓冲器	74LS40，74ALS40

续表(一)

类 型	功 能	型 号
驱动器	四总线缓冲器(三态输出,低电平有效)	74LS125,74HC125
	四总线缓冲器(三态输出,高电平有效)	74LS126,74HC126
	六总线缓冲器/驱动器(三态,反相)	74LS366,74HC366
	六总线缓冲器/驱动器(三态,同相)	74LS367,74HC367
	八缓冲器/线驱动器/线接收器(反相,三态,两组控制)	74LS240,74HC240
	八缓冲器/线驱动器/线接收器(三态,两组控制)	74LS244,74HC244
	八双向总线发送器/接收器(三态)	74LS245,74HC245
编码器	8-3线优先编码器	74LS148,74HC2148
	10-4线优先编码器(BCD码输出)	74LS147,74HC147
	8-3线优先编码器(三态输出)	74LS348
	8-8线优先编码器	74LS149
译码器	4-10线译码器(BCD码输入)	74LS42,74HC42
	4-10线译码器(余3码输入)	7443,74L43
	4-10线译码器(余3格雷码输入)	7444,74L44
	4-10线译码器/多路转换器	74LS154,74HC154
	双2-4线译码器/多路分配器	74LS139,74HC139
	双2-4线译码器/多路分配器(三态输出)	74ALS539
	BCD-十进制译码器/驱动器	74LS145
	4线-七段译码器/高压驱动器(BCD输入,OC)	74LS247
	4线-七段译码器/高压驱动器(BCD输入,上拉电阻)	74LS48,74LS248
	4线-七段译码器/高压驱动器(BCD输入,开路输出)	74LS47
	4线-七段译码器/高压驱动器(BCD输入,OC输出)	74LS49
	3-8线译码器/多路转换器(带地址锁存)	74LS137,74ALS137
	3-8线译码器/多路转换器	74LS138,74HC138
数据选择器	16选1数据选择器/多路转换器(反码输出)	74AS150
	8选1数据选择器/多路转换器(原、反码输出)	74LS151,74HC151
	8选1数据选择器/多路转换器(反码输出)	74LS152,74HC152
	双4选1数据选择器/多路转换器	74LS153,74HC153
	双2选1数据选择器/多路转换器(原码输出)	74LS157,74HC157
	双2选1数据选择器/多路转换器(反码输出)	74LS158,74HC158
	8选1数据选择器/多路转换器(三态、原、反码输出)	74LS251,74HC251
代码转换器	BCD-二进制代码转换器	74184
	二进制-BCD代码转换器(译码器)	74185
运算器	4位二进制超前进位全加器	74LS288,74HC283
		4008

续表(二)

类　型	功　　　能	型　号
触发器	双上升沿 D 触发器(带预置、清除) 四 D 触发器(带清除) 四上升沿 D 触发器(互补输出、公共清除) 八 D 触发器 双上升沿 JK 触发器 双 JK 触发器(带预置、清除) 与门输入上升沿 JK 触发器(带预置、清除) 四 JK 触发器	74LS74，74HC74 74LS171 74LS175，74HC175 74LS273，74HC273 4027 74LS76，74HC76 7470 74276
施密特触发器	双施密特触发器 六施密特触发器 九施密特触发器	4583 4584 9014
计数器	十进制计数器 4 位二进制同步计数器(异步清除) 4 位十进制同步计数器(同步清除) 4 位二进制同步计数器(同步清除) 4 位二进制同步加/减计数器 4 位十进制同步加/减计数器(双时钟、带清除)	74LS90，　74LS290 74LS161，74HC161 74LS162，74HC162 74LS163，74HC163 74LS190，74HC190 74LS192，74HC192
寄存器	4 位通用移位寄存器(并入、并出、双向) 8 位移位寄存器(串入、串出) 5 位移位寄存器(并入、并出) 16 位移位寄存器(串入、串/并出、三态) 8 位移位寄存器(输入锁存、并行三态输入/输出) 4D 寄存器(三态输出) 4 位双向移位寄存器(三态输出)	74LS194，74HC194 74LS91 74LS96 74LS673，74HC673 74LS598，74HC598 4076 40104，74HC40104
锁存器	8D 型锁存器(三态输出、公共控制) 4 位双稳态锁存器 RS 锁存器	74LS373，74HC373 74LS75，74HC75 74LS279，74HC279
多谐振荡器	可重触发单稳多谐振荡器(清除) 双重触发单稳多谐振荡器(清除) 双单稳多谐振荡器(带施密特触发器)	74LS122 74HC123 74HC221

说明：本附录只概括了部分常用的数字集成电路，更加详细的资料请查阅有关专用手册。

习题参考答案

第1章　数字电路基础

一、填空题

1. 数制转换与代码：

(1) $(54.3125)_{10} = (36.5)_{16}$

(2) $(1101.01)_2$

(3) $(11101010111100.11011001)_2$

(4) $(69)_{10}$

(5) 111011，100100，100101

2. 逻辑代数的运算及化简：

(1) 2^n，0

(2) 与非门，$F = \overline{AB}$；异或门，$F = A \oplus B$，$F = \overline{A}B + A\overline{B}$

(3) $Y = \overline{C} + AB$

(4) $Y = B$

(5) $F = \overline{A}\,\overline{B}C + \overline{A}BC + \overline{A}BC + ABC = \sum m(0, 1, 3, 7)$

二、选择题

1. (d)；　　2. (c)　　3. (d)　　4. (a)　　5. (c)

三、综合分析题

1. $AD + \overline{A}\overline{D}$

2. 与或式：$Y = AC + BC + D$；与非-与非式：$Y = \overline{\overline{AC} \cdot \overline{BC} \cdot \overline{D}}$

第2章　集成门电路

一、填空题

1. 与门，或门，非门

2. 高电平，低电平

3. 越强

4. $F_1 = AB$，$F_2 = \overline{A + D}$

二、判断题

1. 正确   2. 错误   3. 错误

三、选择题

1.（b）   2.（b）   3.（a）   4.（a）

四、综合分析题

1. G_2 优于 G_1

2.（a）$B=1$ 或 $B=A$

（b）$A=1$，$B=0$ 或 $A=0$，$B=1$

（c）$A=0$ 或 $A=B$

（d）C 或 D 至少有一个为 0

（e）$B=1$ 或 $B=A$，$D=1$ 或 $D=C$

（f）$B=1$ 或 $B=A$

第 3 章　组合逻辑电路

一、填空题

1. 当时输入，无关　　　　　　　　2. 11011111

3. 16，4　　　　　　　　　　　　4. 数据分配器

5. $Y=\overline{B+C}$，$Y_1=AB+AC+BC$，$Y_2=A\oplus B\oplus C$

二、选择题

1.（d）   2.（b）   3.（c）   4.（a）

三、综合分析题

1. $Y=\overline{ABC}+ABC$，该电路为三变量判一致电路，即当三个变量都相同时输出为 1，否则输出为 0。

2.（1）存在"0"型冒险现象

（2）不存在冒险现象

四、设计题

1.（1）$Y=\overline{\overline{ABC}\cdot\overline{ABC}\cdot\overline{AB\overline{C}}\cdot\overline{\overline{A}BC}}$

（2）$Y=\overline{\overline{AB}\cdot\overline{AC}\cdot\overline{BC}}$

2. 设 A 为特快车，B 为直快车，C 为慢车。Y 为特快车控制输出，G 为直快车控制，W 为慢车控制。则有 $Y=A$，　$G=\overline{A}B$，$W=\overline{AB}C$。

3. 根据题目要求，74LS151 是八选一的数据选择器，有三个数据输入端，而设计实现

的是四变量的逻辑函数，所以如果使函数变量 $ABC = A_2A_1A_0$，则变量 D 只能与数据输入端相对应来设计实现逻辑函数，故对应关系为

$$F = \overline{A}\,\overline{B}\,\overline{C}\,\overline{D} + \overline{A}\,\overline{B}CD + \overline{A}BCD + ABC\overline{D} \qquad (\text{以 } A_2A_1A_0 = ABC)$$
$$= m_0 \cdot \overline{D} + m_1 \cdot D + m_3 \cdot D + m_7 \cdot \overline{D}$$

选择器与函数比较可得

$$D_0 = D_7 = \overline{D}, \quad D_1 = D_3 = D$$
$$D_2 = D_4 = D_5 = D_6 = 0$$

由此得到对应的逻辑电路图如题 K3.1 图所示。

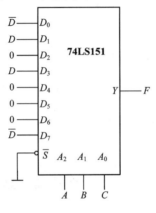

题 K3.1 图

4. 将函数化为最小项之和式，再变为与非—与非式(以 $A_2A_1A_0 = ABC$ 为例)：

$$Y_1 = A\overline{B} + AC = A\overline{B}\,\overline{C} + A\overline{B}C + ABC = m_4 + m_5 + m_7 = \overline{\overline{m_4} \cdot \overline{m_5} \cdot \overline{m_7}}$$

$$Y_2 = A\overline{B}C + BC + \overline{A}B = A\overline{B}C + \overline{A}BC + ABC + \overline{A}B\overline{C}$$
$$= m_2 + m_3 + m_5 + m_7 = \overline{\overline{m_2} \cdot \overline{m_3} \cdot \overline{m_5} \cdot \overline{m_7}}$$

$$Y_3 = \overline{A}BC + A\overline{C} = \overline{A}BC + A\overline{B}\,\overline{C} + AB\overline{C} = m_3 + m_4 + m_6 = \overline{\overline{m_3} \cdot \overline{m_4} \cdot \overline{m_6}}$$

电路图如题 K3.2 图所示。

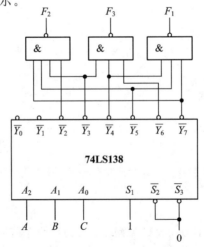

题 K3.2 图

第 4 章 触 发 器

一、填空题

1. $Q^{n+1}=T\overline{Q}^n+\overline{T}Q^n$，计数或翻转
2. $Q^{n+1}=J\overline{Q}^n+\overline{K}Q^n$，翻转
3. 置"0"，置"1"，保持，计数或翻转；保持，翻转

二、名词解释

略

三、简述题

1. JK 触发器有置"0"、置"1"、保持、计数或翻转等四种功能。
2. 将 JK 触发器转换为 D 触发器，需要满足条件 $D=J=\overline{K}$；
   将 JK 触发器转换为 T 触发器，需要满足条件 $T=J=K$。

四、综合分析题

1. 输出波形如题 K4.1 图所示。

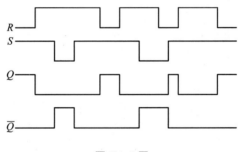

题 K4.1 图

2. 输出波形如题 K4.2 图所示。

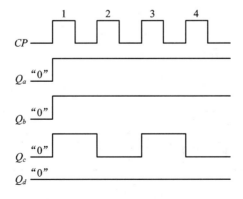

题 K4.2 图

3. 输出波形如题 K4.3 图所示。

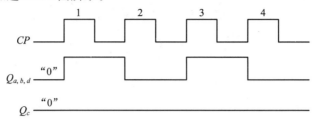

题 **K4.3** 图

4. 输出波形如题 K4.4 图所示。

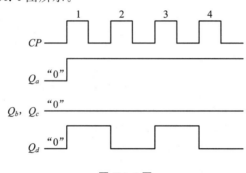

题 **K4.4** 图

5. 输出波形如题 K4.5 图所示。

题 **K4.5** 图

6. 输出波形如题 K4.6 图所示。

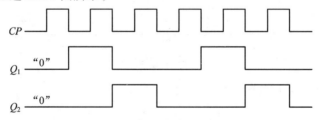

题 **K4.6** 图

7. 输出波形如题 K4.7 图所示。

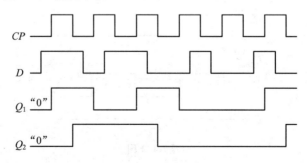

题 **K4.7** 图

8. 输出波形如题 K4.8 图所示。

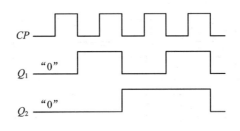

题 K4.8 图

第 5 章 时序逻辑电路

一、填空题

1. 某一刻的电路输出不仅与此刻电路的输入组合有关，还与前一时刻的输出状态有关

2. $2n$，n

3. 16

4. 4

二、名词解释

略

三、简述题

1. 分析时序逻辑电路的基本步骤是以下四步：

（1）根据给定逻辑电路图写出电路中各个触发器的时钟方程、驱动方程和输出方程；

（2）求各个触发器的状态方程；

（3）求出对应状态值；

（4）归纳上述分析结果，确定时序电路的功能。

2. 计数器和寄存器同属于时序逻辑电路，其不同点主要有：

（1）二者主要功能不同。计数器是用来实现累计电路输入 CP 脉冲个数功能的时序电路，在计数功能的基础上，计数器还可以实现计时、定时、分频和自动控制等功能；寄存器的功能是接受、存储和输出数据，在此基础上还能将寄存的数据按一定方向进行移动。

（2）寄存器中的移位寄存器可以构成扭环形计数器或环形计数器，而计数器难于构成寄存器。

四、综合分析题

1. 电路的输出在前六个脉冲内的变化如题 K5.1 图所示。

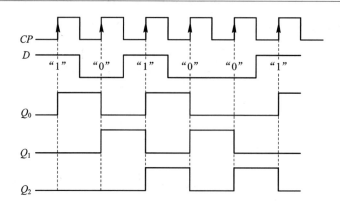

题 K5.1 图　电路的输出波形

2. 逻辑电路图如题 K5.2 图所示。经过分析可知：此电路是不能自启动的异步四进制加法计数器。

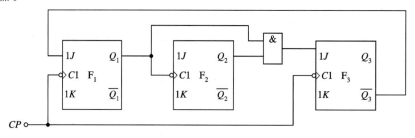

题 K5.2 图　对应逻辑电路图

3. 输出端 Q_2、Q_1 的输出波形如题 K5.3 图所示。

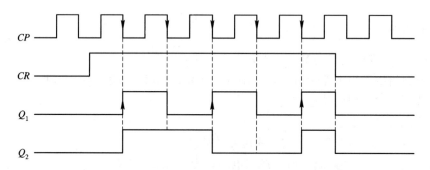

题 K5.3 图　Q_2、Q_1 的输出波形

4. 经过分析可知，该电路是不能自启动的同步五进制计数器。

5. 对应计数器状态图如题 K5.4 图所示。经过分析可知，此计数器是七进制计数器。

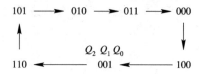

题 K5.4 图　计数器状态图

6. 题 5.5 图(a)所示电路构成的是六十六进制计数器(异步清零);
   题 5.5 图(b)所示电路构成的是十一进制计数器(同步预置)。

7. 对应计数器状态图如题 K5.5 图所示。

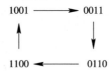

题 K5.5 图　计数器状态图

8. 对应计数器状态图如题 K5.6 图所示。

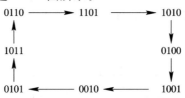

题 K5.6 图　计数器状态图

五、实践应用题

1. 三进制计数器逻辑电路图如题 K5.7 图(a)所示;
   九进制计数器逻辑电路图如题 K5.7 图(b)所示。

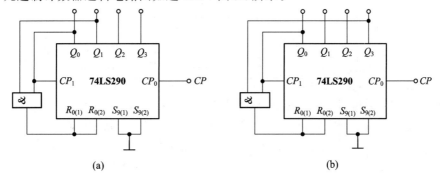

(a) (b)

题 K5.7 图　逻辑电路图
(a) 三进制计数器;(b) 九进制计数器

2. 十三进制计数器逻辑电路图如题 K5.8 图所示。

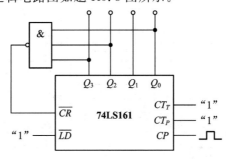

题 K5.8 图　十三进制计数器逻辑电路图

3. 七进制计数器逻辑电路图如题 K5.9 图所示。

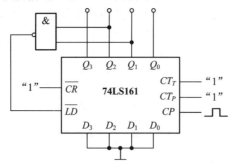

题 K5.9 图　七进制计数器逻辑电路图

4. 十二进制计数器逻辑电路图如题 K5.10 图所示。

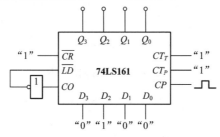

题 K5.10 图　十二进制计数器逻辑电路图

5. 三十六进制计数器逻辑电路图如题 K5.11 图所示。

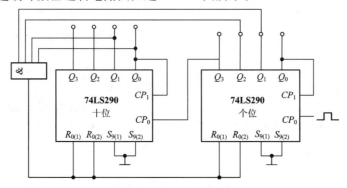

题 K5.11 图　三十六制计数器逻辑电路图

6. 一百零八进制计数器逻辑电路图如题 K5.12 图所示。

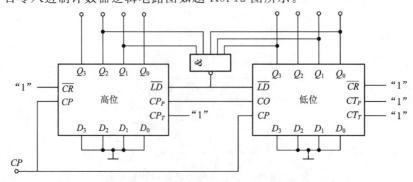

题 K5.12 图　一百零八进制计数器逻辑电路图

7. 环形计数器逻辑电路图如题 K5.13 图（a）所示；

扭环形计数器逻辑电路图如题 K5.13 图（b）所示。

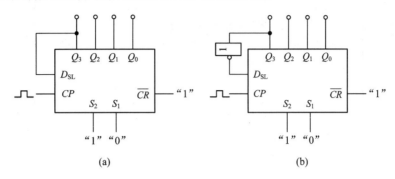

题 K5.13 图　逻辑电路图

（a）环形计数器；（b）扭环形计数器

第 6 章　存储器和可编程逻辑器件

一、填空题

1. ROM，读出，写入；RAM，读出，写入

2. 与，或

3. 与，或

二、简述题

1. 存储器的存储容量表示为字线×位线，例如 $1024×8$ ROM。

2. 存储器的基本组成有地址译码器、存储矩阵、输出缓冲器和控制电路等单元电路。

3. ROM 的容量扩展又分为字扩展和位扩展：

位扩展（即字长扩展）比较简单，只需要用同一地址信号控制 n 个相同字数的 ROM，即可达到扩展的目的。

字扩展相对复杂，其采用带片选端方法的 ROM，将 ROM 的地址线、输出线对应连接，各片 ROM 的片选端有译码器，当片选输入为低电平时，该片被选中才工作，而其为高电平时，对应 ROM 不工作，各片 ROM 轮流工作，完成字扩展。

三、实践应用题

1. 用 8421BCD 码转换为余三码的功能表如题 K 表 6.1 所示。

化简得表达式如下：

$$Y_3 = \overline{A}B\overline{C}D + \overline{A}BC\overline{D} + \overline{A}BCD + A\overline{B}\overline{C}D + A\overline{B}CD$$

$$Y_2 = \overline{A}\,\overline{B}\,\overline{C}D + \overline{A}\,\overline{B}CD + \overline{A}B\overline{C}\overline{D} + \overline{A}B\overline{C}D + A\overline{B}\,\overline{C}\overline{D}$$

$$Y_1 = \overline{A}\,\overline{B}\,\overline{C}\,\overline{D} + \overline{A}\,\overline{B}CD + \overline{A}B\overline{C}\overline{D} + \overline{A}BCD + A\overline{B}\,\overline{C}\,\overline{D}$$

$$Y_0 = \overline{A}\,\overline{B}\,\overline{C}\,\overline{D} + \overline{A}\,\overline{B}C\overline{D} + \overline{A}B\overline{C}\,\overline{D} + \overline{A}BC\overline{D} + A\overline{B}\,\overline{C}\,\overline{D}$$

题 K 表 6.1

A	B	C	D	Y_3	Y_2	Y_1	Y_0
0	0	0	0	0	0	1	1
0	0	0	1	0	1	0	0
0	0	1	0	0	1	0	1
0	0	1	1	0	1	1	0
0	1	0	0	0	1	1	1
0	1	0	1	1	0	0	0
0	1	1	0	1	0	0	1
0	1	1	1	1	0	1	0
1	0	0	0	1	0	1	1
1	0	0	1	1	1	0	0

根据表达式得到如题 K6.1 图所示的电路图。

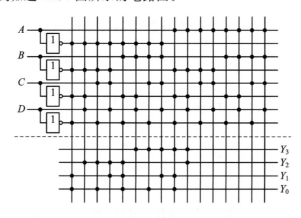

题 K6.1 图

2. 全减器的功能表如题 K 表 6.2 所示。

题 K 表 6.2

A	B	C	S	C_i
0	0	0	0	0
0	0	1	1	1
0	1	0	1	1
0	1	1	0	1
1	0	0	1	0
1	0	1	0	0
1	1	0	0	0
1	1	1	1	1

化简得表达式如下：
$$S = \overline{A}\,\overline{B}C + \overline{A}B\overline{C} + A\overline{B}\,\overline{C} + ABC$$
$$C_i = \overline{A}\,\overline{B}C + \overline{A}B\overline{C} + \overline{A}BC + ABC$$

根据表达式得到如题 K6.2 图所示的电路图。

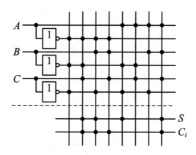

题 K6.2 图

3. 加法器的功能表如题 K 表 6.3 所示。

题 K 表 6.3

A	B	C	S	C_i
0	0	0	0	0
0	0	1	1	0
0	1	0	1	0
0	1	1	0	1
1	0	0	1	0
1	0	1	0	1
1	1	0	0	1
1	1	1	1	1

化简后得表达式如下：

$$S=\overline{A}\,\overline{B}C+\overline{A}B\overline{C}+A\overline{B}\,\overline{C}+ABC=P_0+P_1+P_2+P_3$$

$$C_i=\overline{A}BC+A\overline{B}C+\overline{A}BC+ABC=AB+AC+BC=P_4+P_5+P_6$$

根据表达式得到如题 K6.3 图所示的电路图。

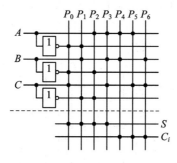

题 K6.3 图

4. 函数的表达式如下：

$$F_1=AB\overline{C}+\overline{A}C+A\overline{B}C=P_0+P_1+P_2$$

$$F_2=\overline{A}B+AC+ABD+BCD=\overline{A}B+AC+BD=P_3+P_4+P_5$$

根据表达式得到如题 K6.4 图所示的电路图。

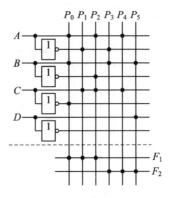

题 **K6.4** 图

5. 用 PLA 实现余三码转换为 8421 BCD 码的功能表如题 K 表 6.5 所示。

题 **K 表 6.5**

A	B	C	D	Y_3	Y_2	Y_1	Y_0
0	0	1	1	0	0	0	0
0	1	0	0	0	0	0	1
0	1	0	1	0	0	1	0
0	1	1	0	0	0	1	1
0	1	1	1	0	1	0	0
1	0	0	0	0	1	0	1
1	0	0	1	0	1	1	0
1	0	1	0	0	1	1	1
1	0	1	1	1	0	0	0
1	1	0	0	1	0	0	1

化简得表达式如下：

$$Y_3 = A\bar{B}CD + AB\bar{C}\bar{D} = P_0 + P_1$$

$$Y_2 = \bar{A}BCD + A\bar{B}\bar{C}\bar{D} + A\bar{B}\bar{C}D + A\bar{B}C\bar{D} = P_2 + P_3 + P_4 + P_5$$

$$Y_1 = \bar{A}BC\bar{D} + \bar{A}BCD + A\bar{B}\bar{C}D + A\bar{B}C\bar{D} = P_6 + P_7 + P_4 + P_5$$

$$Y_0 = \bar{A}B\bar{C}\bar{D} + \bar{A}BC\bar{D} + A\bar{B}\bar{C}\bar{D} + A\bar{B}C\bar{D} + AB\bar{C}\bar{D} = P_8 + P_7 + P_3 + P_5 + P_1$$

根据表达式得到如题 K6.5 图所示的电路图。

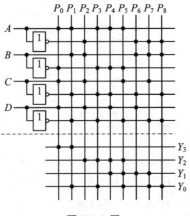

题 **K6.5** 图

第7章　脉冲产生与变换电路

一、填空题

1. 施密特触发器电路，单稳态触发器电路，多谐振荡器电路
2. 双稳态，波形变换，幅度鉴别，脉冲整形
3. 稳定，暂稳，产生脉冲，定时，分频

二、名词解释

略

三、简述题

1. 双极型定时器与 CMOS 型定时器相比，其主要技术参数存在以下差异：

(1) 二者的工作电源电压范围不同；

(2) 二者的输入输出电流数量级不同。

2. 555 定时器的常见分类方法有两种：按照内部元件分为双极型（又称 TTL 型）和单极型（又称 CMOS 型）两种，双极型内部采用的是晶体管，单极型内部采用的则是场效应管；按单片电路中包括定时器的个数分为单时基定时器和双时基定时器。

3. 555 定时器主要由分压器、比较器、触发器和开关及输出等单元电路组成。

四、综合分析题

1. $U_{DD} = 4.8$ V。相应的鉴幅电路如题 K7.1 图所示。

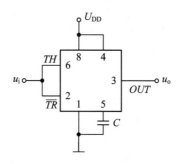

题 K7.1 图　相应的鉴幅电路

2. 当定时器控制端 S 通过电容接地时，施密特触发器对应输出波形如题 K7.2 图(a)所示。

当定时器控制端 S 外接控制电压 U_S 时，施密特触发器对应输出波形如题 K7.2 图(b)所示。

3. 因为

$$f = \frac{1}{T} = \frac{1}{0.7(R_1 + 2R_2)C} = 1 \times 10^3, \quad q = \frac{R_1 + R_2}{R_1 + 2R_2} = 0.6$$

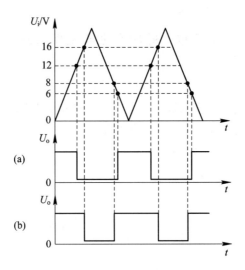

题 K7.2 图 施密特触发器的输出波形

得 $R_1 = 1.43$ kΩ, $R_2 = 2.46$ kΩ。

当滑动电阻滑动端向上移动时,保持电路其他参数不变,输出矩形波的周期不变,而其占空比会减小。

4. 经过分析(详细过程略)可知此电路属于施密特触发器形式。

5. 第一个 555 定时器是属于多谐振荡器连接形式,其功能是,产生周期性矩形波控制信号。

第二个 555 定时器是属于单稳态触发器连接形式,其功能是,在前面电路产生的周期性信号控制下,控制换气扇定时运行和停止。

五、实践应用题

1. $t_{\mathrm{W}} \approx 1.1RC = 1.1 \times 20 \times 10^3 \times 0.5 \times 10^{-6} = 11 \times 10^{-3} = 11$ ms

2. (1) 相应振荡周期

$$T = t_1 + t_2 \approx 0.7(R_A + 2R_B)C$$
$$= 0.7 \times (12 \times 10^3 + 2 \times 2 \times 10^3) \times 0.01 \times 10^{-6}$$
$$= 0.112 \text{ ms}$$

(2) 对应输出波形的占空比

$$q = \frac{R_A}{R_A + R_B} = \frac{12}{12 + 2} = \frac{6}{7}$$

第8章 数/模转换和模/数转换

一、填空题

1. 数字,模拟,DAC

2. 转换,比较

二、判断题

1. 正确　　2. 正确

三、选择题

1. (a)　　2. (a)

四、综合分析题

1. $U_O = -4.88$ V

2. (1) 4 μs　　(2) 01010111

第9章　数字电子技术实验

一、简述题

1. $\overline{LT}$ 为试灯输入，当 $\overline{LT} = 0$、$\overline{I_B}/\overline{Y_{BR}} = 1$ 时，若七段均完好，显示字形"8"，该输入端常用于检查 74LS48 显示器的好坏；当 $\overline{LT} = 1$ 时，译码器方可进行译码显示。

$\overline{I_{BR}}$ 用来动态灭零，当 $\overline{LT} = 1$ 且 $\overline{I_{BR}} = 0$，输入 $A_3A_2A_1A_0 = 0000$ 时，$\overline{I_B}/\overline{Y_{BR}} = 0$ 使数字符的各段熄灭。

$\overline{I_B}/\overline{Y_{BR}}$ 为灭灯输入/灭灯输出，当 $\overline{I_B} = 0$ 时，不管输入如何，数码管不显示数字；$\overline{I_{BR}}$ 为控制低位灭零信号，当 $\overline{Y_{BR}} = 1$ 时，说明本位处于显示状态；若 $\overline{Y_{BR}} = 0$，且低位为零，则低位零被熄灭。

2. 用 74LS290 实现 5421 码十进制时，应将 Q_3 和 CP_0 相连，以 CP_1 为计数脉冲输入端，输出端要按照 $Q_0Q_3Q_2Q_1$ 的顺序排列。

3. 实现环形计数器时，电路必须预先设置适当的初态，且输出 $Q_3Q_2Q_1Q_0$ 端初态不能完全一致(即不能全为"1"或"0")，这样电路才能实现计数。

4. 555 定时器构成的多谐振荡器，其振荡周期 $T = t_1 + t_2 \approx 0.7(R_1 + 2R_2)C$，占空比 $q = \dfrac{t_1}{T} = \dfrac{t_1}{t_1 + t_2} = \dfrac{R_1 + R_2}{R_1 + 2R_2}$，从公式中可知，振荡周期与 R_1、R_2 和 C 有关，占空比与 R_1、R_2 有关。若只需要改变周期，而不改变占空比应调整只需要调整电容 C 即可。

二、设计题

1. (1) 2 输入与非门实现非门，如题 K9.1 图所示。

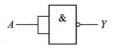

题 K9.1 图　2 输入与非门实现非门电路

(2) 2 输入或非门实现非门,如题 K9.2 图所示。

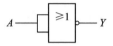

题 K9.2 图　2 输入或非门实现非门电路

2.(1)确定输入、输出变量及其含义。根据设计要求,全加器输入三个变量,本位的加数 A_i、B_i、低位进位 C_{i-1},输出两个变量,本位的和 S_i、向高位的进位 C_i,取值为"0、1"。

(2)列真值表。真值表如题 K9.1 表所示。

题 K9.1 表

A_i	B_i	C_{i-1}	S_i	C_i
0	0	0	0	0
0	0	1	1	0
0	1	0	1	0
0	1	1	0	1
1	0	0	1	0
1	0	1	0	1
1	1	0	0	1
1	1	1	1	1

(3)化简。化简结果如题 K9.3 图所示。

$$S_i = \overline{A}_i\,\overline{B}_i C_{i-1} + A_i B_i C_{i-1} + \overline{A}_i B_i \overline{C}_{i-1} + A_i \overline{B}_i \overline{C}_{i-1} = A_i \oplus B_i \oplus C_{i-1}$$

$$C_i = A_i B_i + B_i C_{i-1} + A_i C_{i-1}$$

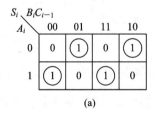
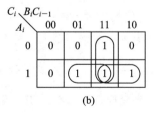

题 K9.3 图　化简结果

(4)根据表达式画逻辑图。逻辑图如题 K9.4 图所示。

(5)根据逻辑图选择实现功能的元器件。按照题 K9.4 图所示逻辑图,应选择四 2 输入异或门一块、四 2 输入与门一块和三 3 输入或门一块共三种功能的芯片来实现全加器功能。

如果把与或关系利用还原律及反演律转换成与非-与非式用 TTL 与非门实现，所用的逻辑门种类就更简单，如题 K9.5 图所示，可选择四 2 输入异或门 74LS86 一块、四 2 输入与非门 74LS00 一块及三 3 输入与非 74LS10 一块（或三 3 输入与非门 74LS10 两块）来实现全加器的功能。

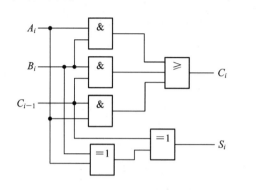

题 **K9.4** 图　逻辑图　　　　　　题 **K9.5** 图　变换后的逻辑门

第 10 章　数字电子技术综合应用

一、填空题

1. 振荡器、分频器、校时电路、计数器、译码器、显示器
2. 频率稳定的时间标准
3. 15

二、简述题

1. 振荡器产生稳定的高频脉冲信号作为数字时钟的时间基准，再经分频器输出标准秒脉冲。秒脉冲计满 60 后向分计数器进位，分计数器计满 60 后向时计数器进位，时计数器按照 24 进制计数规律进行计数。计数器的输出经译码器、显示器后呈现，系统准确完成计时显示功能。计时出现误差时可以用校时电路进行校时、校分调整，也可以根据需要进行定时提醒设定。

2. $\overline{BI}$：消隐输入控制端，当 $\overline{BI}=0$ 时，不管其他输入端状态如何，七段数码管均处于熄灭（消隐）状态，不显示数字。

$\overline{LT}$：测试输入端，当 $\overline{BI}=1$，$\overline{LT}=0$ 时，译码输出全为 1，不管输入 DCBA 状态如何，七段均发亮，显示"8"，它主要用来检测数码管是否损坏。

LE：锁定控制端，当 $LE=0$ 时，允许译码输出；$LE=1$ 时，译码器是锁定保持状态，译码器输出被保持在 $LE=0$ 时的数值。

参 考 文 献

[1]　江晓安. 数字电子技术. 4 版. 西安：西安电子科技大学出版社，2015.

[2]　杨志忠. 数字电子技术. 5 版. 北京：高等教育出版社，2018.

[3]　刘勇. 数字电路. 4 版. 北京：电子工业出版社，2012.

[4]　曹林根. 数字逻辑. 上海：上海交通大学出版社，2000.

[5]　刘守义，钟苏. 数字电子技术. 3 版. 西安：西安电子科技大学出版社，2020.

[6]　杨颂华. 数字电子技术基础. 3 版. 西安：西安电子科技大学出版社，2021.

[7]　陈振源. 电子技术基础. 2 版. 北京：高等教育出版社，2013.

[8]　陈梓城，孙丽霞. 电子技术基础. 2 版. 北京：机械工业出版社，2020.

[9]　李中发. 数字电子技术. 2 版. 北京：中国水利水电出版社，2007.

[10]　邓元庆，等. 数字电路与系统设计. 3 版. 西安：西安电子科技大学出版社，2016.

[11]　顾斌，等. 数字电路 EDA 设计. 3 版. 西安：西安电子科技大学出版社，2018.